争鸣与争雄的时代

HISTORY
OF CHINA

龚书铎 刘德麟◎主编

U0921448

四川人民出版社

图书在版编目（CIP）数据

图说中国史．春秋战国／龚书铎，刘德麟主编．—成都：四川人民出版社，2019.6（2024.1 重印）

（图说天下）

ISBN 978-7-220-11119-8

Ⅰ．①图… Ⅱ．①龚… ②刘… Ⅲ．①中国历史—春秋战国时代—通俗读物 Ⅳ．① K209

中国版本图书馆 CIP 数据核字（2018）第 262910 号

图说中国史．春秋战国

龚书铎 刘德麟 主编

责任编辑	王卓熙
特约审读	刘　晓
责任校对	袁晓红
封面设计	罗　雷
版式设计	蒋碧君

出版发行	四川人民出版社（成都市三色路 238 号）
网　　址	http://www.scpph.com
E-mail	scrmcbs@sina.com
新浪微博	@ 四川人民出版社
微信公众号	四川人民出版社
发行部业务电话	（028）86361653 86361656
防盗版举报电话	（028）86361653
印　　刷	艺堂印刷（天津）有限公司
成品尺寸	170mm × 240mm
印　　张	13
字　　数	200 千字
版　　次	2019 年 6 月第 1 版
印　　次	2024 年 1 月第 3 次印刷
书　　号	ISBN 978-7-220-11119-8-01
定　　价	49.80 元

版权所有 · 侵权必究

本书若出现印装质量问题，请与我社联系调换。 电话：（010）82021443

以史为鉴，可以思接千载，视通万里，可以把握中国社会治乱兴替的内在规律，可以洞悉修齐治平的永恒智慧。然而，让人们全面深入地了解中国历史，掌握中国历史中所蕴含的深层次的东西，并不是一件容易的事。上下五千年之中，人物多，事件多，神话与传说并存，正史与野史交错，头绪繁多，内容庞杂，如果未经梳理就杂乱无章地堆积在一起，那么往往会使读者一头雾水。除了典籍史料所承载的历史之外，文物、遗址、古迹、艺术作品等，也同样反映着历史的真实性。如何把这些东西有机地组织在一起，让读者能够清晰明白地去了解历史，感受历史的真实性，无疑成为编辑出版“图说中国史”系列的缘起。

“图说中国史”系列按照不同的历史分期，通过新的体例、模式来整合讲述中国历史，内容涵盖政治、经济、军事、对外交往、文化艺术、思想、科技、社会生活等方方面面，以时间为经，以人物和事件为纬，经纬交织，全面反映每一朝代治乱兴衰的全过程。每一个故事都蕴含了或高亢激昂或哀婉悲痛的场景，让人们重温那一段历史，不断唤起内心尘封已久的记忆，与中国历史再次进行亲密接触，深入地寻绎历史中所蕴藏的民族智慧，感悟民族精神。随机穿插的知识花絮、专题和附录，有机而紧密地结合在一起，知识信息更为密集，从而营造出一种全息的历史镜像。我们力求用白描的方式展现中国历史的真实，把厚重的历史变得简明，让历史中的智慧能够有助于读者今天的生活。

正如2019年1月，习近平总书记在致中国社会科学院中国历史研究院成立的贺信中曾提到的——“历史是一面镜子，鉴古知今，学史明智。重视历史、研究历史、借鉴历史是中华民族5000多年文明史的一个优良传统……”从夏商周开始，到清王朝的灭亡，数千年的煌煌历史是中华民族宝贵的文化财富，它真实地记录了中华民族自强不息、厚德载物的奋斗过程，记录了光辉璀璨的中华文化和中华文明。在中国人民正为实现中华民族伟大复兴的中国梦而奋斗的今天，我们需要更加系统地了解中国历史、学习中华文化，以传承民族文化、启迪未来行程，才能够更好地认识过去、把握当下、面向未来。

目录

春秋

战国

春秋

中国社会科学院考古研究所·殷玮璋教授

公元前770年~公元前476年

西周时期，周王保持着“天下宗主”的威权，他禁止诸侯国之间互相攻击或兼并。平王东迁以后，王室衰微，再没有控制诸侯的绝对力量。同时，社会经济的迅速发展，一些被称为蛮夷、戎狄的民族在中原文化的影响或民族融合的基础上很快赶了上来。中原各国也因社会经济条件不同，有的强大起来，有的衰落下去。于是，诸侯国互相兼并，大国间争夺霸主的局面出现了。诸侯林立的情况，严重束缚了经济文化的发展；各国的兼并与争霸促成了各个地区的统一。因此，东周时期的社会大动荡，为全国性的统一准备了条件。

平王东迁以后，西土为秦国所有。它吞并了周围的一些戎族部落或国家，成了西方强国。在今山西的晋国，山东的齐、鲁，湖北的楚国，北京与河北北部的燕国，以及稍后于长江下游崛起的吴、越等国，都在吞并了周围一些小国之后，强大起来，成了大国。于是，在历史上展开了一幕幕大国争霸的激烈画面。

首先建立霸业的是齐桓公。他任用管仲，改革内政，使国力强盛。之后又用管仲的谋略，以“尊王攘夷”为号召，联合燕国打败了北戎；联合其他国家制止了狄人的侵扰，“存邢救卫”；公元前656年，齐国与鲁、宋、郑、陈、卫、许、曹诸国联军侵蔡伐楚，观兵召陵，责问楚为何不向周王纳贡。楚当时的国力也很强盛，连年攻郑。但见齐桓公来势凶猛，为保存实力，许和而罢。以后，齐桓公又多次大会诸侯，周王也派人参加会盟，加以犒劳。齐桓公成了中原霸主。

齐国称霸中原时，楚国向东扩充势力。齐桓公死后，齐国内部发生争权斗争，国力稍衰。楚又向北发展。宋襄公想继承齐桓公霸业，与楚较量，结果把性命都丢了。齐国称霸时的盟国鲁、宋、郑、陈、蔡、许、曹、卫等国家，这时都转而成了楚的盟国。

正当楚国想称霸中原之时，晋国勃兴起来。晋文公回国后整顿内政，增强军队，也想争当霸主。这时周襄王被王子带勾结狄人赶跑，流落在外。晋文公以为是“取威定霸”的好机会，便约会诸侯，打垮王子带，把襄公送回王都，抓到了“尊王”的旗帜。公元前632年，晋楚两军在城濮大战，晋军打败了楚军。战后，晋文公在践土会盟诸侯，周王也来参加，册命晋文公为“侯伯”（霸主）。

晋楚争霸期间，齐秦两国雄踞东西。春秋中叶以后，楚联秦，晋联齐，仍是旗鼓相当。但争霸战争加剧了各国内部的矛盾，于是出现了结束争霸的“弭兵之会”。公元前579年，宋国约合晋楚订了盟约：彼此不相加兵，信使往来，互相救难，共同讨伐不听命的第三国。“弭兵”反映了两个霸主之间的勾结与争夺，也反映了一些小国想摆脱大国控制的愿望。公元前575年晋楚于鄢陵大战，楚大败；公元前557年晋楚于湛阪大战，楚又败。这一期间，晋秦、晋齐之间也发生过大战，晋获胜。公元前546年，宋国再次约合晋楚“弭兵”，参加的还有其他十多个国家。会上商定：中小国家此后要对晋楚同样纳贡。晋楚两国平分了霸权。

当晋楚两国争霸中原时，长江下游崛起了吴、越这两个国家。晋为了对付楚国，就联合吴国。吴、楚之间多次发生战争。公元前506年，吴国大举伐楚，节节胜利，一直打到楚都。从此，楚的国力大大削弱。在晋国联吴制楚时，楚国则联越制吴，吴、越之间战争不断。吴王阖闾在战争中战死，其子夫差立志报仇，大败越王勾践，并率大军北上，会诸侯于黄池，与晋争做盟主。越王勾践卧薪尝胆，积蓄力量，乘吴王夫差北上争霸之机，发兵攻入吴都。夫差急忙回归，向越求和。不久，越灭吴，勾践也北上会诸侯于徐州，成了一时霸主。

春秋时期各国的兼并与斗争，促进了各国、各地区社会经济的发展，也加速了不同族属间的接触与融合。经过这一时期的大动荡、大改组，几百个小国逐渐归并为七个大国和它们周围的十几个小国。

•人物•
周平王

01

⏲时间：前770

周平王迁都

周平王将国都由镐京（今陕西西安镐京村附近）迁往洛阳（今洛阳东北），无意间，一个时代结束了，一个新的时代开始了。

引狼入室

周宣王死后，大臣们遵其遗嘱，立太子宫湦为天子，即周幽王。周幽王即位后，立申侯之女为后，立宜臼为太子。但是，这个周幽王并不像周宣王那样励精图治，而是荒废朝政，只知道吃喝玩乐，沉迷于女色，过起了荒淫无度的生活。周朝的一个诸侯国褒国给他献上了一个绝色美女褒姒，幽王更是一天都不肯离褒姒半步。褒姒入宫后不久就给幽王生了一个儿子，取名伯服。幽王就废了申后及太子宜臼，把褒姒立为后、伯服立为太子。褒姒虽被立为王后，但从未开颜一笑。这可急坏了幽王，于是就有了后来的烽火戏诸侯的闹剧。

齐侯子行匜·春秋早期

前有长流，后有龙形卷尾鋬，曲口圜底，下有四个兽头蛇身扁足。口沿饰窃曲纹，腹饰瓦纹。内底铸铭文14字：“齐侯子行作其宝匜，子孙永宝用享。”

申后的父亲申侯得知幽王废申后立褒姒之事，心生怨恨。就有人报告给幽王，幽王听了大怒，下令削去申侯的封爵，并命石父为将，准备攻打申国。申侯听说后大惊道：“我申国国小兵微，怎能抵挡得住呢？”想来想去申侯决定向犬戎借兵，他怕犬戎不借兵给他，就许诺说：如果日后攻破镐京，府库金帛任凭搬取。戎主遂发兵一万五千，申侯遂起本国之兵，浩浩荡荡杀奔镐京，将镐京围了个水泄不通。幽王听报大惊，忙令人点起烽烟报警，无奈各诸侯国以为幽王又在戏弄他们，竟没派一兵一卒前往。镐京遂被攻破，幽王被杀，城中财富被掠无数。

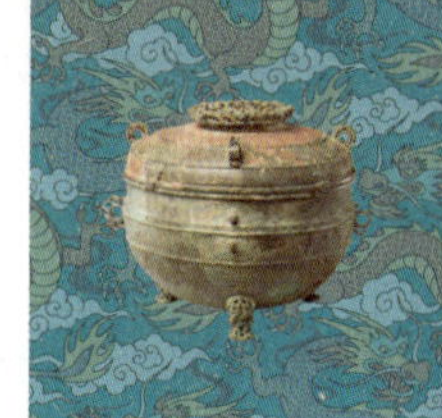

决议迁都

申侯入镐京后，安排筵席款待戎主，又敛聚金子、布匹十车为赠，指望戎主心满意足地离开。谁料戎主见好不收，并无还军归国之意。申侯没有办法，写了密信，派人送给卫侯姬和、晋侯姬仇，请他们帮忙撵走犬戎；又遣人到郑国报郑太子掘突，说其父已被犬戎所杀，让掘突起兵复仇。卫、晋、郑几路军马出其不意攻击犬戎，犬戎战败，其残兵败将逃回本国。申侯迎太子宜臼继位，即周平王。

犬戎自从到镐京抢掠一番，熟识了中原的道路，虽被四国诸侯驱逐出城，但其主力并未受到多大损失。此后，戎主心怀怨恨，不断派兵侵扰周朝西部的疆域，渐渐逼近镐京。因为镐京上次遭到犬戎的洗劫，宫殿有一半被焚毁，到处是颓墙败栋，光景非常凄惨。而周朝此时已是府库空虚，无力修复。于是，周平王渐渐有了迁都的想法，并征求文武百官的意见。

满朝文武都担心犬戎的骚扰，十分赞同平王的想法，只有卫武公不同意。卫武公认为，镐京是周立国的地方，地势险要，而洛阳地区地势平坦，无险可守，根本不适合建都。但平王迁都的决心已定，卫武公反复劝说均无效。

前770年，平王在晋文侯和郑武公的拥护下东迁洛邑。

春秋开端

周王室东迁标着志西周时代的结束。周天子的直辖领地本有西部以镐京为核心的宗周，以及东部以洛邑为核心的成周。平王东迁，完全放弃了宗周的部分，定都东部的洛邑，史称东周。

周王室东迁后，领土逐渐被秦、虢等国吞没，后来所能控制的范围仅限于洛邑周围。周天子已失去号令诸侯的权力，各地诸侯也不再定期向周天子述职和纳贡，反过来周王室经常向诸侯求助财物，昔日的王者尊严和威望荡然无存。全国处于分裂割据的状态。中国历史进入了战乱纷争的春秋战国时代。

灰陶人形瓶·春秋

灰陶质，以瓶体为人体，瓶口开在人头顶心处，口下为人头，塑出眉、目、鼻、口，口部镂出孔洞，两侧人耳上有穿孔，原来可能悬垂饰物。人身为裸体，凸塑双乳，左右两臂做垂环形交会于腹前。用途不详。

人物
郑庄公

02 黄泉相会的母子

时间：春秋早期

郑庄公放任心怀不轨的弟弟段，使之狂悖，之后抓住时机，使得讨逆师出有名；颍考叔委婉进谏，并用“人造黄泉”使得庄公母子相见而不违背誓言。解决难题有时候不一定要针锋相对，婉转的方式也许能达到更好的效果。

郑庄公即位

郑国的国君武公有两个儿子，都是夫人姜氏所生，长子名寤生，次子名段。寤生出生时难产，险些要了姜氏的命，因此姜氏心中有个结，一直排斥这个儿子。小儿子段不但是顺产，而且从小活泼伶俐，深得姜氏钟爱。姜氏总劝武公废长立幼，立段为世子。但武公以长幼有序为由没有答应，还是立寤生为世子，而将共城（今河南辉县）赐给段作为食邑，由此段也称共叔。对此，姜氏很是不满。

郑庄公像

郑武公死后，寤生即位，他就是历史上的郑庄公。姜氏总向着自己喜爱的小儿子共叔，就对庄公说：“你继承了你父亲的大位，整个郑国数百里土地都是你的，可你弟弟只有个小小的共城，你是不是把制邑封给你弟弟？”庄公说：“制邑地势险要，是军事重镇，先王有遗命，不许分封。除此之外，其他地方都可以封给弟弟。”姜氏说：“那就把京城（地名，非指国都）封给你弟弟吧。”庄公一听，低头不语。姜氏把脸沉了下来：“如果你这也不同意，那就干脆把你弟弟赶到别国去，让他在别国做官吧。”庄公赶忙连声说：“不敢，不敢！”

图谋不轨

第二天，庄公就准备将京城封给共叔。大

夫祭仲劝阻说："天无二日，民无二君。京城土地肥沃，人口众多，各方面都和国都不相上下。如果将这么大的封邑给了共叔，国家今后后患无穷啊。"

但庄公以母命难违为由，还是将京城封给了共叔。

姜氏则私下告诉共叔："你兄长不念同胞之情，今日封给你京城，也是我再三恳求的结果。你兄长虽然同意了，但是心里未必愿意，你到了京城要招兵买马，暗中准备，如果有机会，我就通知你，你率兵来袭，我做内应，一定可以取代你哥哥当上国君，我也就死而无憾了。"

共叔领命，搬到京城居住。由此，郑国的国人都改了口，称其为"京城大叔"。从此以后，大叔以狩猎为名，每日招兵买马，操练军士，又私自攻占了几座原属郑国的小城，京城俨然成了国中之国。

消息传到都城，郑庄公对此不予理睬。上卿公子吕进谏道："如今大叔内依太夫人的宠爱，外有京城坚固的城池，日夜练兵讲武，以后必然要篡夺国君之位，必须及早除去。臣愿率军攻克京城，生擒大叔，以绝后患。"大臣子封也说："大叔私自攻占城邑，先王的土地怎么能让臣子私自占有呢？"庄公却笑着说："段是太夫人的爱子，寡人的爱弟，寡人宁可失地，也不愿伤兄弟之情，违背母亲的意愿。"

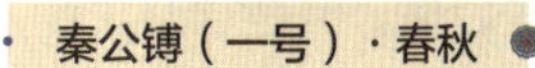

秦公镈（一号）·春秋

高 75.1 厘米，1978 年宝鸡市太公庙村出土。春秋时期秦国的乐器，是从钟发展来的形式。鼓部齐平，中起四道飞棱，上饰龙凤，钟口平坦。将其悬挂，以槌叩击而鸣。现藏于宝鸡青铜器博物院。

欲擒故纵

其实，郑庄公并非对大叔的所作所为麻木不仁，而是在等待各方面的条件成熟。因此虽然他表面上没有接受公子吕和子封的意见，私下却告诉公子吕："寡人早已考虑过，段虽然有不臣之心，但是尚未有明显的叛逆。如果我现在就杀了他，太夫人必然从中阻挠，而外人也会认为我不仁不孝。如今我表面上对此置之不理，任由段胡作非为，段必然肆无忌惮，待到他造反之时，再除掉他，也就无人为其鸣冤叫屈了，太夫

人也无话可说了。”

公子吕说：“主公远见，非臣所及。但这样日复一日地下去，大叔羽翼丰满，到那个时候想除掉他也难了。不如主公对外声称要朝见周天子，大叔必然以为都城空虚，率兵来攻打。臣先率一军埋伏于京城附近，趁其出城，一举占领京城。主公再从正面攻击，使其腹背受敌，大叔就插翅难逃了。”

郑庄公用了公子吕的计策，大叔果然谋反，不几日就被庄公和公子吕两军击败，大叔自刎而死。庄公搜出大叔和姜氏的往来书信，派人送给姜氏，命姜氏搬到颍（今河南登封颍阳）去住，还发誓说：“不到黄泉，母子永不相见。”

《郑庄公见母图》· 现代 · 傅抱石

此图为傅抱石1940年代所作，画作描绘了姜氏请求把制邑封给段时的场景。人物面部刻画生动传神，展示出郑庄公神情严肃的样子。

颍考叔巧妙进谏

姜氏搬到颍地之后，庄公也开始想念母亲，有些后悔。但是君无戏言，庄公又不能轻易反悔，不觉为此忧虑。

郑国有个叫颍考叔的人，为人正直无私，见庄公将姜氏安置到颍，便抓了几只鸟，以献野味为名，来见庄公。庄公问他所献的是什么鸟，颍考叔说：“此鸟名鸮，小时候母鸟抚育幼鸟，待到幼鸟长大，便将母鸟吃掉，是不孝之鸟，因此抓来吃掉它。”庄公沉默不语，命人设宴招待颍考叔，将厨师献上来的蒸羊赐给颍考叔一条羊腿。颍考叔将羊腿上的好肉藏在袖子里。庄公很奇怪，问他缘由，颍考叔回答说：“我家有老母，平日家里从未吃过这样的美味。国君将羊腿赐给了我，但老母却无缘品尝，因此我难以下咽，我把好肉留下，为的是带回家去进献老母。”

庄公将姜氏与大叔共谋造反，自己将姜氏安置到颍的事说了一遍，叹道：“你有母亲可以尽孝，我虽然有母亲，但已经立下不到黄泉不相见的誓言，现

在后悔也迟了。”

颍考叔说：“大叔已死，如今太夫人只有主公一个儿子，您如果不奉养太夫人，与鹗鸟有什么不同？主公可派人挖掘地道，直到挖出泉水，主公母子在地道中相见，这就是所谓黄泉相见，主公也就不必担心违背誓言了。”

黄泉相见

庄公听了很高兴，于是就命颍考叔前去安排。颍考叔带领了几百个工人，开始挖掘地道，一直通到姜氏的居室下。地道挖得很深，连地下的水都冒出来了。庄公大喜，急忙动身前往挖掘好的地道，果然在其中与母亲相会了。庄公还高兴地念道：“大隧之中，其乐也融融。”姜氏和着说：“大隧之中，其乐也泄泄。”意思是说，虽然在黑暗的地道中，但母子得以相会，真是其乐融融。

如果对国君的错误正面指责，弄不好性命难保，颍考叔旁敲侧击进谏，通过变通的办法使得庄公母子相见，又不违背郑庄公立下的誓言。庄公母子从此言归于好，而进谏有方的颍考叔也被庄公拜为了大夫。

延伸阅读

《春秋》

周平王四十九年（前722）是《春秋》开始记事的第一年。《春秋》是现存的中国第一部编年体史书，它既是鲁国史，也是当时的国际关系史，又是编年体史书的始祖。《春秋》记载的年代由前722年至前479年。这种编年史周王朝和诸侯各国都有，虽然内容不同，但都称为“春秋”。现今流传的鲁《春秋》是经过孔子修订的。随着周室衰落，战乱迭起，孔子想借《春秋》的谨严书法，表达他尊王攘夷，维护周朝的最高统治权的政治主张。《春秋》用字准确，选词严谨，虽然记事简单，看似纯客观的叙述，但实际上暗含褒贬，体现着作者的思想倾向，能给读者以深刻的影响。于是后世便把这种文笔曲折、微言大义，带有倾向性的文字表达方式称为“春秋笔法”。由于《春秋》记载史事过于简单，因此后来有三传加以解释，一是《左传》，侧重从史事本末来记载，其他两传是《公羊传》和《穀梁传》，侧重从义理来阐释。

人物
周桓王

03

时间：春秋早期

繻葛之战

周郑繻葛之战，是周与诸侯的第一次直接军事冲突，周王的权威受到公然挑战。此战以周军的大败告终，从此，周王威信扫地，再也没有能力驾驭各国。

周郑交恶

周平王时，郑国的国君武公有保驾之功，与卫武公同为周朝卿士。郑武公死后，庄公继位，继续辅佐周平王。

周平王去世后，周桓王继位，周桓王想解除郑庄公的卿士职务。一天，周桓王对郑庄公说："您是老臣，我对您很敬重，不敢总劳您的大驾，您以后不必两边奔波了。"郑庄公见周桓王这么说，知道他不再重用自己，就回国了。然而，庄公对周桓王很不满，不再朝拜周桓王。因宋国此前曾和卫等国侵伐过郑国，郑庄公就打着周桓王的旗号，联合其他国家伐宋。

周桓王听说郑庄公打着自己的旗号讨伐宋国，十分生气，下令免去郑庄公的职位。郑庄公更生气，就不再向周朝纳贡。

繻葛交战

周虽然已非昔日可比，但仍然是名义上的共主，各国都有向周纳贡的义务。郑庄公不纳贡，周桓王非常生气，亲自率领蔡、卫、陈三国的军队讨伐郑国，军队到达繻葛，扎下营寨。郑庄公与手下商议，决定抵抗，于是率兵直抵繻葛。

周桓王以为自己的大军一到，郑庄公就会赔罪认错，没想到现在郑庄公居然敢欺君犯上，更加怒不可遏，一定要亲自出战。事前，桓王还准备了一篇长长的誓词，打算在开战前痛斥郑庄公一顿，没想到庄公根本就没有露面，只是命令军队摆好阵势，等待迎战。

这一下，周桓王可更恼怒了，派人叫骂挑战。可是无论怎样挑衅，庄公就是不露面，也并不发起进攻。双方一直对峙到午后，郑庄公看周的士兵已经有些倦意，队形开始涣散，正是进攻的好时机，便命令部下击鼓冲锋。

郑国的军队突然冲杀过来，

青铜戈·东周

陈、蔡、卫三国的军队本来就不想打这场仗，现在见到郑军来势汹汹，不禁吓得掉头就跑，丝毫不顾周天子的军队，只剩了周军孤军奋战。郑军直杀得周军人仰马翻，溃不成军。

箭射周天子

这时候，郑国的将军祝聃遥遥望见了周桓王，就拉弓搭箭，一箭射中了桓王。幸好距离太远，箭只射中了左肩，但却已经让桓王魂飞魄散了。祝聃眼见射中桓王，赶着战车想要追过来擒拿，突然听到自己阵营那边已经响起了收兵的鸣金号令，只好悻悻地停住了。

祝聃收兵之后去见郑庄公，不满地说："天子被我射了一箭，已经吓破胆了，我正要活捉他，您为什么要下令收兵呢？"庄公说："无论如何，他毕竟是周天子。我们与天子开战，实在是不得已。兵刃加于天子，可是礼法中的不赦之罪。要是不小心杀了天子，会为别人落下口实的；就算不杀他，你把他捉来了，我们又该拿他怎么办呢？现在天子已经知道了我们的厉害，点到为止也就行了。"

一旁的大臣祭仲听了，说："主公说得太对了，这下天子已经知道我们的厉害了。我们自保的目的既然已经达到，也该借这个机会挽回一下天子的面子。赶紧派人去慰问，让他知难而退，尽早收兵吧。"郑庄公听了，觉得有理，便把这个任务派给了祭仲。

祭仲请罪

祭仲当晚带着不少礼物赶到了周桓王的兵营。一见面，祭仲就跪在地上，磕头说："我们主公无心得罪了天子，劳得天子亲自出征。主公本来只是想自保，却没约束好手下的兵士，以致有人冒犯了天子，实在是死罪！现在主公特命我来请罪，请天子发落。"周桓王见到郑国使者前来请罪，虽然怒气难平，但也不好再说什么。周桓王觉得自己的面子多少也保全了些，就表示宽容了庄公。繻葛之战就这样收场了。周桓王身为天子，不利用谋略和外交达到不战而屈人之兵的效果，贸然出兵，而一败涂地。箭射天子是不赦之罪，而伤害天子的人也并未获罪，这场战役使得周王室再无威信，周桓王也成了诸侯眼中的笑柄。

• 人物 •
齐桓公
管仲

04

时间：春秋早期

齐桓公慧眼识管仲

管仲辅佐齐桓公成就了霸业，使人不得不佩服管仲的才华。而人们在佩服管仲超人才华的同时，也不由得敬佩齐桓公不计前嫌、虚怀若谷的博大胸襟。

齐国内乱

周室初立之时，武王分封，把大功臣姜太公吕尚封在营丘，建立齐国，成为疆域辽阔的大诸侯国。自姜太公以来，齐国王位几经更迭，倒也国泰民安。至献公，迁都临淄。但自从传到齐襄公手中，齐国的国势已大不如前。然而襄公却欺侮大臣、滥杀无辜，荒淫无度。

前686年，齐国大夫连称等趁襄公出游打猎受伤之机，起兵攻袭襄公宫，将襄公斩杀于寝宫之内，齐国一片混乱。当时齐襄公有两个弟弟，但都不在国内，公子纠在鲁国，公子小白在莒国（今山东莒县周边一带）。当他们听到齐国国乱，都想抢先回国，继承王位。

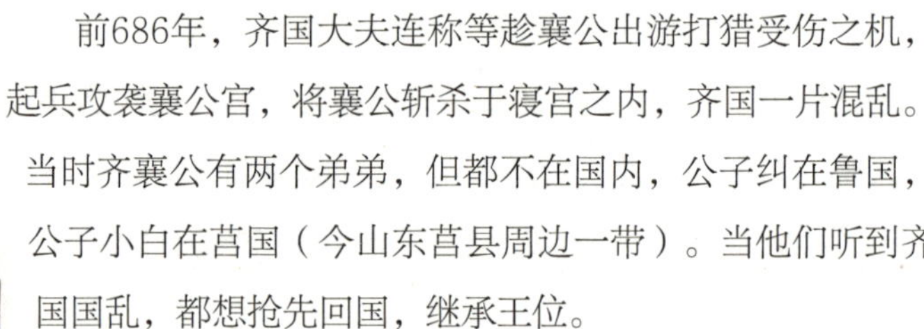

因为小白抢先得到消息，这对公子纠很不利。于是公子纠的老师管仲带三十名精兵，快马先回齐国，想要遏阻莒国通道，为公子纠抢得先机。在半路上，他们追上了公子小白的队伍。

齐桓公像

齐桓公任管仲为相，推行改革，实行军政合一、兵民合一的制度，齐国逐渐强盛。公元前681年，齐桓公在齐国北杏（今山东聊城东）召集宋、陈、蔡、邾等诸侯会盟，是历史上第一个代替周天子充当盟主的诸侯。

管仲箭射小白

管仲见到小白一行，心中有了个主意，便上前施礼道：“公子一向可好？您这是要去哪呀？”小白说：“我回齐国给我兄长奔丧。”管仲说：“公子纠是您的兄长，理应由他主持丧事，公子不应该做兄长做的事情。”这

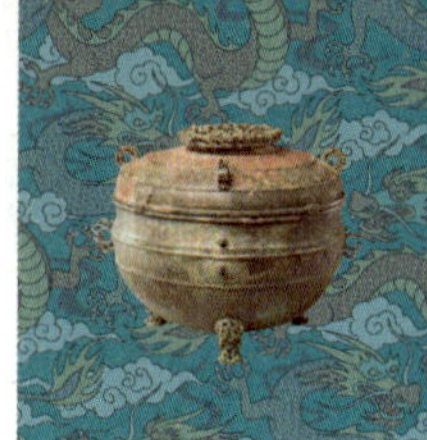

时，小白的老师鲍叔牙说："我们各为其主，你不必多说。"管仲见护送小白回国的莒国士兵对自己怒目而视，自知寡不敌众，于是佯装告退，没走几步，突然转身搭箭，瞄准小白，箭像闪电一般直窜小白心窝。小白大喊一声，口吐鲜血倒在车上。

鲍叔牙没料到管仲会搭箭射小白，一下子竟然呆住了，等他回过神来，管仲早不见踪影了。鲍叔牙赶快过来救小白，谁知小白命不该绝，管仲那一箭不偏不倚正射在小白的衣钩上。当时小白反应神速，怕管仲再射第二箭，便咬破舌尖喷血诈死。鲍叔牙见小白安然无恙，也放下了心。另一边，管仲并不知道小白诈死，回报公子纠说："小白已被我一箭射死了，齐国的王位非您莫属。"于是，护送公子纠的队伍就放慢了行进速度，却不知小白早已到了齐国，登了王位，这就是齐桓公。

再说公子纠一行，不紧不慢地进入齐国境内，突然得到消息说小白已即位为王，知道事情有变，于是又匆匆忙忙地回到了鲁国。

管仲被执

齐桓公登上王位后，心里担心公子纠回到鲁国后有管仲辅佐，日后必成为后患，于是找鲍叔牙商量对策。鲍叔牙说："臣可以领兵攻打鲁国，再派使者到鲁国讨还公子纠。公子纠已对鲁国没有任何用处了，鲁君也不会再为他与齐结仇，必将公子纠的首级拱手送来，公子纠是您的兄弟，借他人之手铲除掉，既可以免除后患，您又不失仁义。"齐桓公

延伸阅读

管仲与《管子》

管仲死后，出现了一本名为《管子》的书，书中内容复杂，不是管仲的一家之言，但记述了管仲的不少言行。汉代的文学家刘向对《管子》一书进行了编订，共保存了86篇，现今留存有76篇。《管子》一书中的军事思想十分丰富，它全面地反映了齐国法家学派对战争理论问题的理性认识。在战争观、治军理论、国防建设思想、作战指导思想上，均有精辟的论述。该书强调了战争的重要作用，肯定了战争在社会生活中的意义。认为战争直接决定着君主地位的尊卑，国家处境的安危，是实现君主尊贵、国家安定的重要途径。

一听有理，便命鲍叔牙全权处理此事。

与鲁军在乾时作战，鲁军败逃，齐军又切断了鲁军的退路。于是鲍叔牙就派大将隰朋出使鲁国，并让他带给鲁王一封信。鲁君看罢，知道齐国来使的目的，果然如鲍叔牙所料，毫不犹豫地派人取了公子纠的首级，并缚住管仲一并交给了隰朋。隰朋带着管仲回到齐国，鲍叔牙早已等候多时。鲍叔牙和管仲见面非常亲切，鲍叔牙将要把管仲推荐给齐桓公的想法告诉了管仲。管仲叹气道："我本辅佐公子纠，却无力让公子纠继承王位，又没有勇气随公子纠而死，已失去了做臣子的气节。现在我要是去辅佐公子小白，公子纠定会耻笑我于地下。"鲍叔牙说："你过去不是常常说，想成就大事的人就不能计较小的耻辱，想建立功勋的人就不能拘泥于小节吗？公子小白志向高远，在你的辅佐下，必能大有作为，称霸于天下。你的功劳也将被后人所传颂。"管仲见鲍叔牙说出了他的心里话，便让鲍叔牙去说情。

鲍叔牙荐管仲

第二天，鲍叔牙拜见齐桓公，却是先吊唁后恭贺。齐桓公问："卿为何事吊唁？"鲍叔牙说："公子纠是您的兄长，但为了国家社稷不得不杀了他，所以我先吊唁。"齐桓公又问："那贺的又是什么呢？"鲍叔牙说："管仲回到了齐国，您得到了一个贤德的人，所以我祝贺您。"

齐桓公听到管仲两个字，咬牙切齿地说："管仲昔日用箭射我，我恨不得杀了他，又怎么会重用他？"鲍叔牙说："我有幸跟从您，您终于成为国君。您的尊贵地位，我已无法再帮助您提高。您如果只想治理齐国，有高傒和我也就够了。您如果想成就霸王之业，没有管仲不行。管仲所居之国，其国必强，不能失去这个人才。"齐桓公让鲍叔牙先退下，说他再考虑一下。

后来齐桓公想拜鲍叔牙为上卿，鲍叔牙却说："大王对我的器重，我感激不尽。我虽然能谨慎行事、遵礼守法，对您也忠心耿耿，但我只能做一个好臣子。我没有治理国家的才能。"齐桓公问："治理国家的才能是什么呢？"鲍叔牙接着说："治国的才能，是外抚四夷，内稳军心，能使国家安定，君享无疆之福，名垂青史。我没有这样的能力。"齐桓公听了又问道："我国有这样的能人吗？"鲍叔牙说："此人就是管仲，无论对内对外，我都不如他。如果您连管仲这样的人才都不用，我也没什么脸面担当要职了。"

见到鲍叔牙郑重其事的神态，齐桓公心中明白，一向对自己忠心耿耿的鲍叔牙是不会故意欺骗自己的，管仲的确是个难得人才。鲍叔牙见齐桓公有些心动，就接着说："您要用管仲，必须拜他为相，而

拜他为相，必须举行隆重的仪式，不能草率行事。因为相国之位仅次于国君，如果您简单宣布一下就算了事，我想大臣、百姓就会轻看了新相国，而轻视相国，就等于轻视您。”

管仲拜相

齐桓公想了想，觉得有道理，便全盘采纳了鲍叔牙的建议。于是鲍叔牙便让管仲斋戒沐浴之后，去觐见了齐桓公。齐桓公在宫中正式拜管仲为相。管仲也正式进入角色，帮助齐桓公治国安邦。他对齐桓公说：“要想得到民心，必须使老百姓富裕起来。只有百姓富裕了，国家才会富裕，国库才会充盈。”于是，管仲建议齐桓公兴修水利、开垦荒地，使人民少受自然灾害的侵害，安心耕种；鼓励百姓发展生产，减轻他们的赋税和徭役。管仲还向齐桓公推荐了五个有才能的人，分别担任负责礼仪的大司行、负责管农业的大司农、负责军事的大司法、负责法度的大司理和负责劝谏的大司谏，掌管这五个重要的国家部门。

在管仲的精心治理下，齐国渐渐恢复了元气，开始复兴。齐桓公也更加信任管仲，尊称他为“仲父”，并对文武大臣说：“今后无论什么国家大事，要先禀报仲父，再禀报我，凡大事由仲父全权做主。”

在军事上，管仲还提出了寓兵于民的方法，即把百姓编成组，这些军队平时务农、耕种、收获，闲时以围猎代替操练，齐国开始流行尚武之风。在政治上，管仲立号令、定刑罚、重禄赏，君臣、百姓不分贫贱都要遵守法规。如果犯了法，一律追究。但管仲不提倡残酷的刑罚，臣民犯了罪，只要按犯罪程度缴纳一定的财富，就可免罪。

齐国在管仲的治理下，完成了从乱到治、从贫到富的大改变，一个强大的齐国已在中原悄然崛起。后来，经过多年的战场杀伐和政治的纵横捭阖，齐桓公成为“春秋五霸”中第一位称霸的国君，管仲功不可没。齐桓公大胆起用人才的胆识与胸襟也令人钦佩。从敌对到赤诚相待的两个人，历来被人们视为君臣相知的典范。

管仲雕像

管仲（约前 723 ～前 645），姬姓，管氏，名夷吾，字仲，谥敬，颍上人（今安徽颍上或郑州登封颍河上游），周穆王的后代。管仲是中国古代著名的经济学家、哲学家、政治家、军事家。

时间：前 684

曹刿论战

鲁庄公取信于民，使得弱小的鲁国可以与强大的齐国一战；曹刿抓住有利时机，后发制人，使得鲁军赢得长勺（今山东莱芜东北）之战。面对强大的对手，盲目与其一决高下是莽夫所为，应当寻找对手弱点，寻找可以利用的机会，以求胜利。

自告奋勇

齐桓公即位后，任用管仲做相国，仅一年时间齐国便渐渐强盛起来。为了争霸天下，齐桓公准备进攻鲁国。管仲认为齐国刚刚安定，不宜妄动刀兵，但齐桓公认为鲁国弱小，便不听管仲所言，命鲍叔牙为大将，率军进攻鲁国。

鲁庄公十年（前684）春天，齐国大军开始进入鲁国境内，鲁庄公准备迎战。鲁国人曹刿（一说曹沫）求见鲁庄公，有人劝曹刿：“国家大事自有国君和大臣们决定，你何必参与！”曹刿说：“这些大人物目光短浅，不能深谋远虑，如果鲁国战败，我们这些百姓也要遭殃。”于是入宫进见鲁庄公。

春秋方阵和圆阵示意图

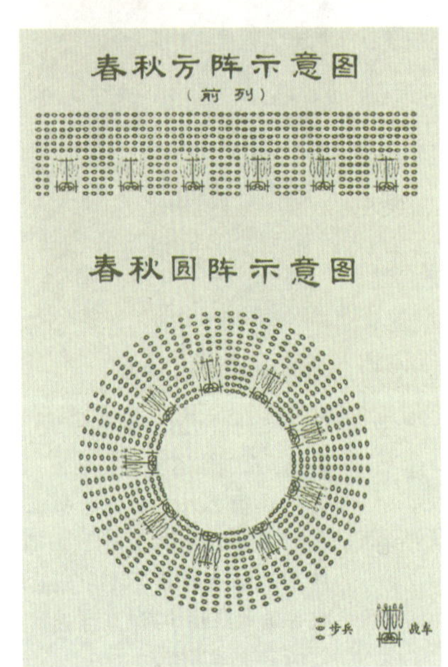

曹刿问鲁庄公：“齐强鲁弱，您依靠什么和齐国作战？”庄公说：“衣食我从不敢独自享用，一定把它分给别人。”曹刿说：“这都是小恩小惠，且未能遍及，百姓不会跟从您的。”庄公说：“祭祀用的牛羊、玉帛之类，我从不敢夸大数目，而对神明一向诚信。”曹刿回答说：“这是小信用，还不能使神信任您，神是不会保佑您的。”庄公说：“对于大小的诉讼案件，我虽不能一一明察，但一定诚心诚意地尽力秉公处理。”曹刿回答说：“这是您作为国君忠于职守的一种表现，百姓也会因此

为国君效命，我们鲁国可以凭这个条件与齐国一争高下。作战时请您也带上我。”曹刿跟随鲁国军队进至长勺，与齐军在阵前对峙。

决战长勺

两军对垒，布阵完毕后，鲁庄公准备传令擂鼓，希望靠先发制人击败齐军。曹刿见状赶忙加以劝止，建议以逸待劳，鲁庄公听从了曹刿的建议，按兵不动。

齐军兵力占优，自然全力出击，一连两次擂鼓，凭借优势兵力向鲁军全线进攻，但是鲁军不为所动，严守阵地，使得齐军无机可乘，两次进攻都无功而返。这时曹刿认为时机已到，建议庄公果断进行反击。庄公于是下令擂鼓，鲁军士气大振，全线反击。此时齐军经过前两次徒劳无功的进攻已经士气低落，招架不住鲁军迅猛的冲击，全线溃退。鲁庄公见到齐军败退，急欲下令发起追击，又被曹刿所劝阻。曹刿下车仔细察看齐军后退留下的车辙，又登车远望齐军的旗帜，这才建议鲁庄公可以实施追击。于是鲁军一路追杀，将齐军逐出了鲁国。

一鼓作气

战争结束后，鲁庄公询问：“为什么开始时不让我擂鼓，齐军败后，你还要下视车辙，远望旗帜？”曹刿说：“打仗靠的是勇气。作战时，第一次擂鼓冲锋正是士兵士气旺盛之时，与齐军正面对决我方会吃亏。第二次擂鼓进攻，齐军的士气因受挫已大不如前。而到了第三次击鼓冲锋，齐军士气已丧失殆尽。此时我军擂鼓，正好士气大振，再加上前两次成功防御了齐军的进攻，也增强了将士们的信心，这时实施反击，自然就能够一举打败齐军。齐国毕竟是大国，兵力充足，难保不会分兵埋伏。因此我才观察齐军，见他们车辙紊乱，旌旗歪斜，如果是诈败不会有如此景象，因此才请主公大胆追击。”

长勺之战是鲁齐长期斗争中鲁国的一次罕见的胜利。鲁国的获胜一方面是由于鲁庄公平日深得民心，同时又能够听从曹刿这样一个布衣百姓的正确意见；另一方面是由于曹刿准确地把握敌我双方的优劣，抓住有利时机进行反攻，保证了战争的胜利。

人物
卫懿公

06

时间：春秋早期

爱鹤亡国的卫懿公

人都有自己喜欢的东西，这是天性，无可厚非，但是如果沉迷于个人爱好，不管本职工作，则与卫懿公好鹤亡国没有什么区别了。

懿公爱鹤

卫国是春秋时中原北部的一个大国，都城为朝歌（今河南淇县）。朝歌曾经是商朝的都城，商纣王死后，周天子把商朝的遗民迁去了宋国，把朝歌封给康叔，建立了卫国。

周惠王九年（前668），卫懿公即位为卫国的国君。懿公在位的时候，什么国家大事也不管，他只喜欢一样——养鹤。平心而论，鹤这种鸟确实是讨人喜欢，姿态优雅，能鸣善舞，作为一个国君，喜欢鹤就养几只原本也没有什么，可这位懿公却把鹤养出了格。

懿公爱鹤出了名，而且凡是给他献鹤的人都有重赏，于是卫国国内以及周边国家那些趋炎附势的人就纷纷向懿公献鹤，弄得整个王宫内到处是鹤。懿公还给所养的这些鹤分了三六九等，根据等级给它们相应的品位和俸禄，最好的鹤被封为大夫，次一些的也给予士的俸禄。

一个国家一下子多了这么多吃俸禄的“鹤大夫”，养鹤的人也都得到了很高的俸禄，百姓负担的赋税也就越来越繁重。百姓中有冻饿贫穷的，懿公不管不顾，钱都拿去养鹤了，哪有多余的体恤百姓！懿公要是出游，这些鹤也都轮班跟随。懿公给随他出巡的鹤准备了专门的车，在自己的车前开道，还命名为“鹤将军”。天长日久，卫国也就被搞得不像样子了。

兵临城下

卫国的大夫石祁子、宁速都是贤臣，二人屡次向懿公进谏，懿公依旧我行我素。卫国的公子毁知道这样下去的话，卫国早晚要亡国的，干脆找个理由去了齐国。齐桓公从王族中找了个女子嫁给公子毁，公子毁就留在了齐国。

卫懿公在位的第九年，终于大难临头了，翟人大举入侵卫国。懿公正在带着他的“鹤将军”出游，听到消息后大吃一惊，赶忙回到都城准备作战。可等到懿公下令集合军队的时候，发现城里很多的百

姓都跑到城外的山里去了。

当时住在城中的国人的职责之一就是随军打仗，可以说是军队的主力。百姓一逃散，征兵工作就没了对象，这仗也就没法打了。懿公派人去抓百姓，过了好久，才抓了百十来个人回来。懿公问他们为什么逃跑，这些人回答："您用您的'鹤将军'出马就一定能打败翟，何必要我们？"懿公一听大怒："鹤怎么能打仗？"可百姓们也说："鹤既不能打仗，那就是没用的东西了，主公那么爱惜鹤，却不爱惜百姓。翟寇来侵犯了，这才想起我们来了！"

懿公此时怔住了，他长叹一声，说："唉！这是寡人错了！"回头向石祁子说，"把所有的鹤都放了，寡人从此再不养这没用的东西了。"

战死沙场

石祁子、宁速两位大夫赶忙跑到大街上，向百姓说懿公已经悔过，将所有的鹤都放了，百姓这才稍稍聚集了一些。

宁速向懿公请命率领军队抵抗翟，懿公说："寡人不亲自挂帅抗敌，军士们能勇敢吗？"他解下身上所佩玉玦，交给石祁子说："卿替寡人暂理国政。"又抽出一支箭，交给宁速说："宁卿负责守城。国中人事，全靠二位了，寡人率兵前去，如不胜翟兵就不回来了！"随后懿公下令，大夫孔渠为将军，于伯为副将，黄夷为先锋，孔婴齐为后队，大军立即迎击翟兵。

莲鹤方壶·春秋

壶体方形垂腹，肩附一对兽形耳，壶体四面又凸饰怪兽，遍体饰相互纠缠的夔龙纹。圈足以两只圆雕的伏虎承托。壶盖四周绕立透雕仰莲瓣，中央伫立一展翅伸颈的仙鹤，体姿生动，是显示春秋时期青铜艺术的佳作。

可卫军平时就疏于操练，与翟兵一接触，就溃不成军。卫兵军心涣散，很多都丢掉武器逃跑，懿公被翟兵团团包围起来。孔渠说："事情紧急！主公可微服下车，混在士兵中脱身！"懿公长叹道："寡人今日只有一死向全国百姓谢罪了！"

结果，黄夷战死，孔婴齐自刎而亡，于伯中箭身死，懿公和孔渠被翟人砍作肉泥，卫军全军覆没，卫国也被狄人占领。

后来齐桓公帮助卫国光复国家，并立公子晋为卫国国君，也就是后来的卫文公。懿公好鹤而荒废政务、开罪于百姓，最终导致亡国，成了玩物丧志的典型代表。

时间：前 658

唇亡齿寒的教训

唇齿相依，唇亡齿寒。人们往往目光短浅，只看到眼前的小利，而看不到背后隐藏的危险。唇亡齿寒的故事很多人都知晓，可唇亡齿寒的教训不见得每个人都懂得吸取。

麻痹敌人

虞国（今山西运城陆县北张店东南古城）和虢国（今河南三门峡及山西平陆南一带）同姓且邻近，两国关系非常亲密。虢国的国王叫丑，喜欢打仗，经常侵犯晋国的南部边界。守卫边界的晋国将士向朝廷告急。晋献公想好好教训一下虢国，于是找来大夫荀息，对他说：“我们可以攻打虢国吗？”荀息对献公说：“虞国和虢国关系一向很好，我们攻打虢国，虞国必然相救；若攻打虞国，虢国也不会坐视不管。以一己之力去和二国相争，我们并无绝对取胜的把握。”

晋献公说：“那就对虢国没办法了吗？”荀息对献公说：“臣听说虢国的君王喜欢女色。您可在我国寻找一个美女，教她歌舞，把她献给虢国的君王，并请求讲和。他肯定会欢喜地接受。我们静观他的动静，等到他不理政事、排斥忠良时，我们再给犬戎一些好处，让他们时常骚扰虢国的边境，我们就可乘机吞并它。”献公采纳了荀息的计策，把一能歌善舞的美女献给虢国国君。虢君高兴地接受了，大夫舟之侨劝谏说：“这是晋国设下的陷阱，您怎么能往里跳呢？”虢君不听，答应了晋国讲和的要求。

从此以后，虢君整天沉迷于歌舞、酒肉、女色之中，荒废朝政，什么国家大事都不管了。大夫舟之侨多次劝谏，虢君很不高兴，就把舟之侨轰走了，舟之侨只能叹息而去。

假道伐虢

晋献公十九年（前658），虢国国势日渐衰落，晋献公觉得时机成熟了，就问荀息这次可否攻打虢国。荀息说：“欲攻虢，必借道于虞。”晋献公说：“虞国怎么肯呢？”荀息说：“臣听说虞国国君很贪婪，尤其喜欢良马和璧玉，您肯舍得把您最好的良马和璧玉给他吗？”晋献公说：“那可是我们的国宝啊！”荀息说：“我们只是暂时寄放在他那里，让他帮您看管。等您灭了虢，再回来灭虞，那两件国宝还是您的。”

于是，晋献公向虞国献宝借道去攻打虢国，并答应把从虢国得到的财宝全都给虞国。虞国大夫宫之奇劝谏虞公说：“虢国是虞国的屏障。我们两国就像嘴唇和牙齿的关系，嘴唇没有了，牙齿就会露在外面，所谓‘唇亡齿寒’，正是说虞国和虢国相依相存的关系啊。如果虢国灭亡了，虞国能独存吗？因为我们两国彼此相助，才没有被晋国吞噬啊。我们不能助长晋国的贪心，不可以放松警惕。”虞公说：“晋国比虢国强十倍，我们和晋国还是同宗，我们和晋国结交没什么不好的。再说，我们和晋国都是同根的，晋国难道会侵害我吗？”宫之奇说：“晋献公对待虞国，还能比对待桓叔、庄伯的后代更亲近吗？他们可都是同一个家族的。桓、庄的后代有什么罪过，却被晋献公杀掉了，不就是因为他们族大势强威胁到了晋献公吗？至亲因为形势所逼，尚且自相残杀，何况国家与国家呢？”虞公说：“我所用的祭祀品既丰盛又洁净，神一定保护我。”宫之奇说：“鬼神不亲人，只依据德行，所以《周书》上说：‘上天对人不分亲疏，只是保佑有德行的人。’国君没有德行，民众就不会亲睦，神也就不会享受他的祭物了。神所依靠的，当然就是人的德行了。假若晋国占取了虞国，而用他的德行向神荐献祭物，那么虞国山川社稷之神，难道还会不吃吗？”

晋军灭虞

虞公不听宫之奇的劝谏，答应了晋国使者借道的要求。宫之奇还想再谏，被大夫百里奚劝阻了，告诉他不要再给糊涂人出主意，总之是于事无补。宫之奇无奈，只好率领他的家族离开了虞国，并说道：“晋国肯定会用灭虢的军队灭虞的。”

晋国出兵攻虢国，虞公还出兵帮助。晋军灭虢回来，将所获财宝、美女分给虞国，虞国更放松了警惕。哪想到没多久晋军突袭了虞国，将虞国灭掉，并捉住了虞公，连当年献给虞公的良马和璧玉，也全被收回了。虞公贪图眼前的小利，最后不但便宜没有占到，自己的国家也被灭亡了，唇亡齿寒的典故也就是由此而来。

时间：前656

齐桓公伐楚

孙子曰："上兵伐谋，其次伐交，再次伐兵。"齐国联军大兵压境，却不"伐兵"，而是"伐交"。当时孙武还尚未出世，而管仲的策略已经暗合孙武的思路，可见管仲也非常谙熟兵法。

齐国出师

齐桓公称霸后，许多诸侯国纷纷归附，但楚国却不理不睬。其实，楚国的国君成王也是雄心勃勃，想要成就一番霸主事业。

前657年，齐桓公与夫人蔡姬在园林中乘船游玩。蔡姬熟悉水性，便故意摇晃船只颠簸桓公。桓公十分害怕，吓得脸色都变了。齐桓公命令蔡姬停下，但是蔡姬并不听从。下船之后，桓公非常恼怒，就把蔡姬送回了蔡国，但是又没有断绝与蔡姬的婚姻关系。蔡姬的哥哥蔡穆侯也十分生气，把蔡姬另嫁给了别人。桓公听说后更加生气，率领各诸侯国的军队，兴兵讨伐蔡国。

前656年，齐桓公遍约宋、鲁、陈（今河南淮阳）、卫、曹（今山东定陶西北）、许等国的国君，拜管仲为大将，率六路诸侯浩浩荡荡奔赴蔡国。蔡侯连忙逃到楚国求救。

屈完会管仲

七国之师不费吹灰之力就攻陷了蔡国，继续向南进发，直达楚国边界。只见一个人停车挡住去路，居然是楚国的使者屈完。齐桓公很奇怪，就派管仲驱车上前见屈完。

屈完对管仲说："齐国和楚国一个在北，一个在南，相距千里，风马牛不相及，不知贵国以大兵压我境是为何事？"管仲答道："我的主公率大军远道而来，是向楚国兴师问罪的。昔日周成王封我朝先王太

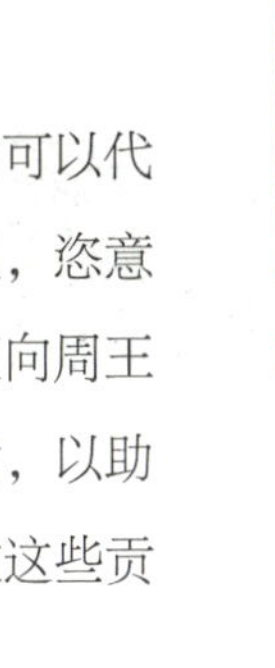

公于齐，赐命征讨大权，如果五侯九伯有对朝廷不忠的举动，均可以代替天子对它进行征讨。自周室东迁以来，诸侯不把天子放在眼里，恣意行事，不供王职，所以，我的主公奉周王之命监督各诸侯，恢复向周王进贡，修复先君的大业。你楚国处于南荆，理应岁岁向周室进贡，以助周天子祭祀诸神。现在，周王的祭祀供应不上，我特来向你征收这些贡物；因周昭王巡狩南方没有回国，我特来向你质问这件事。”

屈完说：“我国朝贡久废是事实，但那是因为周室失其纲常，无力统治天下的原因啊。天下的诸侯又有几家朝贡了？为什么单说我们楚国呢？不进贡包茅（用来过滤酒的一种青茅），是我们国君的过失，既然您来问罪，我们以后怎敢不供给呢？至于周昭王南巡不返，您只能问汉水了。贵国的大军到此，原来是为进贡一事啊。如没有其他事，就请大王回朝吧，我楚国也和你们相安无事。”于是屈完便驾车返回了。

齐楚立盟

齐桓公见楚国不肯服罪，就继续向楚进军，行进到离汉水不远的地方，管仲命令部队安营扎寨。这年夏天，楚王命令屈完领兵对抗齐军，齐军后撤，临时驻扎在召陵。

· 楚王敦 · 春秋

屈完作为使臣到齐军中去交涉，齐桓公想向屈完炫耀己方兵多将广，便让诸侯国的军队摆开阵势，然后与屈完同乘一辆战车观看军容。齐桓公对屈完说：“诸侯们难道是为了我而来的吗？他们不过是为了继承我们先君的友好关系罢了。不如你们也同我们建立友好关系，怎么样？”屈完回答说：“承蒙您惠临敝国并为我们的国家求福，接纳我们国君，我们国君的心愿与您一样，也是希望能够友好相处的。”齐桓公说：“我率领这些诸侯军队作战，谁能够抵挡得了？我让这些军队攻打城池，又有什么样的城池攻不下来？”屈完回答说：“如果您用仁德来安抚诸侯，那么哪位诸侯敢不顺服呢？但是如果您动用武力的话，那么楚国就把方城山当作城墙，把汉水当作护城河，如若这样，想必即使您的兵马众多，恐怕也没有什么用处！”于是，楚使屈完和齐桓公立了盟约，楚国恢复进贡，齐桓公也就撤军了。

09

时间：春秋时期

神医扁鹊

无论是学医，还是治病，扁鹊的故事中都充满了传奇色彩。治病救人的职业是最神圣的职业之一，也许这就是扁鹊的故事被人们广泛传播的缘由吧。

名字由来

春秋时期，渤海郡鄚县（今位于河北省）有一个名医，姓秦名越人，因住在卢国，所以人们也叫他卢医。他是一位神医，什么疑难杂症都能治好，他的诊脉技术更是天下闻名。按照中国古代的传说，医生治病救人，走到哪里，就为哪里带去安康和快乐，好比飞翔天际的喜鹊，飞到哪里，就给哪里的人们带来喜讯。因此，古代人把医术高明、医德卓著的医生称为扁鹊。秦越人在长期医疗实践中，刻苦钻研，成为一个学识渊博、医术高明的医生。他在战乱之中仍然走南闯北，为人民解除疾病的痛苦，所以人们也尊敬地把他称为扁鹊。

望切宗师

扁鹊像

扁鹊善于运用望、闻、问、切四种诊疗方法来确定病人的病情，尤其是用切诊和望诊来诊断疾病。《史记·扁鹊仓公列传》中记述了与他有关的两个医案。

有一次，他到了晋国，正碰到了晋国大夫赵简子因为忙于国事，突然昏倒，不省人事已五天了。晋国的大夫们十分恐慌，急忙召扁鹊诊治。扁鹊按了会赵简子的脉搏，就沉静地对众人说：“病人的脉搏跳动正常，你们不用担心。三天之内，病人就会醒来。”果然过了两天半，赵简子就醒过来了。

又有一次，扁鹊路过齐国都城

扁鹊庙

临淄，见到了齐国的国君齐桓侯。扁鹊看齐桓侯的气色不好，断定他生病了，直言不讳地说：“大王你有病在肤表，如不快治，就会加重。”桓侯说：“我没病。”扁鹊见他不听劝告就走了。桓侯对左右的人说：“医生都是贪图名利的。他们把没有病的人当有病的来治，以显示本领，窃取功利。”过了五天，扁鹊又来见齐桓侯，做了一番观察之后，说：“你的病到了血脉，不治会加重的。”桓侯根本没有把扁鹊的话放在心上。再过五天，扁鹊又来见齐桓侯，经过细致的观察，严肃地说：“你的病进入肠胃之间，再不治，就没救了！”齐桓侯当然还是没有理睬扁鹊的话。等到扁鹊第四次来见桓侯，他只瞥了一眼，就慌忙跑开了。齐桓侯派人问原因。扁鹊说：“病在肤表，用烫熨可以治好；病进入血脉，用针灸可以治好；病到了肠胃，用酒剂也能治愈。如今齐桓侯的病已经深入骨髓，再也没法治了，我只好不请他再治病了。”又过了五天，齐桓侯果然病重，派人请扁鹊，扁鹊早已逃离齐国，而齐桓侯不久也就死了。

神医之死

扁鹊总结前人经验，结合自己的医疗实践，对中国医学作出了卓越的贡献。因此，医学界历来把扁鹊尊为中国古代医学的祖师，称扁鹊是“中国的医圣”。扁鹊经常依照各地的风俗来行医问诊。邯郸人尊重妇女，他便于此处主治妇女疾病；洛阳人敬爱老者，他便于此地主治耳聋眼花四肢麻痹等老年人常犯的病症；秦人喜爱孩童，他行至咸阳时，就多为儿童看病。然而秦国的太医令李醯嫉妒扁鹊的医术比自己高明，便派人把扁鹊刺杀了。一代名医，就这样丧生在了小人之手，可扁鹊对中华医学的贡献却在历史上流传了下来，扁鹊也成了医生们崇敬的先贤。

⏲时间：？ ～前 638

空谈仁义的宋襄公

仁义虽好，并不是做什么都管用；讲过了头，就成了迂腐。像中山国的东郭先生，以及下面这段故事里的宋襄公。

自取其辱

前643年，齐桓公死了。几个儿子为争夺王位相互厮杀，公子昭逃到宋国。宋国国君宋襄公帮公子昭夺得王位，就是齐孝公。宋国本是小国，如今，宋襄公帮助齐孝公登上了君位，地位大大提高了。

齐桓公死后，中原就没有实至名归的霸主，宋襄公有意当霸主。他认为，齐国和楚国是大国，只要这两个国家没有异议，他的霸主就当定了。齐孝公是在他的帮助下当上君主的，一定会帮助自己；若齐国站在他的一边，楚国也会畏惧。于是宋襄公邀请楚成王和齐孝公到宋国会盟，商议与诸侯订立盟约的事。二人都同意了，决定前639年在宋国盂（今河南睢县西北）会盟，并通知了各诸侯国。

大会期间，楚成王提出自己当霸主，宋襄公不同意，两人争执起来。楚成王早有准备，跟随他来的一班勇士蜂拥而上，将宋襄公押回楚国。后经其他诸侯国求情，楚成王做了盟主，宋襄公才被放回。宋襄公怎么也咽不下这口气，尤其是郑国的国君和楚成王一起在会上侮辱他。宋襄公决定出兵攻打郑国。

泓水之战

前638年，宋襄公听说郑国要向楚国行朝礼，非常生气，率领精锐部队攻打郑国。郑文公向楚国求救，楚国于是派兵攻打宋国。宋襄公带兵赶回，两军在泓水（今河南柘城北）相遇。

当时，宋军在泓水北岸，据河而守，楚军在南岸扎营，准备渡河攻打宋军。当夜，楚先派人给宋襄公下了一封战书，宋国大臣公孙固对宋襄公说：“楚国来的目的是为了救郑国，我们应当撤兵，并许诺不再攻打郑国，这样楚军就不会攻打我们了。我们国小兵弱，肯定不是楚国的对手，千万不能和他们交手，否则我们有亡国的危险。”宋襄公说：“楚军虽然比我们强大，但他们不讲仁义，我们的军队实力虽不及他们，但我们讲仁义。当年武王三千勇士就胜了殷商数十万大军，不就是因为武王讲仁义的缘故吗？我们一定能打败他们。”公孙固劝说不了宋襄公，只好命令军士提高警惕，严阵以待。

宋襄公的“仁义之师”

第二天，双方排开人马准备开战。楚国军队开始过河，准备进攻宋军。公孙固于是急忙对宋襄公说：“楚人依仗人多兵强，不把咱们放在眼里，竟敢大白天渡河，我们应趁其不备，迎头打过去，一定能胜。”可是宋襄公却指着他身后的军旗说：“不可！你没看见旗子上的仁义二字吗？咱们可是讲仁义的国家，怎能在他们渡河时候攻打他们呢？”

就在宋襄公商议未决时，楚军已全部渡河上岸，又在乱哄哄地排队摆阵势。这时，公孙固见敌方阵脚未稳，阵势还没有摆完，正是攻打的好时机，又对宋襄公说：“时机不能再失去了！趁楚军还未摆好阵势，咱们赶快打过去，还能取胜，再不动手，可就来不及了。”宋襄公责备他说：“你这样做太不仁义了，他们的阵势还没有摆好，怎么可以攻打呢？要是让世人知道了，会耻笑我的。等他们摆好阵势，我们来个公平竞争。”公孙固气得说不出话来。此时，楚军已摆好阵势。只听一阵战鼓响，楚军潮水般涌过来。宋军抵挡不住，败下阵来。慌乱之中，宋襄公身上中了一箭，在宋军的保护下逃回国都睢阳，不久就去世了。

宋襄公眼高手低，虽有雄心而没有能力，称霸不成还给人落下了笑柄。宋襄公虽然迂腐，只知道大讲行不通的“仁义”，在礼崩乐坏的战乱年代，却也显得颇为单纯可爱。

青玉双龙佩·东周

青玉双龙佩高 4.5 厘米宽 6.5 厘米，玉佩造型优美。春秋战国时盛行佩戴玉佩，尤其以龙形佩、龙凤佩最为多样。

时间：前697～前628

亡命公子重耳

古人说：读万卷书不如行万里路。晋文公流亡了十九年，走过的路何止万里？也正是因此锻炼了他的政治胆识，使得他在位不足十年，就成为中原的霸主。

公子流亡

春秋时候北方的大国要算晋国。晋国的国君也是姬姓，可以说是和周天子最近的亲属之一。春秋前期，晋国几代国君都算贤明，晋国的国力也就越来越强，一直到晋献公这一代。

晋献公有八个儿子，太子申生和公子重耳（前697～前628）、夷吾三人最受宠爱。晋献公灭骊戎后，得到了一个名叫骊姬的美女。骊姬得到献公的宠爱，申生、重耳、夷吾三人则逐渐被献公疏远了。后来骊姬生了个儿子，取名奚齐。和周幽王时代的褒姒一样，骊姬也想方设法使晋献公废太子申生，改立了奚齐为太子。

为了斩草除根，骊姬又向献公进谗言，最终申生被逼自尽，重耳和夷吾侥幸逃过追杀，跑到了别国。

子作弄鸟尊·春秋

周襄王元年（前651），晋献公去世了，11岁的奚齐继位。但只过了两个月，大臣里克就发动政变，奚齐被杀。骊姬再立奚齐的弟弟卓子为国君，也只过了两个月，里克发动第二次政变，卓子和骊姬同时被杀。

流亡在外的公子重耳最先投奔的是翟国。由于重耳平时能礼贤下士，颇有贤名，所以即使在流亡过程中，跟随他的人也很多。杀了骊姬和卓子的里克想要迎重耳回国做国君。重耳认真地分析了晋国国内的形势，感到自己在国内还没有根基，同时晋国两次国君被杀，局势很乱，所以拒绝了里克，没有回国。

在外逃难的公子夷吾听到国内大乱，连忙向他的妹夫——秦国的国君秦穆公求助，答应割以晋国五座城池为酬劳，秦穆公这才派出军队把他送回晋国，当上了国君，这就是晋惠公。没想到，惠公即

位后马上毁约，并不交给秦国城池。秦穆公生气地举兵伐晋，晋惠公兵败被俘。秦穆公准备杀掉晋惠公，但是秦国的大夫百里奚对秦穆公说："杀掉他没什么好处，反倒树了一个强敌，倒不如将他放回国去。"晋惠公这才侥幸逃脱一死，但是却付出了很大的代价，不但从前答应的五座城池要双手奉上，还不得不把太子圉送到秦国当人质。

割肉侍主

惠公归国后，并没有想到要召回和自己有过同样流亡经历的重耳，反而害怕重耳与他争夺国君的位子，便派人行刺重耳。重耳事前得到消息，又逃往齐国。当时重耳在翟国已滞留十二年之久，他逃离晋国的时候是43岁，现在已经是55岁的人了。

一路上，重耳和跟随他的臣子们风餐露宿，时常没有饭吃。有一次半路断粮，看到路边有几个农夫正在吃饭。重耳的门客对农夫说："给我们一点吃的吧。"一个农夫鄙视地扔过一块泥土，对门客笑着说："你们吃这个吧。"恼羞成怒的重耳正要发作，门客狐偃却接过了泥土，笑着对重耳说："公子啊，这是上天假农夫之手赐给我们的土地，快快拜受才是！"于是重耳拜领了那块泥土，一行人继续赶路。

土块被解释得再神奇，也只是个土块，解决不了当时饿肚子的问题。后来，重耳实在饿得很了，他手下的介子推悄悄从自己大腿上割下一块肉，做熟了给重耳吃，这才渡过了难关。

逗留齐楚

重耳来到齐国后，齐桓公对重耳厚加礼待，从宗族中找了个贵族女子嫁给重耳。第二年，齐桓公死了，齐国发生内乱。重耳贪图安逸，不愿离开齐国，又继续住了三年。跟随重耳的赵衰和狐偃等人设计灌醉了重耳，带他离开了齐国，前往楚国，以寻找靠山，伺机归国。

楚成王是个具有远见的政治家，以诸侯国君之礼接待重耳。在宴会上，楚成王问重耳："公子如果顺利回国即位，将用什么报答我呢？"重耳说："美女娇娃，玉石丝锦，您自己有的是；珍禽野味，象牙犀角，这是你们楚国的特产。这些东西也流散到我们晋国一些，

· 子犯和钟 · 春秋

子犯和钟是一组编钟，成组八件，各有刻铭，连读共132字，记载晋文公重耳流亡十九年后返晋掌权，及晋楚城濮之战等重要史实。作器者子犯，即晋文公（重耳）之舅父狐偃。据第一钟的铭首“惟王五月初吉丁未”，知这套和钟记事的重要时间，是春秋中期公元前632年（周襄王二十年），晋文公五年。而全铭意述晋文公一直蒙舅父的佑助，在外流亡十九年后返晋匡复其邦国，后又与楚有“城濮之战”，大败楚军，从而有“践土会盟”之称霸，是春秋乱世继齐桓公而起的新霸主，使得周王赖以巩固王位；除了周王对子犯的厚赐，诸侯也送给子犯大量美铜，因而子犯铸制这套和钟，并铭记勋绩，以传子孙，永宝用乐。

但那只是些您享用后的剩余罢了，我还能用什么东西来报答您呢？”楚成王说：“话虽如此，可你总要有所报答我吧？”

重耳回答说：“如果托您的福，我能回晋国执政，等到晋国和楚国一旦发生战争，战场上相遇的时候，我愿向后撤军三舍（当时一舍为30里，三舍合90里），对您表示避让。如果您还要进兵，那我就要左手执鞭握弓，右边佩着弓囊箭袋，奉陪到底了。”

楚国大夫子玉觉得重耳志气不小，请成王把他杀掉以绝后患。成王说：“重耳历经艰险，大难不死。天意要叫他复兴，谁能够毁掉他呢？违背天意，一定会遭大祸的。”后来秦穆公邀请重耳去秦国，楚成王便将他送去了。

重耳即位

晋惠公十四年（前637年），惠公死了，公子圉偷偷跑回晋国即位，就是晋怀公。晋怀公同样担心在外的重耳，杀了许多跟随重耳流亡的人的家属。当时为官的都是几个大宗族，相互沾亲带故，因此晋怀公此举很不得人心。晋国大臣们纷纷要求迎重耳归国，秦穆公便派军队护送重耳归国。重耳于第二年春天渡黄河入晋，晋国各地纷纷归附。重耳即位，也就是晋文公，这时他已经62岁了。

晋文公即位不久，吕省、郤芮等人密谋叛乱。晋文公得知后，秘密会见了秦穆公，请求援助，秦穆公答应帮助他平息叛乱。吕省、郤芮见事不成，便逃跑了。秦穆公将其诱至黄河诛杀，并给晋文公配了三千名卫兵。

至此，混乱了几十年的晋国终于安定下来，晋文公开始整顿和治理国家。

专心治国

晋文公与手下们在外流亡了十九年，深刻体会到了王位的来之不易，因此倍加珍惜。文公即位后，便把全副精力放在了治理国家上，采取了许多治国善策。

一是尚贤。在周代原来的分封制下，只能以血缘亲疏关系来确定一个人的政治地位，为官的都是宗族。晋文公效法齐桓公重用管仲的做法，身边也聚集了一批有才能有德行的人。如赵衰、狐偃、贾佗、魏犨等，都是栋梁之材，曾跟随他流亡，这些人在治国安邦以及后来晋文公称霸过程当中发挥了重要作用。

二是赏功，即赏赐有军功的人。晋文公在流亡了十九年回国即位后，赏赐曾经跟随他流亡和支持他上台有功的人，功劳大的赐给封地，功劳小的加官晋爵。曾经有个跟随晋文公四处颠沛流离、负责做饭的人嫌给自己的封赏小，晋文公说：“用道义礼仪来辅佐引导我的，我给他最高赏赐，比如狐偃、赵衰；冒着矢石立下汗马功劳的，我给他次一等赏赐，比如魏犨；违逆我的意愿、多次举发我的过失，我给他末等赏赐。至于你这种劳力之人，要在末等的末等。”周天子的史官听到这件事，说：“晋文公大概会成就霸业吧！从前圣王把德行放在首位，而把力量放在其次，晋文公也是如此啊！”

晋文公平日礼贤下士，使得流亡的时候有很多能人跟随。里克迎他的时候，重耳准确地分析了国内形势，没有急于回国，避免了晋惠公的下场。流亡之中，重耳先后到了齐、楚、秦等大国，并和这几国国君都保持了相对良好的关系，这也保证了晋文公即位之初晋国良好的外部环境。

•人物•
晋文公

12

时间：前 632

城濮之战

城濮之战中，晋国在战略上首先运用外交谋略，既改变了战略形势，又夺取了战争主动权。晋文公不但实现了先前“退避三舍”的誓言，而且还取得了决战的胜利。

外交策略

周襄王十九年（前633），楚成王率楚、郑、陈、蔡、许等国军队围攻宋国的商丘，宋国向晋国求援。大夫先轸说：“报答恩人，决定霸主，就在于今天了。”晋文公立即进行战前准备。鉴于楚联军实力强大，为避免与其正面交锋，晋文公采纳大夫狐偃之计，决定进攻依附楚国的曹、卫两个小国，迫使楚军北上援救，以解商丘之围。周襄王二十年（前632）春，晋文公侵入曹国，接着又攻入卫国，取五鹿邑（今河南清丰西北）。同年三月，曹国都城陶丘被晋军攻占。然而楚成王不为所动，晋文公陷入进退两难之境。如果置宋国于不顾，则晋国必然会在诸侯面前威信扫地；如果南下救宋，又要直接面对强大的楚国军团。

当时天下的大国除了晋、楚两国以外，还有秦国和齐国。晋军中军主帅先轸建议，先让宋国用土地贿赂齐、秦两个强国，请两国出面劝楚撤兵。同时，晋国将占领的一部分曹、卫土地补偿宋国。晋文公接受了先轸的建议，可楚国拒绝齐、秦两国的调停，使得恼羞成怒的齐、秦两国发兵，形成了晋、齐、秦三强联合对抗楚国的局面。

退避三舍

楚成王见中原局势发生逆转，担心秦军乘机南下，进攻楚国本土，就率部分军队从商丘回撤到楚国北部的申。同时，成王命令在宋国率领楚军的大将子玉也主动解商丘之围而回撤，以避免与三国联军决战。可刚愎自用的子玉不甘心放弃指日可下的商丘城，就派大夫宛春向晋国提出：晋使曹、卫复国，楚国才解除宋国商丘之围。

这时强弱已经易位，已掌握战争主动权的晋文公决心建立晋国的霸权。为了诱使楚军北上决战，晋文公扣留楚国使臣宛春，私下应许曹、卫复国，使两国改为

晉文公與楚戰至黃鳳之陵屨繫解不使他人乃自結之左右問曰何不使人而自勞乎公曰我聞上君之所與居皆其所畏也中君之所與居皆其所愛也下君之所與居皆其所侮也結屨之事必可慢之人乃可使之寡人雖不肖先君遺下之人非可敬則可愛者也是以難矣

《养正图册》之《晋文公结履》· 清 · 冷枚

晋文公和楚人交战，鞋带散了，便自己系上，说：“对上等的人，君主和他们相处时，都是君主所敬畏的；对中等的人，君主和他们相处时，都是君主所爱惜的。我虽然不贤，但先父的旧臣都在场，因此我不能使唤他们。”表明了虽然需要等级差别，但是不能在所有场合都讲究等级。

依附晋国。子玉中计，不顾楚成王的告诫，愤然率楚军北上，与晋军决战。为了争取政治和军事上的主动，晋文公命令晋军后撤90里，既履行了当年流亡在楚国时与楚成王达成的“退避三舍”的许诺，又避开了楚军的锋芒，向齐、秦两军靠拢。子玉求战心切，率军穷追不舍，使得楚军孤军深入。四月初一，晋军与楚军在城濮（今山东鄄城西南临濮集）附近对峙。第二天早晨，两军相对列阵。战斗开始后，晋下军副将胥臣命部下将战马蒙上虎皮，率先向由相对较弱的陈、蔡联军组成的楚国右军发起攻击，战斗力薄弱的陈、蔡联军一触即溃。随后，晋上军主将狐毛命令士兵用战车拖曳树枝奔驰，扬起尘土，制造晋军逃跑的假象。求胜心切的子玉下令全军出击，结果把楚军左军的右侧完全暴露给了晋国中军。晋国大夫先轸趁机以中军的精锐部队对楚国左军实施侧击；狐毛、狐偃也率上军发动反击，楚军遭到了毁灭性的打击。楚成王责怪子玉，子玉自杀。

晋文公称霸

城濮之战后，晋文公为周襄王在践土（今河南原阳西南）建起一座行宫，举行向周襄王献俘的盛大仪式，在政治上打出了“尊王攘夷”的大旗。周襄王册命晋文公为侯伯，晋文公成了春秋时代的又一位霸主。周襄王赐给文公象征霸主权威的礼器及黄河以南大量土地，晋文公从此可以直接祭祀天神，自由征伐。晋文公随即在践土与各国诸侯举行了盟会，史称“践土之盟”。

安定了黄河以南各国以后，晋文公回到了晋国。晋文公一共在位九年，于周襄王二十四年（前628）逝世。

·人物·
烛之武

13

⏲时间：前630

烛之武退秦师

晋、秦联军攻郑，烛之武寥寥数语就说退秦师，迫退晋师，解了郑国之围。可见，做事如果能够抓住关键、切中要害，往往会取得事半功倍的效果。

晋秦伐郑

周襄王二十二年（前630）的某一天，晋文公对群臣说：“上次我讨伐卫国，邀约郑国，郑君居然不去，现又背着我们和楚国订立盟约。我想联合各诸侯一同去讨伐郑国，你们说怎么样呢？”大夫先轸说：“诸侯最近用兵频繁，这次肯定不太愿意。况且我军已休整好长时间，兵强马壮，何必求助于诸侯呢？”晋文公说：“上次我和秦君约定相互帮助，这次一定要约秦国同往。”于是，文公派人把出兵的时间告诉了秦国的国君穆公。出兵之日，晋、秦两军即攻入郑境，直逼曲洧（今河南扶沟西南），晋军驻扎在曲洧的西面，秦军驻扎在曲洧的东面。

推荐使臣

郑文公获悉，吓得手足无措。大夫叔詹说：“晋、秦一起攻打我们，我们不是对手，但如果我们找善辩之士去游说秦国使之退兵，只剩晋国就好对付了。我认识叫佚之狐的人，大王可派他去。”

郑文公召见了佚之狐。佚之狐对郑文公说：“臣担当不了此等重任，臣愿举荐一人，此人才能在臣之上，只是岁数已大还得不到重用。大王如果给他封官加爵，派他去游说秦穆公，不怕秦穆公不听。”郑文公忙问这人是谁，佚之狐回答说：“此人是烛之武。”郑文公马上召烛之武入朝。一会，一白发白眉的老翁佝偻着腰，蹒跚而来。郑文公说：“佚之狐说你才学过人，烦你去游说秦穆公使他退兵。”烛之武回答说：“臣才疏学浅，年轻时都得不到重用，现在老了，更没用了。”郑

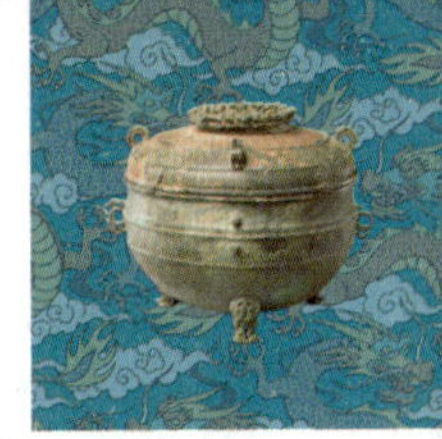

文公说：“那是我的错，今天我封你为亚卿，代我去见秦君。”佚之狐也对烛之武说道：“大王知道您的才华而重用您，您就不要再推辞了。”烛之武想了想，就领命出使了。

智退秦师

烛之武在黑夜里缒下城墙，来到秦军的营寨中要见秦穆公。守卫不让他进去，烛之武就在营外放声大哭起来。秦穆公听了大怒道：“是何人敢在寡人帐外哀号？带进来！”于是，守卫带烛之武来见秦穆公。秦穆公见是一个老头，就问：“你是何人？为什么在我帐外哭号？”烛之武说：“我是郑国的大夫烛之武。我在哭郑国将要灭亡了。”秦穆公又问：“郑国要亡，为什么不在郑国哭，而跑到我帐外哭呢？”烛之武说：“老臣哭郑国，也哭秦国，郑国灭亡了不足惜，只可惜秦国了。”

秦穆公生气地说：“我们秦国有什么可惜的？说得不对，定斩不饶！”烛之武说道：“秦国和晋国合兵攻打郑国，郑国灭亡自不必说。如果郑国的灭亡对秦国是有好处的，那我也不说什么了，但是，郑国的灭亡不但无益于秦国，而且秦国还会有损失。您为什么劳师伤财而被别人利用呢？”秦穆公听了烛之武的话，当下就犹豫起来，心里觉得烛之武说得似乎有理，就忍不住问道：“何以见得呢？”

烛之武说：“郑国与晋国东部接壤，秦国与晋国西部接壤，东西相距十分遥远。郑国灭亡，土地肯定都让晋国占去了。秦国和晋国实力不相上下，如果晋国强大了，秦国必然不如晋国了。您现在的做法是帮着晋国增强实力而削弱自己的实力。昔日晋惠公曾许诺给您五座城池，但很快就后悔了。晋文公复国以来，通过兼并别的国家变成这么强大。倘若今日晋国吞并了东边的郑国的土地，他日必往西边扩张，岂不威胁到秦国？”秦穆公静听许久，说：“大夫所言极是，我险些犯了大错。”烛之武又说：“您如果肯退兵，郑国愿与秦国订立盟约，日后秦国有求于郑国，郑国必定效劳。”秦穆公大喜，遂与烛之武歃血为盟。

第二天，秦穆公带着大队人马悄悄地班师回国。晋国见秦军已撤，也只好班师了。烛之武由此得到了郑文公的重用，而秦国这次的不告而别，为日后秦晋交恶埋下了祸患。

•人物•
百里奚

14

时间：春秋中期

羊皮换来的大夫

秦穆公用五张黑羊皮从楚国换来百里奚，百里奚也就被人称为“五羊皮大夫”，在他的辅佐下，秦国逐渐兴盛起来，为日后称霸奠定了基础。

百里奚是虞国人，早年家里很穷，很晚才娶到媳妇，媳妇给他生了一个儿子，名叫孟明视，一家人过得不太富裕，倒也其乐融融。百里奚心怀大志，但是在虞国找不到施展抱负的地方。妻子很了解他，就对他说：“好男儿志在四方，你不用惦记妻儿，我会照顾好儿子的。你放心地走吧。”百里奚含泪告别了妻儿，踏上了旅程。

怀才不遇

百里奚首先来到了齐国，但是没有人赏识他，最后流落街头，乞讨度日。百里奚又来到宋国，这次遇到了一个叫蹇叔的人，两人相见恨晚，结拜为兄弟。蹇叔留百里奚住在自己家里，这一住就是十几年。

蹇叔的朋友宫之奇在虞国当上了大夫，蹇叔听说后，就想去虞国向宫之奇推荐百里奚，正好也可以让百里奚回家看望多年未见的妻儿。但到了虞国，百里奚才发现十几年过去了，虞国发生了很大的变化，妻子早带着儿子到外地逃荒去了，百里奚唏嘘不已。在宫之奇的帮助下，百里奚当上了虞国的中大夫（大夫分上、中、下三级，上大夫即是卿）。蹇叔一个人回宋国去了。

彩漆方壶·春秋

被俘不屈

后来，正赶上晋国向虞国借路，以讨伐虢国。虞国大夫宫之奇以“唇亡齿寒”的道理劝谏虞君。但虞君为人贪婪，因曾经接受晋献公的宝玉“垂棘之璧”与名马“屈产之乘”，不好意思拒绝，就

答应了晋国。百里奚深知虞君昏庸无能，很难纳谏，便缄默不语。

宫之奇得知虞君答应晋国要求，又要进宫的时候，百里奚对他说：“给糊涂的人出主意，就像把珍珠丢在路上。”宫之奇听从了百里奚的建议。结果晋军在灭虢之后，返回时顺路就灭了虞国，虞君及百里奚都被俘了。晋献公听说百里奚很有才能，想重用他，但是不论晋献公给什么待遇，百里奚都不答应在晋国做官。

当时秦晋交好，晋献公把自己的女儿嫁给了秦穆公，秦穆公迎亲的日子就要到了。晋献公见百里奚不肯侍奉自己，一气之下就把他当作媵人（陪嫁奴仆）送给了秦国。百里奚很气愤，自己这么大岁数了，还被当作陪嫁奴仆，于是半路乘迎亲队伍没注意偷偷逃跑了。百里奚这次跑到了楚国，结果又被楚国当作奸细抓了起来，发配到南海放马去了。

羊皮换人

秦穆公听说媵人中少了一个叫百里奚的，又听说他很有才学，就派人去找。原本他打算花重金从楚国赎回百里奚，但是又怕楚国由此知道百里奚的价值，不肯放人，于是秦穆公派使者到了楚国，对楚王说：“我有一个媵人，名叫百里奚，私自逃跑到楚国，我愿意按照市价用五张黑羊皮将其换回，严加惩处，以儆效尤。”

楚王压根就没把这个逃跑的奴隶当一回事，不假思索就同意了秦国使者的要求，用百里奚换了五张黑羊皮回来。

百里奚到秦国的时候，已经是个白发苍苍的老人，秦穆公有些失

欽定四庫全書 卷十九

九日書五月從赴 音義 潘叛于反 疏 正義曰齊世家孝公卒弟潘殺孝公子而立是為昭公昭公則以僖二十八年即位其年盟于踐土據文公言之唯同扈之盟耳杜以長歷校之知乙亥是四月二十九日書五月從赴者蓋赴以五月到惟言卒日不言其月即書其所至之月

六月公會宋公陳侯衛侯鄭伯許男曹伯晉趙盾癸酉同盟于新城 注 新城宋地在梁國穀熟縣西

秋七月有星孛入于北斗 注 孛彗也既見而移入北斗非常所有故書之 音義 孛音佩徐無憒反嵇康音勃海字彗嵇似歲反一音雖遂反見賢遍反 疏 正義曰公羊傳曰孛者何彗星也其言入于北斗何北斗有中也何以書記異也穀梁傳曰孛

《春秋》中关于哈雷彗星的记载

孛星即哈雷彗星，在古人心目中，它是凶祸之灾，《春秋》记载：“秋七月，有星孛入于北斗。”

望，就问百里奚："您今年高寿啊？"百里奚知道秦穆公的意思，不紧不慢地回答："老朽今年70岁了，您如果让在下上战场，我肯定是没有力气的老人；如果让我为国家出谋划策，我还是个年轻人。姜子牙80岁时帮武王伐纣克商，我比他还小10岁呢。"秦穆公听后，毕恭毕敬地向百里奚请教："我们秦国地处边陲，应该用什么办法才能使秦国强大起来？"

百里奚回答道："秦国四周都是山岭，犬牙交错，崎岖密集，进可以攻，退可以守，是个好地方啊，所以叫作'关中之地'。秦国的国都雍城是周文王的兴国所在之处，秦国应当安抚关中，集聚粮食，向西征战，降服西边的戎人，然后扼住山川之险，就可以独霸西陲。接着，扰天下之背，雄视中原，一旦中原无主，就可以伺机长驱直进，恩威兼用，则霸业可成！"

秦穆公听了，知道百里奚果然是个难得的人才，真是大喜过望，起身拉着百里奚的手说："我今日有百里奚，就犹如齐桓公有了管仲啊！"随后，秦穆公将百里奚封为大夫，让他主持国政。

夫妻团圆，父子相认

百里奚当上了高官，一时意气风发，便举行宴会，还特意从府外请来了虞国的乐师，让乐师为自己弹奏虞国的歌曲。

这时，一个在相府打杂的老妇人突然走来对乐师说："我是虞国人，小时候学过琴，会唱几首虞国歌谣，能不能让我弹唱一首啊？"乐师看老妇人满脸皱纹，就把琴给她，让她弹唱。老妇人随手一拨，琴声清亮，歌声悠扬，乐师很惊奇。

老妇人说："我想给相国弹唱一首，不知您可以跟相国说一声吗？"百里奚很想听听乡音，就同意了。老妇人弹着琴，慢慢唱道："百里奚，百里奚，只值五羊皮。想当年，别离时，熬野菜、煮小米，烧了门闩炖母鸡，临行惜别泪沾衣。今日得富贵，忘了苦妻儿。"百里奚愣住了，忙召老妇人过来，一看果然是自己失散多年的妻子，两人百感交集，抱头痛哭。百里奚知道自己的儿子孟明视现在以打猎为生，连忙派人把儿子找回来，一家人总算团圆了，皆大欢喜。

百里奚成秦国霸业

百里奚在秦国主政期间，内修国政，

蟠螭纹镂空俎·春秋

高 22 厘米，长 35.5 厘米，宽 21 厘米。属于国家一级文物。现藏于河南博物院。

教化天下，恩泽施于百姓。作为诸侯国的大臣，百里奚劳作的时候不乘车马，暑热的时候不张伞盖，在都城里行走不用车马随从，不用甲兵护卫。这种平易朴素的品行，不仅为百官树立了榜样，也以实际行为感动了百姓。

在用人方面，百里奚举荐有才德的贤士。蹇叔受到他的推荐，被秦穆公封为上大夫，和百里奚共同处理国事，为秦国的富强与成就霸业，起了很大的作用。

在外交上，百里奚施德于诸侯，树立秦国的威信，为秦穆公称霸奠定了基础。秦穆公十三年（前647）晋国发生饥荒，请求秦国接济粮食。秦穆公询问群臣该怎么办，有人认为应当借机伐晋。百里奚不同意，还认为应该抚恤晋国百姓，助他们渡过难关。最后，秦穆公采纳了百里奚的意见，运粮食给晋国。秦国粮船从雍都到绛（今山西翼城东南）络绎不绝，运粮船的白帆从秦都排到晋都，800里首尾相连，蔚为壮观，这就是历史上著名的“泛舟之役”，是中国第一次有史记载的大型漕运。晋国的百姓吃到了救命粮，无不感激秦国的恩德。

秦穆公二十二年（前627），秦穆公乘晋文公去世的机会，企图插足中原。百里奚和蹇叔劝谏，秦穆公不听，派百里奚的儿子孟明视、蹇叔的儿子西乞术和白乙丙带兵偷袭郑国。结果归国途中在崤山被晋军截击，秦师全军覆没，三员秦将被俘。后来三将被放回，秦穆公对他们说：“我没有听百里奚、蹇叔的话才造成如此大败，三位将军无罪。”穆公追思百里奚等人的谏言，不胜懊悔。从此更加尊重百里奚，听从百里奚的建议向西发展，攻伐西边戎族小国（部落），辟地千里。在百里奚的辅佐下，秦穆公终成霸业，成为春秋五霸之一。

延伸阅读

古六历

春秋战国时期，各国分别实行黄帝、颛顼、夏、殷、周、鲁六种历法，合称“古六历”。但实质上，它们都是四分历，只是“岁首”有所不同，也因此出现所谓的“三正”。岁首是指每年的开始月份。黄河下游与周室关系密切的诸侯国多采用周王室颁行的历法，以含冬至的月份即子月（现农历十一月）为岁首，称作“周正”；南方和东方的殷民族以季冬月即丑月（冬至后1个月，现农历十二月）为岁首，称作“殷正”；黄河中游古代夏民族居住的地区以孟春月即寅月（冬至后2个月，现农历正月）为岁首，称作“夏历”。“三正”反映出春秋战国时期不同区域民俗对历法的影响。此外，春秋时期的历法中普遍出现了“闰月”的设置。

•人物•
秦穆公

15

时间：前 627

崤山大战

秦军想趁晋文公去世向东扩展势力，却在回师途中于崤山遭晋国埋伏，惨败而归，幸亏文嬴求情，三名大将才得以生还。

前627年，晋文公去世，秦穆公想趁此机会向东拓展。这时秦人杞子掌管郑国北城门的钥匙，他向秦穆公建议偷袭郑国，他负责接应，郑国唾手可得。秦穆公同蹇叔、百里奚商议，遭到了他们强烈反对。他们认为长途跋涉不可能偷袭成功，何况郑国距离秦国路途遥远，行军千里，士兵疲乏，哪还有战斗力呢？秦穆公不听他们的意见，派百里奚的儿子孟明视，蹇叔的儿子西乞术、白乙丙三人率兵前去偷袭郑国。

固执出兵

秦军自北城门向东出发，蹇叔和百里奚流着眼泪对自己的儿子说：“我们只能看着你们出这个城门，却不能看到你们再进这个城门了。”秦穆公听后很恼火，随口骂道：“你们这两个老不死的懂什么啊！你们早就该死了，坟头的树都该长成了。”

他们知道再劝无用，就对三员大将说：“你们远途讨伐郑国，在归途中晋国必定会在崤山（今河南洛宁西北）埋伏，那里有两个险峻的峡谷，南边的是夏代国君的坟墓，北边是周文王曾躲避风雨的地方，我们会在那里收殓你们的尸骨的。”

一路风尘仆仆，秦军到了滑国。在滑国，他们遇到了郑国的商人弦高，弦高得知他们是去征伐郑国，连忙派人通知郑国国君，自己装作郑国的使节骗了孟明视。孟明视以为郑国人已经有了准备，秦军的偷袭计划破产了，只得下令回师。回去的路上，秦军把倒霉的滑国灭掉了。

青铜人首镂空剑鞘·春秋

春秋时期典型剑鞘，高 9.3 厘米，长 10.3 厘米。

彩绘几何纹漆豆·春秋

高 14.5 厘米，1988 年当阳赵巷四号墓出土。木胎，挖制辅以斫制。敛口，浅盘，束柄，喇叭形座。彩绘点纹、三角纹等图案。现藏于湖北宜昌博物馆。

崤山之战

这时，晋文公重耳已经去世了而未葬，即将继位的是晋襄公。秦国大军东进的时候必须要经过晋国，但是秦并没有向晋提出借道，且灭了滑国。晋国在国丧期间，就遭此侮辱，晋国的大臣无不恨得咬牙切齿。秦军从滑国班师回国，自然还得过晋国。晋国的大将先轸设计，在崤山山谷中设下了埋伏，晋襄公身穿丧服亲自挂帅，等待秦军自投罗网。

秦军快要到崤山时，三员大将突然想起蹇叔和百里奚的话，于是留心四周是否有埋伏。安静的崤山突然鼓声大作，峡谷两边冲出数不清的晋国士兵，秦军慌忙抵抗，又有一支晋军从前面杀来，孟明视命令原路撤退，可谷口燃起了大火。刹那间整个山谷一片火海。秦军被火围困，犹如瓮中之鳖，孟明视他们三个全都被活捉了。

文嬴求情

晋襄公的母亲文嬴是秦穆公的女儿，她极力劝襄公把孟明视三人送还秦国。襄公听从母亲的建议，就把孟明视三人放了。晋国大将先轸听说后，连说襄公糊涂，放虎归山。说到情急处，先轸连礼仪都顾不得了，直往地下啐口水。襄公也明白过来，连忙派将军阳处父去追赶。

阳处父奔到黄河边时，孟明视他们三个人已经乘船到了河水中央。阳处父解下拉车的马，对孟明视他们高喊道："各位将军，国君担心各位没有车马，特让在下给各位送来了千里马，请各位回来笑纳。"孟明视他们好不容易逃了出来，打死也不会回去了。于是孟明视在船中向阳处父行礼道："贵国国君没有用我们的血去祭祀你们的祖先，我们已经万分感激了，怎么还敢接受贵国的礼物呢？请您回去转告贵国国君，今天我们受贵国的恩惠免于一死，三年之后，一定会来拜谢贵国的厚意的。"这段话实际上是告诉晋国，三年之后秦国会来报仇的。

秦穆公身穿素服亲自来城外迎接孟明视等人，自责道："这是我的错，你们没有过错。"穆公恢复了三人的原职，训练军队，以图报仇。由于急躁冒进，秦国锐气大挫。但晋襄公面对对手时优柔寡断，虽然占到了优势，却白白地放虎归山，为日后埋下了极大的祸根。三年后，秦军真的前来复仇时，正是孟明视带领军队以锐不可当之势扫荡了晋国。

•人物•
秦穆公

16

时间：前 659 ～前 621

秦穆公称霸

秦穆公（前659～前621在位）三用孟明视，雪崤山之耻。西戎纷纷臣服，秦称霸西戎，最终成为春秋五霸之一。

崤山之战后，孟明视等人归国，本以为等待他们的会是牢狱之灾，没有想到秦穆公不仅不怪罪他们，还让他们官复原职，继续让他们掌握兵权。孟明视十分感动，发誓此仇不报誓不为人。于是抓紧时间招兵买马，加紧训练，一年之后，孟明视请求攻打晋国，以雪前耻。秦穆公同意了，仍由孟明视、白乙丙、西乞术带兵出战。

彭衙之役

晋襄公这一年的日子也不好过，孟明视在黄河小舟中留下的“三年之后来道谢”的话总是在耳边响起。于是襄公也加紧训练士兵，时刻警惕秦国来袭。秦国大军刚离开秦国边境，晋军就做好了应战的准备，晋襄公命先轸之子先且统率三军迎战秦军。

两军在彭衙（今陕西白水北）相遇，晋将狼瞫首先率领所属人马冲进了秦军，打乱了秦军的队形，随后晋国大军杀来，秦军再次败下阵来，狼狈地逃回了秦国。晋军讥笑说：“这就是秦人送来的答谢厚礼啊！”

孟明视他们没有想到自己又失败了，本来没有脸面回去了，但是秦穆公又没有怪罪他们，依旧让他们掌握兵权。两次失败，使孟明视意识到自己本领还不行，还需要锻炼和学习。他用心整顿内政，发展生产，还变卖了自己的家产，抚恤阵亡士兵的家属，自己

石磬·春秋

这些石磬是陕西凤翔秦穆公墓出土的。按古代规制，只有天子举行的仪典上能用玉磬，诸侯只能用石磬。

跟将士们同吃同住，体会士兵的生活，士兵吃什么他就吃什么，士兵怎么训练，他就怎么训练，与士兵同甘共苦。

道谢之战

崤山之战后的第三年，孟明视再次率军攻打晋国，这次他请求秦穆公亲征，穆公毫不犹豫地答应了。秦军渡过黄河后，孟明视下令把所有的船只烧掉，以示不取胜决不生还的决心，激励将士们的士气。秦军上下齐心，一举攻下了晋国的郊和王官两地，引起了晋人的恐慌。

赵衰对晋襄公说："秦虽两次失败，此次誓报前仇，我们不能和他们硬拼，还是避一避吧。"先轸之子也说："这次我们是打不赢的，还是躲一躲吧。"晋襄公下令避秦军锋锐，坚守阵地，不出去迎战。结果，秦国的大军在晋国境内如入无人之境，晋国竟无一人敢出来应战。

见到晋人畏缩不出，秦穆公知道这是晋襄公在向自己认输了，就下令队伍开向崤山，掩埋山谷中阵亡秦兵的尸骨。荒山野岭中，白骨遍地，十分凄惨。秦穆公身穿丧服，祭奠死去的将士。孟明视、白乙丙、西乞术亲自收殓尸骨，祈祷将士们的灵魂安息，秦军在崤山哭祭三天。秦穆公面对苍山再次自责道："古人做事多与长者商议，所以不容易失败。我不听蹇叔、百里奚的劝谏，才造成如此沉重的后果，后人一定要牢记这次教训啊。"

称霸西戎

秦军这次凯旋，秦国西边的西戎各部落纷纷前来向秦国朝贡。秦穆公任用熟悉西戎的由余担任谋士，在他的出谋划策下，秦穆公灭掉了西戎20多个部落，大大扩展了秦国的疆域，成为西戎霸主。秦国接着又向东扩展，辟地千里，在各诸侯国中成为举足轻重的力量。周襄王也派人送来12面鼓祝贺秦穆公，正式承认秦穆公的西方霸主的地位。

秦穆公是一个英明的君主，他不以成败论英雄，知人善任，三用孟明视，把错误的责任都揽到自己身上，正是这种政治家的气魄成就了秦国的称霸大业。秦穆公创下的基业，也为秦始皇最终统一六国奠定了最初的基础。

•人物•
楚庄王

17

时间：春秋中期

一鸣惊人

三年不飞，一飞冲天；三年不鸣，一鸣惊人。楚庄王可谓后来居上。一个慧心巧谏的臣子，一个心领神会的君王，成就了一段“一鸣惊人”的佳话。

伍举的谜语

楚庄王刚刚继位的时候并不像个明主。即位三年，他整天只知道打猎、喝酒，不理政事，还在宫门口挂起了一块大牌子，上边写着：“进谏者，杀无赦！”

楚庄王出征雕像

楚国由周成王封熊绎于楚地开始，居楚地丹阳（今湖北秭归，有争议），从一个附庸小国逐渐变成春秋战国时代的一个强国。前704年，楚君熊通为武王，有地千里。因其地处中国南方，故而楚国与中原的华夏各诸侯经常发生战事。通过战争，楚庄王成为春秋五霸之一。楚国先后吞并了45个较弱小的诸侯方国。

而这个时候，晋国又重新会盟诸侯，订了盟约，随即将依附楚国的陈、郑等国又收回到自己的势力范围之内。但是，楚庄王仍无动于衷。

有一天，大夫伍举进见楚王。楚庄王问：“大夫今天来，是想喝酒呢，还是要看歌舞？”伍举回答说：“有人让我猜一个谜语，我怎么也猜不出，特此来向大王请教。”楚庄王问：“什么谜语，这么难猜？你说来听听。”伍举说：“谜语是说我们楚国的都城有一只大鸟，整天栖息在朝堂上已经三年了，但是它既不飞也不鸣。敢问大王，这是什么鸟？”

楚庄王心里立刻明白了伍举的意思，就笑着说：“我猜着了，这可不是一只普通的鸟。这只鸟，三年不飞，一飞冲天；三年不鸣，一鸣惊人，你等着瞧吧。”伍举见楚庄王明白了自己的意思，便告退出宫。

苏从巧谏

过了几个月，楚庄王这只大鸟依然我

行我素，既不“鸣”，也不“飞”，一切照旧。大夫苏从又来见庄王，他一进宫门就大哭起来。楚庄王说：“大夫，为什么事这么伤心？”苏从回答说：“我为自己就要死了伤心，还为楚国即将灭亡伤心。”

楚庄王听了很吃惊，就问：“你怎么会就要死了呢？楚国又怎么会即将灭亡呢？”苏从说：“我想劝告您不要再荒废朝政，您有命在先，肯定要杀我，所以我就要死了。您整天观赏歌舞，游玩打猎，不理朝政，楚国的灭亡也就在眼前了。”

楚庄王听完大怒，斥责道：“我早已说过，谁来劝谏，我便杀死谁。如今你明知故犯，真是愚蠢之极！”苏从回答说：“我确实很愚蠢，但是您比我还要愚蠢。如果您把我杀了，我死后将得到忠臣的美名。您若是再这样下去，楚国早晚是要灭亡的，您就成了亡国之君。您不是比我还要愚蠢么？我的话说完了，您要杀便杀吧。”

楚庄王忽然站起来，大声说：“大夫的话都是忠言，我肯定照你说的办。”随即，庄王便传令解散了乐队，打发了舞女，决心要大干一番事业。

孙叔敖任相

孙叔敖是楚国的隐者。国相虞丘把他举荐给楚庄王，想让他接替自己职务。孙叔敖为官三月就升任国相，他施政教民，使得官民之间和睦同心，风俗十分淳美。他执政宽缓不苛却有禁必止，官吏不做邪恶伪诈之事，民间也无盗贼发生。秋冬两季他鼓励人们进山采伐林木，春夏时便借上涨的河水把木材运出山外。百姓各有便利的谋生之路，都生活得很安乐。

庄王认为楚国原有的钱币太轻，就下令把小钱改铸为大钱，百姓用起来很不方便，纷纷放弃了自己的本业。管理市场的长官向国相孙叔敖报告说：“市场乱了，

延伸阅读

问鼎中原

前606年，楚庄王在周的边境上耀武扬威地阅军时，周定王派大臣王孙满去慰劳，想探听一下庄王的意图。王孙满劳军以后，楚庄王忽然问王孙满说：“听说大禹铸有九鼎，现在放在洛邑，我想问问这鼎有多重？”九鼎是国家政权的象征，标志着天子的尊严，楚庄王问鼎是有取周而代之的意思。王孙满正色回答说：“夏、商、周三代之所以能够建立，那是因为三代的开国国君以德服天下。现在周末失德，大王还是不要打听九鼎的事情了。”楚庄王听了王孙满的话，知道还没有能力得天下，于是班师回朝。“问鼎中原”的典故从此流传下来。

《石鼓文》拓片·春秋

《石鼓文》是刻在十块圆柱形巨石上的文字，书体为大篆，为四言诗，记叙贵族游狩的情况，又称“猎碣”。现藏于北京故宫博物院。

老百姓无人安心在那里做买卖，秩序很不稳定。”孙叔敖问：“这种情况有多久了？”市令回答：“已经有三个月。”孙叔敖说：“不必多言，我现在就设法让市场恢复原状。”五天后，他上朝向庄王劝谏说：“先前更改钱币，是认为旧币太轻了。现在市令来报告说‘市场混乱，百姓无人安心在那里谋生，秩序很不稳定’。我请求立即下令恢复旧币制。”庄王同意了，颁布命令才三天，市场就恢复了原貌。

楚国的民俗是爱坐矮车，楚王认为矮车不便于驾马，想下令把矮车改高。国相孙叔敖说：“政令屡出，使百姓无所适从，这不好。如果您一定想把车改高，臣请求让乡里人家加高门槛。乘车人都是有身份的君子，他们不能为过门槛频繁下车，自然就会把车的底座造高了。”楚王答应了他的请求。过了半年，上行下效，老百姓都自动把坐的车子造高了。

这就是孙叔敖不用下令管束百姓就自然顺从了他的教化，身边的人亲眼看到他的言行便仿效他，离得远的人观望四周人们的变化也跟着效法他。所以孙叔敖三次荣居相位并不沾沾自喜，他明白这是自己凭借才干获得的；三次离开相位也并无悔恨，因为他知道自己没有过错。

晋楚争雄

楚庄王平定了内乱后，开始准备与晋国争霸。前598年，楚庄王占领了陈国。第二年（前597），楚庄王率军进攻郑国。陈国、郑国全是依附于晋国的小国，楚国进攻陈国、郑国，就是向晋国挑战，晋国不甘示弱。同年夏天，晋景公命荀林父为大将，先轸的孙子先縠任副将，统领六百辆兵车去援救郑国。人马来到了黄河边上，探子报告说郑国已投降，楚国正在撤兵。荀林父听了这个消息决定撤兵，先縠坚决不同意，说：“临敌退兵，可耻之极！你们要是害怕楚军，我一人前去迎敌！”先縠仗着祖上的功劳，不把荀林父放在眼里，带着一队兵车，渡过黄河追赶楚军。荀林父没办法，只得下令全军过河。

楚庄王听说晋兵已经渡过黄河，便召集将领们商量。令尹孙叔敖主张讲和，而一批年轻的将士都主战，楚庄王一时拿不准主意。有一位叫伍参的大臣说：“晋军主将荀林父刚掌兵权，还没有威信，副将先縠倚仗祖上的功劳，看不起荀林父。三军的将领没有权力做主，士兵们不知道听谁的号令。晋军上下不齐心，面对这样的敌人，如果不去攻打，这不是有损我们楚国的尊严吗？”楚庄王听伍参分析得合情合理，便命令楚军摆开阵势，准备和晋军决战。

庄王称霸

庄王首先派乐伯挑战。乐伯直奔晋军大营。走不远便碰上了巡逻的晋兵，乐伯一箭一个，接连射倒三个，还下车活捉一人，然后往回便走。晋军看有楚将杀人，就分兵三路来追。乐伯大叫：“晋军小心，我左边射人，右边射马。着箭！”说完便左一箭、右一箭地射起来，果然箭无虚发，左边射倒三四个人，右边射伤三四匹马，吓得晋兵谁也不敢再追，眼睁睁地看着乐伯返回楚军大营。

晋将赵荫在当天晚上带领部下去偷袭楚营，不料被楚兵发觉，发出警报，赵荫只好回撤。楚庄王命人驾车前去追赶，楚军将领见庄王亲自出马，纷纷跟了上来。孙叔敖说：“兵法上说，宁可我追敌人，不能让敌人追我。既然众将都跟出来了，咱们干脆乘其不备，冲杀过去！”楚庄王就下令攻击，楚军将士朝晋国军营冲去。晋军的将士没有防备，仓促应战，被打得溃不成军。有人提议乘胜追击，楚庄王说：“楚国自从城濮之战败给晋军，就不敢与晋国争锋。这回足以洗耻了，晋、楚早晚总要议和，何必多杀人？”因此，庄王下令收兵，不再追赶，放晋国官兵渡河回国。晋国人马一战之间几乎全部溃散，楚庄王一鸣惊人。楚庄王又陆续使得鲁、宋、陈等国归顺，继齐桓公、晋文公、秦穆公之后，也当上霸主。庄王统治楚国23年，使楚国强盛一时。

王子午鼎·春秋

王子午鼎是楚庄王之子、楚共王的兄弟、曾任楚国令尹之职的王子午的器物。鼎的颈、腹内壁及盖上都有铭文，腹内铭文14行，计84字，叙述王子午作器的始末。器形高大，立耳，兽面蹄足，器身附六个凸起的圆雕夔龙，口上盖有环纽平盖，是春秋时期典型的青铜礼器。

•人物•
赵盾

18

时间：春秋中期

桑下饿人

人们常说：一报还一报。桑下饿人的故事很好地诠释了这句话。

赵盾谏灵公

晋灵公七岁为君，由赵盾等人辅佐。灵公有一个叫屠岸贾的宠臣，此人极善阿谀奉承，深得晋灵公欢心。灵公在晋都绛州城内建了一个桃园，园中筑一高楼，灵公经常带屠岸贾等侍臣登楼游玩，或赌博，或用弹弓打鸟。一天，灵公又在此游玩，园外的百姓看见灵公，都停了下来。晋灵公看见，对屠岸贾说："打鸟不如打人好玩，我们用弹弓打他们，谁打中眼睛谁赢。"于是，两个人拉开弹弓向百姓射去，还让手下一起来射，弹丸如雨点般落下，园外哭声一片。一次，灵公要吃熊掌下酒，催促多次，厨师只得把半熟的熊掌端上去。灵公一尝，熊掌没烂，就将厨师杀了。赵盾看到灵公如此，就与大臣随会商量说："我们去劝一下灵公吧，这样下去怎么得了！"随会说："今天我先去，他要不听，你再去。"灵公看见随会，知道他的来意，就说："你不用说什么，我以后改。"随会说："谁都会犯错，主公能改，乃社稷之福。"说完退了出去。

鸟尊·春秋

山西太原赵卿墓出土。春秋时期酒器，全器为昂首挺立的鸷鸟形，为晋国青铜器代表作品。现藏于山西省博物院。

第二天，灵公没上朝，又与内侍去桃园玩。赵盾说："主公这哪像改过的样子，我今天一定要说了。"于是赵盾先赶到桃园门前等灵公。灵公来了，赵盾上前参拜。灵公说："我没叫你，你怎么来了？"赵盾说："自古有道之君未有以杀人为乐的，您这样下去会让国家陷入危亡的。"灵公有些羞愧，就说："就这一天，明天就听你的。"赵盾没办法，只得让灵公进园。

青铜柄铁剑·春秋

此剑柄镡相连，皆用青铜铸成，两面有对称纹饰，柄中部有长形镂孔4个，柄长85厘米，镡长4厘米，厚0.4厘米。剑叶铁质，残长9厘米，宽3厘米，厚0.3厘米，焊接于铜镡上。铁剑叶全部锈蚀，从铁锈上可以清楚看出用丝织物包裹的痕迹。这是中国迄今发掘出土的最早的人工冶铁制品之一。

灵公欲杀赵盾

灵公与屠岸贾商量杀了赵盾。屠岸贾派刺客鉏麑刺杀赵盾。天快拂晓时，鉏麑来到赵盾门前，躲在暗处往里看，见赵盾朝衣朝冠，手拿玉笏，正襟危坐。原来，赵盾正要上朝，见天色尚早，所以在家等待。鉏麑感叹道："赵相国是位好官，我怎能杀他？"于是大叫道："我是鉏麑，奉君命来刺杀相国，我宁可违背君王的命令，不忍杀害忠良。现在我自杀，恐怕还会有刺客来，请相国小心！"说完，自杀而死。

赵盾安葬了鉏麑，继续上朝。灵公见赵盾没死，又与屠岸贾商量。屠岸贾说："您请赵盾喝酒，我让甲士埋伏起来。等到赵盾喝醉了，我便让甲士将他杀了。"灵公同意了。

桑下饿人报恩

当初，赵盾经常到首山打猎，曾经在桑树下遇到一个饿极了的人。这个人名叫示眯明。赵盾便给了他一些食物，但是他却只吃了一半。赵盾问他为什么还要留下一半，示眯明回答："我已经在外三年都没有回过家了，如今也不知母亲生活得怎么样，是否还在人间，想把剩下的一半留着，拿回去给母亲吃。"赵盾感动于示眯明的孝敬，就又给他一些饭肉、钱物。之后不久，示眯明当上了晋君的厨师。但是赵盾并不知道示眯明做了晋君厨师这件事。

九月，晋灵公依照计划宴请赵盾，并准备埋伏好士兵杀死他，示眯明知道此事后，生怕赵盾酒醉后起不来身，以致最终遇害。于是上前劝说赵盾道："君王赏赐您的酒，只喝三杯就可以了，不要多喝。"并想让赵盾赶在前面离开免于遭难。赵盾听从离去了，此时，灵公埋伏的士兵还未集合好，只得先放出了一条叫敖的恶狗。示眯明替赵盾徒手杀死了狗。赵盾说："抛弃人，而使用狗，虽然凶猛但又有什么用呢！"赵盾逃出了殿外。但是没有多久，灵公就指挥着埋伏的士兵在后面追赶赵盾，示眯明帮着赵盾反击灵公的士兵，使得士兵无法继续前进，赵盾终于得以逃脱。赵盾询问示眯明为什么要救自己，示眯明说："不知您是否还记得？我就是原来桑树下的那个饿汉啊。"赵盾又问他叫什么名字，但是示眯明没有告知自己的姓名。之后示眯明便隐遁而去了。

人物
伯牙
钟子期

19

时间：春秋中期

伯牙与钟子期

伯牙与钟子期的故事千古流传，正说明了很早人们就知道知音难觅。世世代代，很多的人们都在寻找着知音。

伯牙学艺

伯牙，是春秋时的音乐家，善于弹琴，在当时极负盛名。他在晋国做上大夫，属于晋国的贵族。

伯牙从小就酷爱音乐，拜当时的著名音乐家成连为师。成连悉心指导伯牙。还带伯牙到各地游历，让他从大自然中汲取精华，这些使伯牙悟出了音乐的真谛。伯牙弹起琴来，琴声优美动听。虽然有许多人赞美他，但他知道这些人并没有听懂琴中的真谛。伯牙并不在意这些人的赞美，他需要能听懂他琴声的人，需要与人坐而论道，因此一直在寻觅着自己的知音。

延伸阅读

中国音乐十二律体系完成

周代乐律学有重大建树，开始创立了完整的音阶形态及其理论，从而奠定中国乐律学的基础。五声音阶、七声音阶和十二律理论都在此时期形成。据《国语·周语》记载，周景王在前522年曾问乐于乐官伶州鸠。伶州鸠讲了许多乐律学的知识，他按六阳六阴的顺序列举了黄钟、大吕、太簇、夹钟、姑洗、仲吕、蕤宾、林钟、夷则、南吕、无射、应钟等12个律名。这是十二律见名于典籍的最早的完备记载。

高山流水

有一年，伯牙奉命出使楚国。八月十五那天，伯牙乘船到了汉阳江口。当天，风大浪猛，伯牙便停泊在一座小山下。晚上，风浪渐渐平息，云开月出，夜色朦胧。伯牙听着江水拍打着江岸，望着月光下幽幽的山影，心境无比纯净。于是就拿出随身携带的琴，醉心地弹了起来。

一曲未终，琴弦崩断。伯牙心中一惊。他知道琴遇知音才会断弦，难道此处会有知音？伯牙停手四望，见岸边有人伫立。伯牙借着月光观看，见青年眉清目秀，举止不俗，却是农人打扮。那个人见伯牙看他，就说：“我是个打柴的，回家

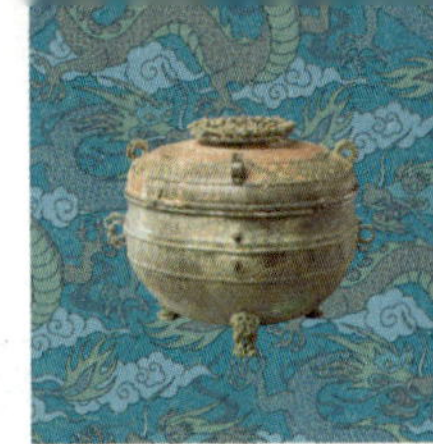

晚了，路过此地听到您在弹琴，觉得美妙，不由得站在这里听听。”

伯牙心想：一个打柴的樵夫，怎么可能听得懂我的琴呢？于是他就问：“你既然懂得琴声，那就请你说说我刚刚弹的曲子吧。”打柴人笑着回答：“先生刚才弹的是孔子赞叹弟子颜回的曲谱。”

伯牙大喜，他刚刚弹的正是此曲。于是忙请打柴人上船。打柴人上了船，伯牙换上琴弦重新弹奏，并请打柴人辨识其中之意。当他弹奏的琴声雄壮高亢的时候，打柴人说：“这琴声表达了高山的雄伟气势。”当琴声变得婉转流畅时，打柴人说：“这琴声表达的是潺潺的流水。”

伯牙惊喜万分，没想到，在这荒郊，竟遇到自己久久寻觅不到的知音。打柴人自言叫钟子期。两人坐下来，谈论对音乐的理解，谈论琴法与乐理，认识竟出奇地一致。两人相见恨晚，结拜为兄弟。因有公务，伯牙不得不依依不舍地与子期告别，相约来年中秋再在此地相会。

摔琴谢知音

第二年中秋，伯牙来到汉阳江口，可是不见钟子期。伯牙向一位老人打听，老人告诉他，钟子期不幸染病去世了。他留下遗言，把坟墓修在江边，八月十五时，好听伯牙的琴声。伯牙无比伤感与失落。他来到钟子期的坟前，凄楚地弹起了《高山流水》。弹罢，幽幽地说：“你是我唯一的知音，知音已逝，琴声谁知！”说完，将心爱的琴摔向一块大石。从此，伯牙再也不肯为任何人弹琴了。

《伯牙鼓琴图》· 元 · 王振鹏

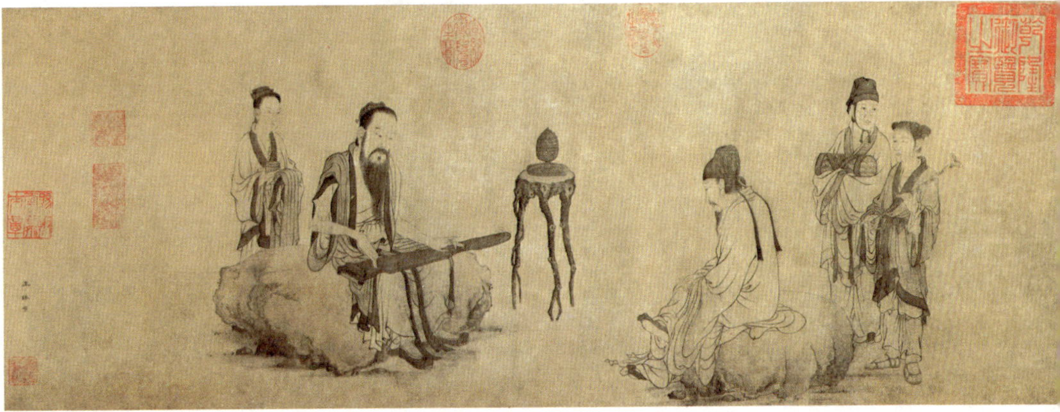

•人物•
晏婴

20

时间：？ ~前500

机智的矮子使者

人不可貌相，海水不可斗量，但人们很难不以貌取人。晏婴只因个头矮小，处处受到考验，可他凭借着自己的机敏善辩，免遭屈辱，赢得了尊重。

晏婴（？ ~前500），字平仲，齐国人。晏婴虽然身材矮小，其貌不扬，但是个非常有才华的人，贤比管仲，人尽皆知。齐景公很器重晏婴，拜他为上大夫。

奉命使楚

当时，楚国是在各诸侯国中实力强大的国家，一些小的诸侯国就来朝觐它，一些大的诸侯国也派来使节向楚王表示问候，晏婴也奉齐景公的命令出使楚国。楚灵王得知晏婴要来，对文武百官说："晏婴身高不足五尺，但其贤德的名声早已闻名于各诸侯国。我想羞辱他一下以长楚国威风，众卿有什么妙计吗？"太宰薳起疆密奏道："晏婴善于应对，反应敏捷，一件事恐怕难以羞辱他，我们必须这样……"灵王听了很高兴，连夜派人在城门旁边开凿了一个小洞，刚好五尺高，吩咐守门军士："如果有齐国使臣来到，把城门关了，让他从这个小门进来。"

晏子铸台济民雕像

不一会，晏婴穿着一身破旧的大衣，一个人驾着车来到了城门下。见城门

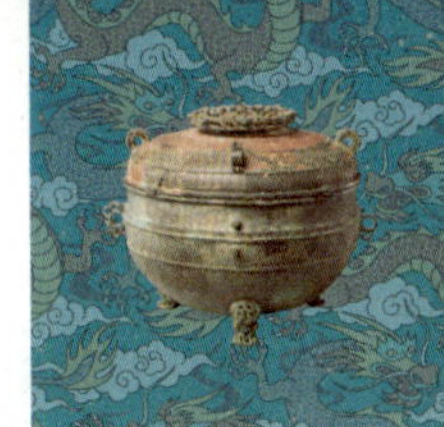

没开，晏婴就招呼守门军士开门。守门军士用手指着城门旁边的小门说："大夫从此进城绰绰有余，用不着开城门。"晏婴说："这是狗门，不是人进出走的。我如果出使狗国，就从这个门走；如果我出使人国，还须从大门进入。"守门军士把晏婴所说的话飞报灵王，灵王哭笑不得地说："我想戏弄他一番，不想反被他戏弄了。"只好命人打开城门，迎晏婴进城。

晏婴会灵王

晏婴入朝见灵王，灵王一见他，就问："齐国没有人了吗？"晏婴说："齐国人多得呵气成云，挥汗成雨，行者摩肩，大王说无人是什么意思？"灵王说："那为什么派你这个小人来呢？"晏婴说："我们齐国有个习惯，贤德的人出使贤德的国家，不贤德的人出使不贤德的国家；大人出使大国，小人出使小国。我个子最小，又最不贤德，只好出使楚国了。"灵王无语，心里暗暗佩服晏婴的机智。这时，有人进献橘了，灵王赐一个给晏婴，晏婴连皮带瓤一起吃了。灵王拍着手大笑道："齐国人没吃过橘子啊！不知道吃橘子要剥皮。"晏婴神情自若地说："受到君王赐东西时，瓜桃不能削皮，橘子不能剥皮。今承蒙大王赏赐，就好像是我的君主赏赐我一样，大王没让剥橘皮，我怎敢不全吃呢？"灵王听了不禁肃然起敬，下令赐座，命左右给晏婴上酒。

晏婴机智应对，维护了齐国的尊严，齐景公也更加信任晏婴，委以重任。在晏婴的治理下，齐国也蒸蒸日上。

历史词典

辅佐三君的晏婴

晏婴，字平仲，夷维（今山东高密）人，是春秋时期杰出的政治家。他侍奉过齐灵公、庄公、景公。前548年，齐庄公因与崔杼之妻私通而被崔杼在其家宅杀害，晏婴闻讯，来到崔宅，头枕在尸体的大腿上而号哭，顿足三次才出去。晏婴喜欢进谏。前522年，景公病了一年还没好转，要杀医生，晏婴乘机进谏，认为最重要的是国君修德勤政，可现在齐国有很多社会问题，应当解决，景公采纳其言，指示大臣宽政、毁关、去禁、薄敛。同年，他又进谏，说明和、同之别，和是听取多方面不同的意见，要分析意见，不可囫囵吞枣。另外，晏婴坚持节俭，他不愿更换更大的房子住，总是坐着破旧的马车，"以节俭力行重于齐"。晏婴还重视人才，他强调国君与社稷国家不同，认为臣下应忠于国家。晏婴死后的十几年，景公还很怀念他。

⏲时间：前 515

鱼腹中的利器

一把藏在鱼腹中的利刃，结束了吴王僚的性命。专诸虽然也以身相殉，但他鱼腹藏剑的故事却一直流传下来。

物色人选

楚国到了楚平王的时候，开始走下坡路。平王贪图美色，把原本为太子娶的妃子据为己有，还杀了批评他的大臣伍奢和伍奢的儿子伍尚。伍奢的另一个儿子伍员（伍子胥）则趁乱逃到了吴国。

吴国与楚国一向不和，伍子胥想利用吴国来为父兄报仇。吴王僚也觉得伍子胥相貌不凡，谈吐高雅，便重用了伍子胥，任命他为大夫。

伍子胥躲在吴国，感到吴国的宫廷里也充满了阴谋。公子光一心想夺吴国王位，四处招兵买马，想有朝一日取代吴王僚。公子光一直把伍子胥当作协助自己夺取王位的重要人物，就一心拉拢他。伍子胥觉得公子光比吴王僚更有作为，便向公子光推荐了自己的好朋友专诸。公子光觉得专诸很合自己的心意，便同意让专诸执行刺杀吴王僚的任务。

吴王光鉴·春秋

春秋晚期吴国的青铜器，是吴王光为其女儿叔姬出嫁制作的媵器。吴王光，即吴王阖闾，又称公子光。1955 年时于蔡侯墓中发现。

公子光的筹备

公子光得到专诸之后，如同对待宾客一般，对他非常有礼，专诸也准备一心为公子光刺杀吴王僚。他问公子光：“吴王僚有什么嗜好？”公子光回答：“吴王僚喜欢吃各种美食。”专诸又问：“那他最喜欢吃什么？”公子光回答是鱼。于是专诸了有了主意，就去学做鱼，学会了很好的做鱼手艺。

吴王僚十二年（前515），吴国乘楚平王去世，楚国内乱之机，派兵去攻打楚国。但是战争并不顺利，吴国的军队被困在楚国。公子光就向吴王僚建议，把全国的人马都调去与楚国作战。吴王僚按照公

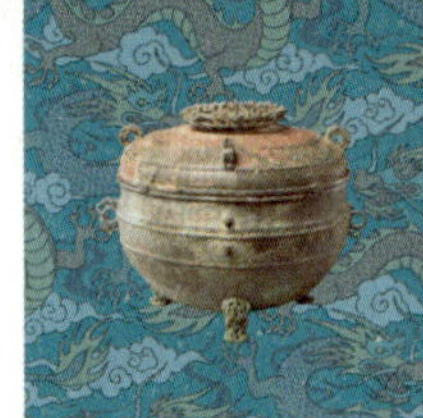

子光的建议做了，国内兵力空虚，给了公子光下手的机会。

公子光对专诸说："这个机会不能失掉，况且我是真正的继承人，应当立为国君。"专诸说："吴王僚是可以杀掉的。他母老子弱，两个弟弟带着军队攻打楚国，而楚国军队断绝了他们的后路。当前吴军在外被楚国围困，而国内没有真正敢言的大臣。这样吴王僚还能把我们怎么样呢！"公子光叩头说："我公子光的身体，也就是您的身体，您身后的事都由我负责了。"

不久，公子光开始了行动。他先在地下室里埋伏了大批的武士，然后告诉吴王僚，自己最近新招了一名厨师，很会做鱼，请吴王僚来家中品尝。吴王僚一直对公子光有所戒备，但又抵御不了佳肴的诱惑，就带了许多士兵前去参加宴会。公子光住宅的前前后后全站立着吴王僚带来的士兵，这些士兵全都手执兵器，虎视眈眈，每个靠近吴王僚的人都要被严格检查。

公子光一面给吴王僚敬酒，一面谈笑风生，就像一点事也没有。酒席之间，公子光忽然说自己的脚疼得很厉害，要治疗一下，很快就回来，然后就起身告退。公子光来到地下室，让手下的武士做好准备。而吴王僚做梦也想不到公子光居然敢在这么严密的防备下对自己下手。

鱼腹中的利器

这个时候，专诸端着烧好的鱼来到大厅。吴王僚的士兵把专诸搜查了一遍，才让他上前献鱼。士兵们哪里知道，专诸身上确实没有带武器，而是在鱼肚子中藏了一把锋利的短剑。专诸把鱼做得香气袭人。吴王僚禁不住诱惑，不禁探身上前。专诸眼疾手快，从鱼腹中拔出短剑向吴王僚刺去，刺中了吴王僚的胸膛，吴王僚便这样被结果了性命。

吴王僚的士兵将专诸乱刀砍死。公子光则趁机带领地下室里隐藏的武士一起杀出来，杀散了吴王僚的兵士。就这样公子光夺取了王位，就是吴王阖闾。为了感谢专诸的舍身相助，他封专诸的儿子为上卿。

专诸刺杀吴王僚，首先投其所好，学会了做好吃的鱼菜，使得自己有机会接近吴王僚；又利用一般人的思维定式，没有随身藏匿武器，而是把短剑藏在鱼肚子中，终于一击必杀，获得了成功。人在小利面前往往会犯错误，这个时候就是向对手出手的最好时机。

•人物•
要离

22

⏲时间：前 513

要离行刺

以牺牲自己的妻子、儿女的性命和自己的身体去为君王效命，无论从哪个角度看，这都是一场悲剧。

子胥荐要离

公子光在伍子胥的帮助下，成功地登上王位，是为吴王阖闾。吴王僚的儿子公子庆忌则逃到艾城，招纳亡命之士，邀周围的国家相助，准备攻打吴国，以报杀父之仇。

吴王阖闾听说庆忌的计划后，坐卧不宁、食不甘味。阖闾召见伍子胥说："庆忌有攻打吴国的想法，他在世一天，我就一天也不得安宁。我想找个勇士去刺杀他，以绝心头之患，你有这样的人选吗？"伍子胥说："我有一个叫要离的门客，大概可以办成这件事。"阖闾说："庆忌有万夫不当之勇，一个门客怎么行呢？"伍子胥说："他虽然只是一个门客，但实际也有万夫不当之勇。"阖闾便让伍子胥请要离见面。

阖闾听伍子胥夸要离之勇，心想他一定是个身形魁梧、力大无穷的人。等到见了要离，阖闾却大失所望。原来要离身材矮小，长得也很难看，看不出一点英雄气概。

苦肉计

吴王看着要离，心里很不高兴，说："伍子胥说的勇士是你吗？"要离说："我人小力小，大风都能把我吹倒，哪是什么勇士。但如果大王有什么吩咐，我会尽力而为。"吴王心里不以为然，不再说话。伍子胥明白了吴王的意思，连忙说："人不可貌相，要离虽然长相不佳，但智力超群，定能完成大王的使命。"

吴王没有其他选择，就让要离到后宫商议。三人坐下，要离说："大王是担心庆忌吗？我可以把他杀了。"吴王笑着说："庆忌身形健壮，你恐怕不行吧？"要离说："真正的勇士，在于头脑，我只要能接近他，就能杀了他。"吴王说："庆忌很聪明，不会让人轻易接近的。"要离说："我假装得罪大王投奔庆忌，庆忌一定会信的。您只要杀了我的妻子、儿女，砍断我的右手，庆忌便不会疑心了。"

第二天，几个人依计行事。伍子胥带

要离上朝，要离假意请吴王出兵伐楚，吴王斥责要离，要离强争，吴王大怒，命左右砍掉要离右臂，关进监狱。伍子胥吩咐狱卒放走要离，吴王便杀了要离的妻子和儿女。

要离假意投奔庆忌

要离投奔了庆忌。庆忌虽然聪明，却难以想象会有如此残忍的苦肉计，因此非常信任要离。不久，庆忌的密探又回报说："要离的妻子、儿女已被吴王杀死。"于是庆忌完全相信了要离。庆忌和要离商量："吴王任用伍子胥，国中大治，我兵微将少，怎能抗衡？"要离说："吴王只靠伍子胥一人，现在和伍子胥有矛盾了。"庆忌说："伍子胥乃是吴王的恩人，二人亲密无间，怎么说有矛盾呢？"要离说："伍子胥之所以尽心辅佐吴王，是想让吴王替他报仇。现在吴王即位，享受荣华富贵，不太想出兵伐楚了。因此，伍子胥对吴王有怨气。我替伍子胥说话，才落得如此下场的，我这次能够脱难，也全靠伍子胥的帮助。公子不乘此时发兵，一旦吴王君臣消除了隔阂，我们俩的仇就都没法报了。"说完后要离号啕大哭，装出要撞死的样子，庆忌不疑有诈，决定出兵伐吴。

吴王光剑·春秋

一死以酬

三个月后，庆忌正式出兵伐吴，庆忌与要离同船而行。行至中途，后面的船跟不上了，要离劝庆忌坐到船后面催促部下。庆忌坐下后，要离左手持短矛站在一旁。忽然江上起了大风，庆忌转脸避风，要离迅速站到上风头，借风力挺矛刺入庆忌心窝。庆忌忍着剧痛，一把抓住要离，说："敢行刺我的，也算是个勇士了。我死后，不要杀他。"说完，庆忌便气绝身亡了。庆忌的手下放了要离。要离见庆忌如此对待自己，心生悔恨，悲痛不已。回到吴国后，吴王阖闾要为要离庆功，要离却泪流满面地拒绝说："杀了我的妻儿来侍奉我的君主，不合乎仁；为了新的君主而杀害原来君主的儿子，不合乎义，我还有何面目活下去呢？"说完，要离也横剑自刎。

人物
孙武

23 孙武斩妃

时间：春秋晚期

孙武通过斩杀吴王阖闾的宠妃严明军纪，把三百宫女训练成合格士兵，证明没有带不好的队伍，只有带不好队伍的将领。

保荐孙武

阖闾凭借伍子胥推荐的专诸刺杀了吴王僚，自己做了吴王，又用要离刺杀了庆忌，自此吴国内部安定下来，阖闾开始实施进攻楚国的计划，而这个时候，伍子胥又推荐了一个人做大将，这个人就是孙武。

孙武就是后来被全世界军事家都大为推崇的孙子，他所著的《孙子兵法》也是世界军事著作的开山之作。千军易得，一将难求，阖闾也懂得这个道理，于是派伍子胥带着十镒黄金、一对白璧去请孙武。孙武来了以后，阖闾自然要问他兵法，孙武就把自己所著的《孙子兵法》献给阖闾，并在一旁讲解，每说一篇，阖闾就不住地点头称赞，心花怒放。但是阖闾还是担心吴国的实力与楚国不能同日而语，国力相差悬殊，仅仅靠好的战略战术很难打赢楚国。

训练宫女

孙武对阖闾说："兵不在多，在于如何指挥运用，我所著的兵法不但可以指挥军队，就是用来指挥妇女也能达到同样的效果。"阖闾不信，孙武就要当场试验，而且说后宫里的侍女就可以。阖闾就从后宫选了三百名宫女，分成两队，又应孙武的要求派了两个最宠爱的妃子做队长。孙武又要求了一名执法官，以及擂鼓的士兵，就要开始操练。

孙武首先宣布三条军法：一在队伍中不许随意乱走动，二不许随便说话喧哗，三要令行禁止。这些宫女穿上盔甲，拿起刀枪，笑闹成一团。孙武耐着性子站在台上下令："一通鼓，两队都集合站好；二通鼓，

左队向左转，右队向右转；三通鼓，两队都举起刀枪，做对战的姿态；听见鸣金，两队各自后退收回。”台下这些宫女根本没把孙武的话听进去。

第一通鼓响了，宫女们三三两两地站起来几个。孙武说：“第一次是我没有把命令说清，这是我这个为将者的责任。”孙武让执法官把将令又说了一遍。第二次擂鼓，宫女还是有说有笑，孙武有些愤怒，亲自擂鼓，可宫女笑得更欢了，尤其是两个队长，笑得盔歪甲斜。孙武真的怒了，大喝：“执法官何在？”执法官上前跪倒。孙武说：“前次是我将令不明，罪责在我；而现在已经三令五申，士卒不听号令，这就是士卒之罪，按军法当如何处置？”执法官说：“按军法当斩。”孙武道：“队长带头抗命，将两队的队长斩首示众！”

斩妃明法纪

左右不敢不从，就把两个当队长的宠妃绑了。阖闾赶快派大臣伯嚭带着吴王的符节来见孙武，给孙武传话：“将军用兵的本领，我已经知道了。这两个妃子是我最钟爱的，请将军千万饶了她们。”孙武说：“军中无戏言。臣已受命为将，将在外，君命有所不受。如果饶恕了违反军法的队长，兵也就没法带了。”孙武命人把两个队长斩了，头放在军前，这下这三百名宫女哪个还敢乱说乱动！孙武又选了两个宫女做队长，还是操练刚才的动作，宫女都很认真而且寂静无声。孙武让执法官向吴王汇报：“这些女兵已经训练好，请大王检阅，现在她们百分之百听从大王的号令。”阖闾不愿检阅，但知道了孙武的军事才能，封孙武为上将军指挥全军。孙武也不负吴王厚望，率领吴军进攻楚国，一直攻占了楚国的郢都，奠定了吴国的霸业。

延伸阅读

铁器出现

根据考古发现，商代晚期已具备一定的锻铁技术，而人工冶炼铁器技术的出现应在西周中晚期。最近考古发掘中春秋铁器的不断出土，尤其是春秋早中期人工冶炼铁器的出现，证明了春秋时已开始跨入铁器时代。其中河南三门峡上村岭虢国2001号墓出土1件玉茎铜芯铁剑，2009号墓出土1件铁刃铜戈和3件铁工具，时代定为西周晚期到春秋初期。其他地方出土春秋早期铁器的有：陕西陇县边家庄秦墓出土铜柄铁剑1件，陕西长武秦墓出土铁匕首1件，甘肃灵台景家庄出土铜柄铁剑1件，甘肃永昌三角城出土铁锸1件。至于春秋中晚期的铁器出土更多。从出土的铁器品种看，早期以武器为主，中晚期品种、数量大大增加，有农器、工具、武器、礼器和日常用品，表明铁器的应用范围日益广泛，也说明春秋时期冶铁技术不断发展，并且遍及中原和南方各地。

24

时间：前 506

伍子胥鞭尸

伍子胥在吴国辅佐吴王阖闾治国强军，吴王伐楚，占领楚国国都后，伍子胥鞭尸楚平王，终于为父兄报仇雪恨。

扶植吴王

伍子胥逃到吴国后，求见公子光。公子光此时正在阴谋夺取王位，暗中招贤纳士，他早就听说了伍子胥大名，现在见到伍子胥被自己招揽，更是高兴不已，就把伍子胥厚养在身边。

伍子胥为公子光四处结交人才和亡命之徒。前515年，吴王僚趁楚平王去世，昭王接位，派兵围攻楚国。没想到楚国早有准备，吴军反中了埋伏，进退不得。伍子胥就让公子光假意宴请吴王僚。筵席中，壮士专诸呈上腹藏宝剑的炙鱼，专诸刺杀了吴王僚，公子光在伍子胥的帮助下篡夺了王位。

伍子胥希望阖闾为自己报仇，可吴国的实力远逊楚国。伍子胥知道要使吴国强大才能报自己的家仇，于是尽心协助吴王治国，又成功指挥了要离对庆忌的暗杀，巩固了吴王阖闾的王位。

伍子胥向吴王推荐孙武，在孙武的帮助下，吴国的军事力量强大起来。孙武和伍子胥制定了一个战略方针，即“三师以肄”，经常出动一支军队骚扰对方；再用几支军队声东击西，选择适当的时机出动主力，一举歼灭对方。这个方针十分奏效，吴国先后兼并了邻近的几个小国。

伍子胥雕像

伍子胥的雕像用巨大白色花岗岩雕刻成的，面部采用工笔雕刻，身体采用现代简刻手法，雕像的眼睛，简单的两个空洞，象征性地表现了伍子胥的遗言：“必树吾墓上以梓，令可以为器；而抉吾眼悬吴东门之上，以观越寇之入灭吴也。”

伍子胥鞭尸

前506年，吴王阖闾拜孙武为大将，伍子胥为副将，亲率三万大军，向楚国进军。三万吴军在柏举（今湖北麻城东

伍子胥祠堂

北）和楚国将军子常率领的二十万楚军展开决战，楚军惨败，吴军一直打到了楚国国都郢城城下。

楚昭王弃城而逃。伍子胥找到楚平王的坟墓，挖出他的尸体，痛打三百鞭，仰天长笑道：“父亲，哥哥，我终于为你们报仇雪恨了。”在楚国时，伍子胥与大臣申包胥是好友，申包胥听人说了伍子胥鞭尸的事，就派人对伍子胥说：“你的报仇未免太过分了。我听人说，人多了是可以胜天，但是天道也会破坏人的计划。你从前是楚王的臣子，现在却如此污辱一个死掉的国君，难道这不是极端的丧尽天良吗？”伍子胥回道：“我已经像下山的太阳，而路途仍很遥远，所以我要倒行逆施。”申包胥请求秦国出兵。秦哀公认为不应该出兵。申包胥就在秦宫门外哭了七天七夜，秦哀公只好答应派兵救楚国。当时秦国是强国，吴王阖闾见秦国出兵，也就下令撤兵回国了。

造福于民

伍子胥封于申地，所以人们又称他为申胥。前495年，伍子胥在吴国大兴水利，修建了连接惠高、鼓港、处士等河流的运河，后人称之为“胥浦”，这些工程减少了水患。吴王阖闾去世后，伍子胥继续辅佐阖闾的儿子夫差，但是夫差听不进谏言，伍子胥因为劝夫差不要答应越国的求和，又主张停止讨伐齐国而被夫差疏远。前484年，忠直的伍子胥被夫差赐死，抛尸江中。吴国百姓为了纪念他，替他在江边修建了祠堂，世代纪念他造福吴国百姓的恩德。

孙武与《孙子兵法》

先秦时期，“国之大事，在祀与戎”。春秋战国四百余年间，战乱四起，出现许多名将，例如乐毅、赵奢、白起、王翦、廉颇、李牧，创造出许多新的战术和军事思想，且被总结写成兵书。比方说吴起的《吴子》、司马穰苴的《司马法》、尉缭的《尉缭子》、托名吕尚的《六韬》等，其中最著名的是孙武的《孙子兵法》。

孙武其人

孙武（约前545～前470），齐国人，他出身贵族，因齐国内乱，随父亲流亡吴国，隐居郊外躬耕，潜心钻研兵书。吴王阖闾即位后，注重搜求各种人才，立志称霸天下。孙武经伍子胥推荐，把自己撰写的兵法13篇呈献给吴王，受到吴王器重。他曾率三万士兵打败楚国二十万大军，攻进楚国都城。从此，吴国“北威齐晋，显名诸侯”。此后不久，他就辞官归隐。

孙武所著的《孙子兵法》内容丰富，其核心是对战略战术的论述。全书结构严谨，具有极强的逻辑性，形成完整的军事理论体系，是中国古代军事思想成熟的标志。

军事哲学思想

孙武对战争采取慎重的态度。他说：“兵者，国之大事。死生之地，存亡之道，不可不察也。”君王和将领不能轻易兴兵，要做到“非利不动，非得不用，非危不战”。正是由于持这种重兵慎战的态度，孙武主张要认真全面地研究战争的各种因素，“知己知彼”，才能“百战不殆”。

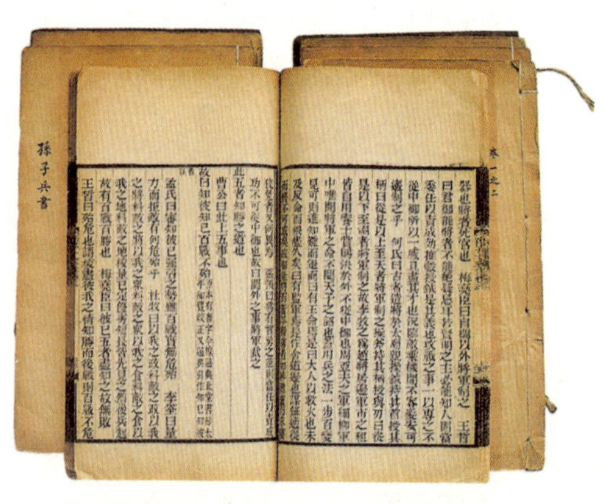

清版《十一家注孙子兵法》书影

孙武认为战争必须是正义的，方可取胜，他主张战争应该“唯民是保”。战争不能以灭国杀人为目的，要设法通过战争达到和平。《谋攻篇》说：“凡用兵之法，全国为上，破国次之；全军为上，破军次之。”

孙武的军事哲学含有朴素的唯物主义和丰富的辩证法思想。他认为战争要

双联鞘曲刃青铜剑 · 春秋

充分利用自然条件，“顺天行诛，因阴阳四时之制”；驻军要选择避免背阳潮湿的地方，防止疾病；同时要善于利用水、火等形式进攻敌人。战争绝不能依赖任何迷信，只能相信众人的力量。“成功出于众者，先知也。先知者，不可取于鬼神，不可象于事，不可验于度。”

他认为世界上任何事物都是发展变化的，所谓“兵无常势，水无常形”，优秀的将帅要能够“因敌变化而取胜”，因此将在外可“君命有所不受”。治乱、勇怯、强弱的矛盾对立都是可以转化的，“乱生于治，怯生于勇，弱生于强”。他提出许多带有辩证色彩的作战原则和方法。如“因利而制权”“与敌变化”“智者之虑，必杂于利害”等。

春秋战国时期，作战重信义、讲礼节的传统已被破坏，“诡诈”或者说“智谋”成为用兵的核心。孙武说：“兵者，诡道也”，“兵以诈立”。他的这种思想集中体现在所谓的“诡道十二法”中，即“能而示之不能，用而示之不用，近而示之远，远而示之近，利而诱之，乱而取之，实而备之，强而避之，怒而挠之，卑而骄之，佚而劳之，亲而离之。攻其无备，出其不意。”这是对春秋战国军事谋略史的深刻总结。

孙武塑像

•人物•
夫差

25

⏲时间：前 494

夫差伐越

夫差为了给父亲报仇，励精图治，终于将越国击败。可夫差缺乏基本的政治识别能力，被女色和谄言所蒙蔽，没有一劳永逸地征服越国，为亡国埋下了祸根。

夫差复仇

前496年，吴王阖闾率领军队进攻越国，越王勾践发兵抵抗。原本吴国兵力占优，但吴王阖闾大意轻敌，结果被越国的军队打败。阖闾也受了伤，在退兵途中伤重不治而死。临死前，阖闾对他的儿子夫差说："不要忘记这深仇大恨，一定要报仇。"阖闾死后，夫差即位，为了不忘记父亲临终前的遗嘱，夫差每天都要让殿堂前的人对自己大声喊道："夫差，你忘了越王杀了你的父亲吗？"夫差含着眼泪回答说："我决不忘记。"夫差命伍子胥、伯嚭在太湖上训练水军，又在灵岩山设围场练习射箭。等以后再报大仇。

转眼到了前494年，夫差祭祀过先王，拜伍子胥为大将，从太湖走水道向越国进发。越王勾践接到消息，率军迎击吴军，结果在夫椒山被打得大败。

越王求和

勾践逃到固城，被夫差的大军团团围住。勾践留大夫范蠡坚守，自己带着五千名残兵败将偷偷逃到了会稽山。大夫文种建议说："吴国的太宰伯嚭是个贪财好色的人，他与伍子胥同朝，面和心不和。吴王宠信伯嚭，我们如果私下给伯嚭好处，他一定会帮我们劝吴王退兵。"勾践说："那我们用什么贿赂伯嚭呢？"文种说："吴军中缺乏的是女色，我们就给他送几个美女过去。"

一切准备妥当，文种在半夜来到伯嚭的大营中。伯嚭起初不见，但听说文种有礼物献上，就让文种进来。文种跪着说：“我国国君勾践触犯了吴国，我君知道错了，愿意听吴王调遣。可担心吴王不接受，知道您劳苦功高，是吴王的左膀右臂，所以越王派我来拜访您，请您在吴王面前美言几句。”伯嚭假装不同意，文种指着礼品单说：“这八个美女都出自越国，如果我君能够再回到越国的话，一定帮您找更好的。”伯嚭故作为难地说：“那好吧，明天我试着带你去见大王。”于是伯嚭收下礼物，留文种在大营中。

夫差留后患

第二天一大早，伯嚭来见夫差，把勾践想要求和的事和夫差说了。夫差听了，勃然大怒道：“我与越人有不共戴天之仇，怎么能和他们讲和！”伯嚭说：“您不记得孙武曾经说过，兵乃凶器，只可暂时使用。越国是得罪我国了，但越国已经表示愿意当您的臣子，越国的奇珍异宝都献与您，他们所要求的只是保留性命罢了。倘若我们硬要消灭越国，勾践必定和我们拼命，到时我们也会损失惨重的。”夫差说：“文种在吗？”伯嚭说文种在帐外等候召见。于是夫差宣文种进来，文种又把求和之意说了一遍，并说：“我王勾践愿意到吴国来服侍大王，那时，越名为越，其实已是吴国的土地了。”夫差想了想就答应了。

伍子胥听说后急忙赶来见夫差，问：“您同意议和了吗？”夫差说：“同意了。”伍子胥大声说道：“不可！越与吴誓不两立，吴不灭越，越必灭吴。”夫差听了没说话。伯嚭急忙插话道：“勾践都愿意到我国亲自服侍大王了，可见他是真心归顺我王啊！我们为什么非要赶尽杀绝呢？”夫差听了也说：“是啊。我主意已定，你就不必说什么了。”伍子胥气得面如土色，回自己大营去了。

夫差和越国订盟，夫差退兵，勾践夫妻择期到吴国。夫差一时听信谗言，给勾践一条生路，却给自己掘了一个坟墓。勾践后来卧薪尝胆，灭了吴国。

吴王夫差矛·春秋

长 29.5 厘米，1983 年湖北江陵马山 5 号墓出土，现藏于湖北省博物馆。

•人物•
勾践

26

时间：春秋晚期

卧薪尝胆

勾践卧薪尝胆的故事广为流传，正是由于勾践甘于忍辱负重，这才击败了强大的吴国。此外，同历史上其他成功的君王一样，勾践也很好地把握了时机。

忍辱负重

夫差伐越一战中，越国败给了吴国，越王勾践想尽了办法，才保住自己一条性命，但条件却是要到吴国为奴。勾践到了吴国，夫差让他们夫妇俩住在阖闾陵墓旁边的一间石屋里，叫勾践给他喂马，越国大臣范蠡跟着做奴仆的工作。夫差每次坐车出去，勾践就给他拉马。做苦役期间，不得温饱，处处受人鄙视，却不敢露出丝毫怨怼，唯恐惹来杀身之祸。过了一阵，勾践感到实在受不了这种屈辱，绝望地说：“难道我就要这样终老一生了吗？”

一旁的范蠡听了，连忙劝道：“主公不要有这样的心思。从前，商汤曾经被夏桀囚禁在夏台，周文王被纣王囚禁在羑里，公子重耳被迫在国外过了十九年流亡生活，公子小白也曾经滞留在莒国。他们都没有灰心丧气，虽然饱经磨难，最后都成就了霸业。主公您现在被囚禁在这里，焉知不是上天的考验呢？”勾践听罢，不禁潸然泪下，下定决心，忍一时之辱，此仇一定要报。就这样，勾践把仇恨藏在心里，表面上对吴王十分恭顺，又经常贿赂伯嚭，请他在吴王面前多说好话。这样过了两年，夫差认为勾践真心归顺了自己，就放勾践回国。

越王勾践与范蠡文种雕像

卧薪尝胆

勾践从吴国回到国内，就尽心治国。他整天忧心苦思，

为国操劳，食不甘味，睡不安席，一心致力于复国大业。勾践每天睡在柴草上，还将一枚苦胆挂在自己的座位旁边，睡的时候看着它，休闲的时候也打量着它，吃饭之前，也要先尝尝这苦胆。勾践常常提醒自己："你忘掉了在吴国所受到的耻辱吗？"

勾践亲自纺织，亲自种地，不吃肉食，只吃蔬菜，不穿华丽的衣服，和百姓们一样，只穿粗衣粗衫。他放下国王的架子，谦虚待人，热情地接待四方宾客，所以在短短的几年时间里，就有大量人才归顺越国。

就这样，经过了七年，越国的力量大增，勾践觉得时机已经成熟，就准备向吴国报仇。大夫逢同认为，吴国实力仍旧很强，越国目前还无法获胜。越国可以联合楚、晋、齐三个强国，吴国的野心很大，这三国和吴国肯定会发生冲突，让这三个国家先和吴交战，然后越国利用吴国的疲惫再消灭它。勾践觉得这个办法很好，就采用了。

伍子胥自尽

又过了两年，果不出逢同所料，吴国要征讨齐国，伍子胥哭着进谏："我听说勾践能和老百姓同甘共苦，这个人不除去，一定是我吴国的心腹大患。而齐国之事对我们来说只是像身上长了个脓包。大王真是打错了对象，您应该先去攻打越国。"

可是这时的夫差根本听不进去这样的话，执意攻打齐国，而且还得胜而归。夫差从战场回来后，讽刺伍子胥："我要是听你的，哪里会有今天的胜利？"伍子胥却非常冷静，他说："大王不要高兴得太早了。"夫差被伍子胥的态度气得勃然大怒，伍子胥性子急，见夫差已经刚愎自用到这个地步，也气得浑身发抖，拔出剑来就要自尽，终于还是被阻止了，但他与夫

延伸阅读

"春秋无义战"

《孟子·尽心下》说："春秋无义战。"的确，据史书记载，春秋近三百年的时间内，被灭掉的诸侯国达50多个，战事近500起，诸侯的朝聘和盟会450余次，诸侯争霸使得许多国家兵连祸结，给百姓的生产生活带来深重的灾难，也引起众多弱国的厌倦。从这个意义上说，"春秋无义战"是有道理的。但同时也应该看到，这些战争客观上有利于促进各地区社会经济的发展和不同族属间的接触与融合，对统一的多民族国家的形成起到重要的推动作用。历史上经常有这样的战争，它不可避免地要带来暴行和灾难，但仍然具有进步的意义。

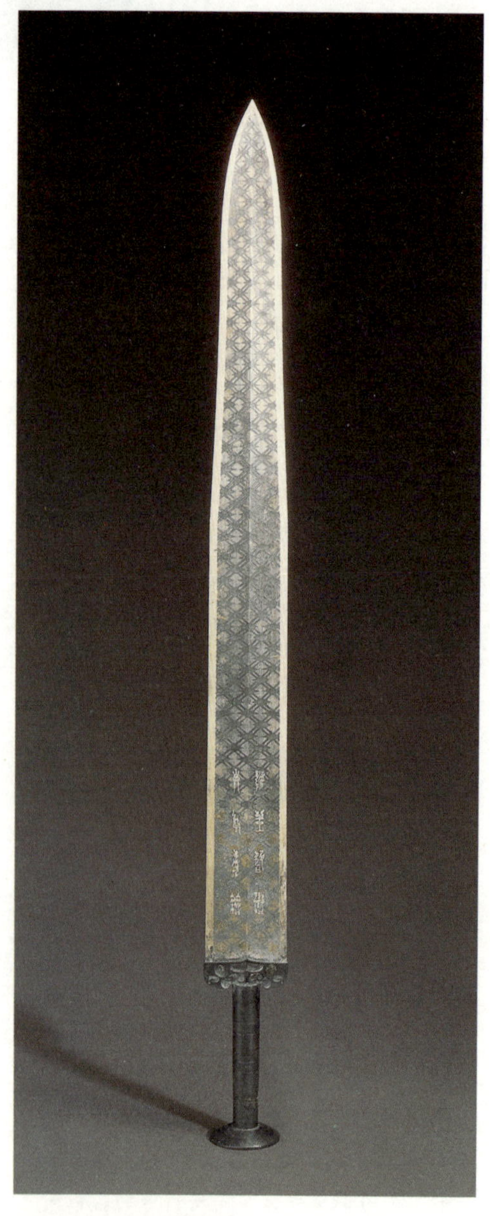

越王勾践剑·春秋

剑体窄长，脊棱凸起，从脊棱向两侧减薄，最后成锐利的侧刃，横剖面呈规整的菱形。剑体表面平整光滑，侧刃呈两度弧曲的曲线，最后弧曲内收形成锐利的尖锋。剑格嵌饰蓝色琉璃，剑体满布菱形纹，并在近剑格处有错金铭文八字，为“越王鸠浅自作用剑”，“鸠浅”即历史上卧薪尝胆终灭吴国的越王勾践。

差的君臣关系却已经差到了极点。

这些事情越国人都看在眼里，文种说：“夫差太骄纵了，时机很快就会成熟。我们可以试着向他借一些粮食，看看他对越国的态度。”勾践认为文种的办法不错，就派文种到吴国去。文种来到夫差的面前，说越国遭受天灾，要吴国借一点粮食给他们。夫差觉得这是小事，就准备答应，伍子胥却不同意，但是夫差早已不再对伍子胥言听计从，根本不听他的劝告，借了很多粮食给了越国。

伍子胥慨叹道：“三年后，吴国将会变为一堆废墟。”伯嚭听到这话就告诉了夫差，说：“伍子胥这个人，看起来很忠诚，其实却很狡猾。”夫差从此更加痛恨伍子胥。后来，夫差派伍子胥出使齐国，伍子胥因为深感在吴国的处境已经不妙，自己的性命朝不保夕，便把儿子托付给了自己在吴国的一个朋友，要儿子从此隐姓埋名，以便能给家里延续一脉香火。

谁知伯嚭早就在暗中盯着伍子胥的一举一动，这件事反而成了对吴王不忠的把柄，被伯嚭添油加醋地告诉了吴王夫差，说伍子胥已经心向外人。夫差深信不疑，等伍子胥回国后，甚至不愿再见他一面，就派人给他送去一把名为“属镂”的剑，命他自尽。

伍子胥接到剑，悲愤地说：“我使你的父亲成就霸业，又扶植了你。你们家当初要分一半的国家给我，我都没有接受，

现在反而诬陷我卖国！”说罢，伍子胥提起剑，对家人说：“我死后，把我的眼睛挖下来，挂在都城的东门上，我要亲眼看看越国的士兵是怎样灭亡吴国的。”说完伍子胥就自杀了。

越王称霸

在伍子胥死了之后，勾践想立即攻打吴国，范蠡认为时机没有成熟。又过了四年，趁着吴王夫差再次北上进攻齐国，勾践动员了全国的兵力，进攻吴国。夫差猝不及防，回师途中被越军击败，越军长驱直入，将吴王夫差一直赶到姑苏山上。夫差无路可逃，便拔剑自刎。临死前夫差大声说道：“我对不起伍子胥，没脸见他于地下。我死之后把我的脸用布遮起来吧。”到此，吴国灭亡，越国成了春秋最后的强国。

勾践忍辱负重，战胜了强大的吴国，清代蒲松龄有一副对联：“有志者，事竟成，破釜沉舟，百里秦关终归楚；苦心人，天不负，卧薪尝胆，三千越甲可吞吴。”下联就是对勾践卧薪尝胆，终成大业的称颂。

历史词典

《禹贡》篇成

《禹贡》是中国古代最完整、最系统、最具科学性的地理著作之一，一直被奉为地理学之祖。《禹贡》大约成书于春秋末期和战国初期，它以地理为经，全篇共1100多字，把中国东部按自然条件的河流、山脉和大海等分界，划分为九州。

《禹贡》所说的九州，包括冀、兖、青、徐、扬、荆、豫、梁、雍。冀州相当于今山西省和河北省的西部、北部以及太行山南河南省的一部分土地；兖州与冀州当时以黄河为界，包括今河北省东南部、山东省西北部和河南省的东北部；青州在今山东省东部；徐州相当于今山东省东南部和江苏省北部；扬州在淮海之间，是今江苏和安徽两省淮水以南，兼有浙江、江西两省的土地；梁州大概包括今陕西南部和四川省，或者还包括四川省以南的一些地方；雍州的具体范围，现在也不能十分确定，大约在今陕西省的北部和中部、甘肃省（除东南部）和青海省的东部。《禹贡》在中国地理学历史发展过程中具有重要地位，它关于九州区划、山岳关联、水道体系、交通网络以及土壤、物产、景色的描述，都体现出明确的地理观念，所以它对中国后世地理学的发展产生了深远的影响。

·人物·
范蠡

27 惜金丧弟

时间：春秋晚期

陶朱公范蠡富甲天下，却因为长子自作聪明而失去了另一个儿子。人的眼光应该放得远一些，不要为了蝇头小利而破坏了大局。

范蠡协助越王灭了吴国以后，知道越王勾践不是个能“有福同享”的人，便悄然引退，辗转来到陶（今山东省定陶西北）地，开始了经商生涯。他将政治上的智慧运用于商业领域，不出几年竟然富甲一方。范蠡因居住在陶地，又自称朱公，因此人称他为陶朱公。

家遭不测

天有不测风云，正当范蠡财运亨通的时候，突然接到次子在楚国因杀人而被捕入狱的消息。范蠡闻讯，立即把他的小儿子叫到身边，说：“杀人者抵命，这是常理。可是我们应有其他的抵偿办法。”于是他让小儿子到楚国打点。

范蠡准备了一千镒（古代重量单位，合20两，一说24两）黄金让小儿子带上。这时范蠡的长子坚决请求去，范蠡不同意。长子说：“我是家里的长子，理应操持家中的事情，现在弟弟犯了罪，这么大的事父亲不让我去，却派小弟弟去，说明我是不肖之子。”说完要自杀。

范蠡的妻子也央求说：“现在派小儿子去，未必能救二儿子的命，却先失去了大儿子，怎么办？”范蠡不得已就派了长子，并写了一封信要大儿子送给旧日的好友庄生。他对长子说：“到楚国后，要把钱送到庄生家，一切听从他办理，千万不要与他争执什么。”长子带上黄金出发了，走时又额外携带了几百镒黄金。

长子惜金

范蠡的长子到楚国后，看见庄生家住在楚都郊外，居住条件十分差，可是长子还是按照父亲嘱咐，将信和千镒黄金交给了庄生。庄生告诉他赶快离开楚国，等弟弟释放后，不要问原因。长子离开了庄生家，却私自留在了楚国，把自己携带的黄金送给了楚国主事的达官贵人。

庄生虽然住在穷乡陋巷，却以廉洁正直闻名于楚国，从楚王以下，无不尊奉他为老师。范蠡献上的黄金，庄生并非有心

私吞，想事成之后归还范蠡，以示讲信用。庄生入宫见楚王说：“某星宿移到某处，将对楚王有危害。”楚王问：“那该怎么办？”庄生说：“只有实行仁政，才可以免除危害。”于是楚王准备大赦，释放囚犯。

楚国的达官贵人们收了范蠡长子的黄金，将“楚王将要实行大赦”的消息告诉了长子。范蠡长子认为既然大赦，弟弟自然就可以释放了，一千镒黄金白给了庄生，觉得很可惜，于是又去见庄生。庄生惊奇地问：“你没离开吗？”长子说：“是的。当初我为弟弟一事来，今天楚将要大赦，弟弟自然会被释放，所以我特意来向您告辞。”庄生知道他的意思是要取回黄金，就说：“你自己到房间去取黄金吧。”长子便将黄金取了回来，暗自庆幸黄金失而复得。

庄生被小儿辈戏弄，深感羞耻，就又入宫进见楚王说：“现在老百姓都说，范蠡的儿子杀人后被楚囚禁，他拿很多钱贿赂大王身边的人，所以大王大赦并非体恤楚国人，而是因为范蠡的儿子。”楚王大怒，说：“我虽然无德，怎么会因为一人而大赦呢！”就下令先杀掉范蠡儿子，第二天才下达大赦的命令。范蠡长子只能携带弟弟的尸体回家了。

结局早知

回到家后，家里人都十分悲伤，只有范蠡摇了摇头，说：“我本来就知道长子救不了弟弟！他不是不爱自己的弟弟，只是有不忍心放弃的东西。他从小和我在一起，知道生活的艰难，所以把钱看得很重，不肯轻易地花。至于小弟弟呢，一生下来就看到我十分富有，所以把钱看得极轻，弃之也毫不吝惜。原来我打算让小儿子去，本就因为他舍得。长子不能弃财，终于害了自己的弟弟，这也并不意外，我既然同意他去，也早就料到会有这一天了。我本来日日夜夜盼的，就是把二儿子的尸首带回来啊！”人有时会因为贪图一些小利而付出巨大的代价，这个教训是深刻的。

兽纹牺尊·春秋

尊体作牛形，腹内空可以容水。背有三孔，中间一孔容一锅形器，前后二孔原有盖，今已不存。牛颈饰以蜷曲的螭龙和虎、犀等动物浮雕，纹饰华美。

•人物•
老子

28

⏲时间：春秋晚期

哲学大师老子

道家和儒家是中国古代思想文化的两大重要派别，老子与孔子分别是其创始人。

老子其人

老子，姓李名耳，字聃，楚国苦县（今河南鹿邑）厉乡曲仁里人，他被尊为道家学派的始祖。老子年轻的时候曾担任周王室守藏室的官职，掌管国家图籍，晚年西出函谷关退隐，著《老子》一书。《老子》亦称《道德经》，成书略晚于《论语》，共81章。《道德经》是道家学派的经典著作，书中以“道”来说明宇宙万物演变生息的规律，包含着朴素的辩证法思想，主张“绝圣弃智”“无为而治”的政治观点和“忘情寡欲”的修身方式，这些哲学思想对后世产生了深远的影响。

哲学大师

老子是有极大智慧的古代哲学家。他深入观察自然万物变化的情状，以及古往今来社会发展的关系与因果，所发现的事物矛盾性比任何古代哲学家都更为广泛和深刻。老子提出“道”是万物的本源，它先于天地而生，最终归于静止，无声无形无味，是不可认识的精神性的存在，“道可道，非常道；名可名，非常名”。他还将“道”说成是“无”。“天下万物生于有，有生于无”，这是客观唯心主义观点。但是同时也要注意到，老子认为“道”是混沌的原始的未分化的物质，有

《老子授经图》·元·无款

老子后来被道教徒奉为教主。本图绘出了老子在松树下坐于榻上授经的场面。

物、有象、有精，还循环往复地运动着，这就包含有朴素的唯物主义因素。老子的哲学本体论是矛盾的，所以对唯物主义和唯心主义思想家都有影响。

老子已经认识到矛盾的辩证性，特别是正反两面互相转化的法则，成为老子学说的精髓。他认为有无、难易、长短、美丑、刚柔、强弱、福祸、生死、智愚等都是互相依存的，“有无相生，难易相成，长短相较，高下相倾，声音相和，前后相随。”同时这些矛盾在条件成熟的情况下可以相互转化。“祸兮福之所倚，福兮祸之所伏”。他认为“物极必反”，提出“反者道之动”的著名命题，这是对《易经》辩证思想的继承和发展。但是作为没落贵族的代表，老子学说的精神，不是解决矛盾，向前推进，而是要阻止发展，保持原状甚至向后倒退。他消极地防止事物的充分发展，保持柔弱的地位，避免转化到反面去。

郭店楚简《老子》

1993 年在湖北省荆门市郭店村郭店一号楚墓发掘出竹简，共 804 枚，其中包涵道家学派典籍《老子》（甲、乙、丙）。所记载的文献很多都是首次发现，为国家一级文物。

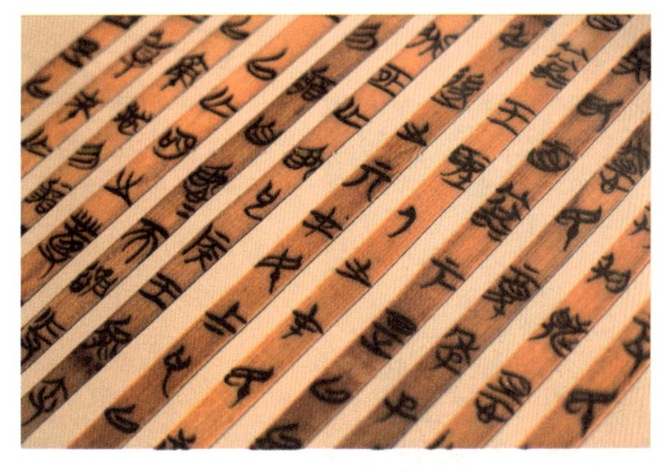

无为而治

老子主张“无为而治”和小国寡民的政治理想。他认为“民之难治，以其上之有为”，因此要采取“无为”的策略来治理国民。其具体内容包括：反对“法治”，反对“尚贤”，反对“礼治”，反对战争，反对多征税。春秋战国时期社会动荡剧烈，人民迫切希望安静休息，老子的“无为”“清虚”和“静止”思想，也反映出人民渴望和平的愿望。为达到“无为而治”，老子提出“小国寡民”的设想。他要“使民无知无欲”，“复归于婴儿”状态，企图回复到“小国寡民”的远古时代去。有器械不用，有舟车不乘，有甲兵不战，废除文字，结绳记事，“邻国相望，鸡犬之声相闻，民至老死不相往来”。

·人物·
孔子

29

时间：前551～前479

儒学宗师孔子

孔子创造的儒学，形成了中国封建时代的文化核心，在中国文化史上享有崇高的地位。从西汉开始，孔子学说适应统治阶级的需要，随时调整变化，但总是处于显学独尊的地位。孔子在世的时候，就有人尊奉他为“圣人”，死后更是为人所景仰，被视为万世师表。他是封建社会集大成的“圣人”，是中国古代文化的伟大代表。

早年孔子

孔子（前551～前479），名丘，字仲尼，鲁国人，周灵王二十一年（前551）生于鲁国昌平乡陬邑（今山东曲阜东南），父叔梁纥。孔子3岁时，父亲病逝，被母亲带回娘家，迁居阙里。孔子16岁时，母亲去世，他受到当地贵族社会的排挤。困苦的境遇激励孔子奋发向上，他一面谋生，一面刻苦自学。他困知勉行，不耻下问，谦恭知礼，处世深沉。于是，很快在社会上，包括在贵族中间获得了声誉。20岁左右，他曾经当过季氏的“季吏”，负责管理仓库，又当过“乘田”，负责管理牛羊，干得都很出色。

孔子像

根据史书的记载，“孔子身高九尺六寸，生得牛唇狮鼻，海口辅喉，虎掌龟脊”。而在这幅清代的《孔子像》中，孔子一身布衣彰显出这位先师“温良恭俭让”的儒家特点。

鲁昭公二十五年（前517），孔子赴齐国，成为大夫高昭子的家臣，并拜见齐景公。孔子与齐太师谈论乐，学《韶乐》，欣赏音乐，三月不知肉味。齐景公向孔子询问政道，孔子回答说：“君君、臣臣、父父、子子。”景公称善。后来，景公又问这一问题，孔子说“政在节财”，景公大悦。孔子的出现是时代的象征，他将以同族结合为基础的礼乐转换为具有普遍社会性的礼乐——社会制度，进而提出“仁”，作为礼乐实现之

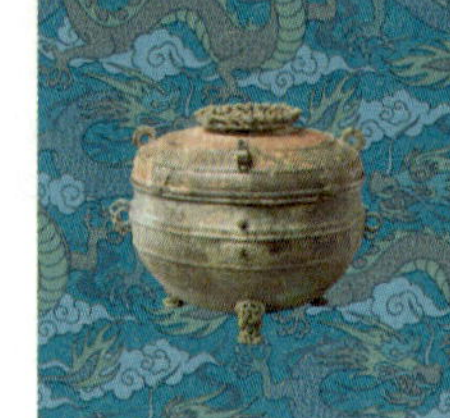

目标。“仁”一方面是指个人的人格，个人人格没有贫富贵贱之别；另一方面则指人际关系，人际关系以彼此承认对方的人格为关键。要实现“仁”，必须靠教育和教养；而礼乐则是实现“仁”的手段，因此要从礼乐的学习与研究着手。孔子以身作则，从事教育工作，所收学生不限阶级，可谓“有教无类”，其精神是值得敬佩的。春秋战国时代中国的音乐发展到了一个高峰，孔子“闻韶不知肉味”的故事体现了当时文人和士大夫把音乐修养作为教养的一部分，孔子还由此引申出礼乐精神，成为战国儒家的一个核心观念。

周游与著书

鲁定公八年（前502），季氏家臣公山不狃在费（今山东费县西北）反叛季氏，派人召孔子，孔子准备应召，然而弟子子路劝阻了孔子。不久之后，名声在外的孔子终被鲁定公所用，先任孔子为中都宰，为时不过一年，政绩显著，四方效仿，孔子遂被升迁为司空，后又升迁为大司寇。孔子前半生用心于政治，力图复礼，在为鲁国任用的一段时间里曾全力施展其抱负和才能，在司法、教育和打击鲁国国卿大夫孟氏、叔孙氏、季氏三家势力上做过不少努力，虽然见效不大，但也显示了他的政治能力。后因与鲁国君臣政见不合，孔子于55岁时离开鲁国，开始了他周游列国的阶段。孔子周游了十余年，先后到了卫、陈、曹、宋、郑、蔡六个诸侯国，始终没有找到一个可以任用他推行“仁政德治”主张的理想国君。

鲁哀公十一年（前484），孔子应鲁大夫季康之召，返回鲁国。孔子虽满怀复兴周礼的政治抱负，然而终不获见用。孔子初归鲁时，鲁哀公、季康曾先后问政于孔子，但都没有重新起用他。孔子眼见自己的政治理想无以施展，转而致力于讲学与著述，以求得自己的思想、学识流播于后世。孔子有感于当时周室衰微，礼乐皆废，说“不学礼，无以立”。这里的“礼”指周礼。孔子又强调“礼”必须以“仁”的思想感情为基础，“仁”与“礼”相辅相成。孔子又相当重视“乐”的陶冶情感作用，孔子主张“礼”以修外，“乐”以修内，以为“移风易俗，莫善于乐；安上治民，莫善于礼”。从西周开始至春秋中期，

曲阜孔庙大成殿

大成殿是曲阜孔庙的正殿，也是孔庙的核心，唐代时称文宣王殿，共有五间。宋天禧五年大修时，移今址并扩为七间。

传下古诗3000多篇，孔子去其重复，取可施于礼义者，删定为305篇，并分为“风”“雅”“颂”三类，即流传下来的《诗经》。孔子说“诗”的作用有四：激发道德情感，观察风俗盛衰，增进相互情谊，批评政治得失。

孔子逝世

周敬王四十一年（前479）四月十一日，孔子逝世，享年73岁。鲁哀公作诔文悼念孔子，开后世诔文之先河。孔子的门徒服丧三年，而子贡则在孔子墓冢旁建房而居，六年之后才离去。因为孔子弟子及鲁国人在孔子墓附近聚居，所以墓地一带就叫孔里。孔子晚年自称“不怨天，不尤人，下学而上达”，闭门治学，潜心研究礼义。他与弟子整理古籍，评论时事人物。传说他作《书传》《礼传》，为《易》作《彖辞》《象辞》《系辞》《序卦》《说卦》《杂卦》《文言》，人称《十翼》；删减《诗》；整理《春秋》，使文辞简约而内寓褒贬。孔子的主张虽然不被当时的君主所采用，影响却很深远。孔子是中国传统文化的巨人，他以道德作为政治、行为的规范，从个人角度规范了仁、义、忠、信，完善了春秋道德思想，他的大同精神、日新精神与和而不同、但求进取的精神成为战国文明的主导精神。

儒家思想

关于儒的含义，东汉郑玄注释《周礼·太宰》时指出：“儒，诸侯保氏有六艺以教民者。”可见，儒就是用六艺（即礼、乐、射、御、书、数）教育贵族子弟的王官。春秋时期学术下移，官学变为私学，便将从事教育的人也称为儒。鲁国是周公的旧封，长期保留着丰富的商周文化传统。“周礼尽在鲁矣”，因此，鲁国的孔子创立儒家学派绝非偶然。孔子的学说就是士阶层思想的结晶。孔子生活的时代，社会正酝酿着巨变，当时“士”处在社会的中间，是统治阶级的最下层。但士阶层是军事上的作战骨干、政治上的下级官吏、文化上的知识群体，“士”的社会作用非常重要，但地位不高，必须依附把持国政的世卿贵族。当“士”们想求仕闻达时，便表现出迎合上层贵族利益的保守思想，在穷困不得志的情况下，就表现出同情庶民的进步观念。

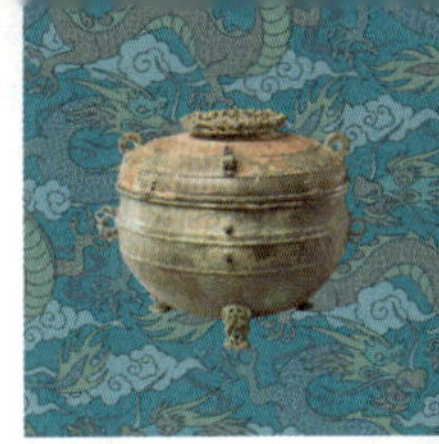

孔子的政治观和伦理观是互相交融的。孔子政治主张的主要内容是“礼乐”。“道之以德，齐之以礼”是孔子最高的政治思想。“德”指仁义，“礼”指统治阶级规定的秩序。“乐”是从感情上求得人与人相互间的妥协中和。“礼”用以辨异，分别贵贱的等级；“乐”用以求同，缓和上下的矛盾。礼乐的基础是“仁”。“仁”是孔子伦理思想的核心。“仁者爱人”“克己复礼为仁”就是他给“仁”所下的两个最主要的定义。孔子主张仁政，反对横征暴敛，认为“苛政猛于虎”。《论语·先进》载，弟子冉求替季氏聚敛，孔子愤怒将其逐出师门。他主张举贤才、慎刑罚、薄赋敛、重教化，认为“天下有道，则礼乐征伐自天子出；天下无道，则礼乐征伐自诸侯出”。这里反映出孔子的统一思想。尽管孔子的思想并不符合春秋末期的历史实际，但是这种思想能迎合统治者的心理，所以受到后世的提倡。从西汉“罢黜百家，独尊儒术”开始，各个王朝都积极利用孔子的这种思想，维护现政权的稳固。

《孔子圣迹图册》之孔子见鲁哀公·清·焦秉贞

私学兴起

春秋战国时期，社会的大动荡引起文化学术领域的创新。原来藏在官学中的典籍散落民间，掌握知识的新士人阶层兴起，种种因素，造成学术的下移。在这个新旧交替的时代，对中华民族以后的文化发展轨迹产生不可估量影响的一批思想巨人先后出现，宛若我们头顶的恒星。

西周教育

高宗书《孝经》马和之绘图（局部）·宋

宋代古画，描绘了孔子讲学的盛况。现藏于台北故宫博物院。

西周是中国历史上奴隶社会的鼎盛时期，在教育方面，建立起中国最早的官学制度。当时的学校都由国家兴办，西周王室和诸侯各国在京畿和诸侯国都设立的学校称为国学，那些设在郊区乡里的叫作乡学。国学是贵族学校，又分为小学和大学两级。小学是初等学校，国学学生念完小学，可升入大学进一步深造。他们一旦完成大学学业，经过官方考核，成绩优秀者可以担任国家高级官吏。与国学相比，乡学则地位相对低下，它是招收郊区国人子弟入学的平民学校，只相当于国学的小学程度。它的学生完成学业后，经过层层筛选，只有少数成绩特别优异者可进入大学，还有成绩优秀的，可出任地方政府的官员。至于比较偏远地区的居民——“野人”，是没有机会接受教育的。国学中讲授的内容由官方规定，主要是六艺。小学阶段学习书、数等课程，大学学习礼、乐、射、御等课程。国学中没有专职教师，老师由那些有学识的国家官员兼任。由于西周实行世袭官制，学官由官员兼任，所以也是世代相袭的。

西周时期，天子控制着教育大权，也垄断着学术。进入东周时代，王室衰微，它直接控制的领地很小，地方诸侯不再按制度经常性地向中央纳贡，王室财力枯竭，学校连维持下去都感到困难；再加上王室内部为争夺权力发生内讧，造成学员四下离散。官学赖以生存的政治经济基础日渐瓦解。随着政治、经济权力的下移，学术也随之下移。从周室逃离到各诸侯国的官员在出走的同时也带走了自身掌握的文化学术。昔日由政府掌握的学术，逐渐向民间传播，从前的官府之学也成为春秋战国诸子百家学说的渊源。

私学兴起

春秋末期，诸侯国之间的竞争更趋激烈，各国为了谋求霸权或求得生存，招纳贤才不遗余力。在旧官学体制瓦解，而诸侯国又忙于攻战无暇顾及教育的时候，对一种能够承担起培养人才的新的教育模式的急切需求产生了，私学由此应运而生。

所谓私学，是个人进行的办学活动，它与官学相对，完全从国家机构中独立出来，摆脱了政教合一、官教合一的体制。私学是一种相当自由的办学方式。各国对私学没有什么条款的限制，甚至讲授的内容也不加干预。私学的创立者中，多数是当世声望高隆的学术大师，是独立的自由职业者，官府不负担其薪水和日常教学开支。教师根据自己的学识和见解安排课程，例如儒者讲解六经，宣扬仁义之学；阴阳家讲授天文历象；而法家则传播刑名之术，等等。当然，为了维持教学活动的进行，学生就学时要交纳学费，同时负担自己的开销。他们师从哪个老师也完全凭个人意愿，如果对老师传授的课程不感兴趣或者认为老师水平有限，可以自行离去，转投他门。在私学中，师生之间不再是西周官学中的上下级关系，而转为学业上的师徒关系，师生之间的情感也是从学业上建立起来的。老师对学生言传身教，关心他们的学习和进步，而学生接受老师学业教导，尊重老师。

私学的老师往往也是抱有一定政治理想的士人，他们聚徒讲学，宣扬自己的学

《孔子圣迹图》之《删述六经》·明·无款

孔子于68岁返回鲁国，开始整理图书典籍。尤其是在晚年，主要精力是用在校勘、整理典籍方面。孔子是中国最早的图书整理者，相传他整理《诗经》《尚书》等文献，并把鲁史官所记《春秋》加以删修，成为中国第一部编年体的历史著作。孔子在整理文献中，创立了揭示文献“为之作序”“言其作意”的目录学方法。

说，私学也因此成为各家学派的论坛和基地。这些思想家兼教授为了使自己的学术能在现实政治中实现，游说于诸侯国之间，所以他们讲学也没有固定的时间和场所，叫作“游学”。这样一方面可以招收更多的学生，另一方面也可以扩大自己学说的影响力。一般来说，某家学派的理论越具特色，社会声望越大，吸引的生徒也越多。游学是私学的一个特点，也是它的一个独特功能。游学活动的展开，活跃了学术空气，扩大了学术影响，拓宽了弟子们的视野，并在一定程度上促进了学术交流。例如墨子本是鲁国人，曾经游学到宋国，还做了官。

孔子创办私学

春秋战国时期各家各派的私学林立，人们一般认为孔子是创办私学的第一人，现在看来，孔子办的私学，无论从形式到内容都已经相当成熟，应该是吸收了前人开办私学的经验。据一些零散的古籍记载，在孔子之前或同时期，已经有一批有识之士创办私学。例如周室的老聃，楚国的老莱子，都曾经授徒讲学。由于关于孔子办学的历史记载最多，同时孔子办学的成绩也最卓著，培养出的人才也最多，把私学提高到了

孔庙大成殿（局部）

一个新境界，所以我们还是尊孔子为先师，推他为私学的首创者。

孔宅故井

孔子作为儒学的创立者，同时也是一位著名的教育家。他在自己的祖国鲁国三次办学，又曾经两度外出游说于诸国，在这期间也招收了很多学徒。他一生潦倒，学说不被接受，但是培养了一大批衣钵继承者。孔子第一次提出了“有教无类”的教学原则，学生若虔诚求教，只需“自行束脩以上”（就是送上一份礼物），而不论他的出身、性格、志趣如何。孔子招收的学生，没有年龄、贫富的限制。从年龄上说，他的弟子们老少参差不齐，其中颜无繇只小孔子6岁，较年轻的公孙龙则小孔子53岁。学生们贫富差别也很大。孔子最钟爱的学生颜回，吃喝是“一箪食，一瓢饮”，住“在陋巷”，人不堪其苦，而另一个著名弟子端木赐（子贡），出生在春秋时期的一个著名富商家庭。在社会地位上，孔门弟子也是贵贱有别。例如公冶长曾经因犯罪被判刑入狱，颜涿聚曾是一位大盗，而孟懿子、南宫敬叔则是贵族子弟。孔子授徒还不受地域的限制，其门人很多来自诸夏之外的蛮夷之邦，而孔子也多次希望到开化未足的东夷去施行礼义教化。孔子“有教无类”的主张，体现了中国古代从未有过的普及教育观念，对中国两千多年的教育观念产生了深远影响。

孔子以他渊博的学识和高尚的人格赢得了学生的爱戴。他死后，弟子们悲痛至极，为他守墓三年方才各自散去，而学生子贡缅怀老师未已，在墓旁结庐又生活了三年。孔门弟子对于孔子的感情，代表着春秋战国时期学生们对私学老师的普遍尊崇。到了战国时期，随着社会局势的巨变和民间学术文化的发展，又有许多哲人、学者投入到教育行列之中，以一家之言立教。其中最突出的有墨子、孟子、荀子等人，他们以所学传习天下，私学门户纷呈而又不拘于私见，与百家争鸣的学术文化繁荣局面珠联璧合，相映生辉。

战国

中国社会科学院考古研究所·殷玮璋教授

公元前475年～公元前221年

战国时代的形势是：楚在南，赵在北，燕在东北，齐在东，秦在西，韩、魏在中间。在这七个大国中，沿黄河流域从西到东的三个大国——秦、魏、齐在前期具有左右局势的力量。

从魏文侯开始至公元前4世纪中叶，是魏国独霸中原的时期。魏的强大，引起韩、赵、秦的疑虑，它们之间摩擦不断。公元前354年，赵国攻卫，魏视卫为自己的属国，于是出兵攻打赵都邯郸。赵向齐求援，齐派田忌救赵，用孙膑之计，袭击魏都大梁。时魏军虽已攻下邯郸，不得不撤军回救本国，在桂陵被齐军打败。次年，魏、韩联合，又打败齐军。公元前342年魏攻韩，韩向齐求救，齐仍派田忌为将，孙膑为军师，设计将魏军诱入马陵埋伏圈，齐军万箭齐发，魏国大将庞涓自杀，魏太子申被俘。这就是著名的马陵之战。由此造成了齐、魏在东方的均势。

秦国自商鞅变法后，一跃成为七国中实力最强的国家，于是向东扩展势力。先是打败了三晋，割取魏在河西的全部土地。后又向西、南、北扩充疆土，到公元前4世纪末，其疆土之大与楚国接近。

在秦与三晋争斗之时，齐国在东方发展势力。公元前315年，齐国利用燕王哙将王位“禅让”给相国子之而引起的内乱，一度攻下燕国。后因燕人强烈反对，齐军才从燕国撤出。当时能与秦国抗争的唯有齐国，斗争的焦点则集中在争取楚国。

楚国的改革不彻底，国力不强，但它幅员广大，人口众多。楚结齐抗秦，使秦国的发展大受影响。于是秦派张仪入楚，劝楚绝齐从秦，许以商於之地六百里为代价。楚怀王贪

图便宜，遂与齐国破裂。当楚国派人去要地时，秦国拒不交付。楚怀王兴兵伐秦，大败而回。楚国势孤力弱，秦便东向进图中原。先是与韩、魏争斗，后与齐国争斗。公元前286年，齐灭宋，使各国感到不安。秦国便约韩、赵、魏、燕国攻齐，大败齐军。燕国以乐毅为将，趁势攻下齐都临淄，攻占七十余城。齐王逃至国外，为楚所杀。齐国的强国地位从此一去不复返。由此，秦国开始了东向大发展。

公元前246年，秦王政（即后来的秦始皇帝）即位。他任用尉缭、李斯等人，加紧统一的步伐，用金钱收买六国权臣，打乱六国的部署，连年发兵东征。经过多年的争战，从公元前230年秦国灭韩至公元前221年灭齐，东方六国先后为秦吞并。从此，中国历史上第一个统一的、多民族的、专制主义的中央集权王朝诞生。

秦的统一是春秋以来社会发展的必然趋势。战国时期的生产力又有新的发展，采矿、冶炼、铸造业中出现了许多新工艺，如竖井中采用垛盘支护，使采掘深处的铜矿成为可能；硫化矿冶炼技术的出现，拓宽了铜矿资源的利用；焊接、嵌错、鎏金和失蜡法铸造工艺等，使中国的青铜业进入又一个繁荣期。特别是战国中叶以后铁工具在农业和手工行业中逐渐普及，有力地推动了社会生产的发展。社会分工更细，各行各业的兴盛，促进了商品的生产和流通，使商业活动空前活跃。新兴地主阶级及相应生产关系的出现，对旧有生产方式是个沉重打击。这是生产力的一次解放。可是分封制导致割据与混战，给社会经济带来很大的损失，造成人员的大量伤亡。各国之间设关立禁，也不利于社会生产的发展和文化的交流。因此，只有实现统一，才能促使社会更快地发展和进步。虽然统一是靠长时间战争实现的，人民为此付出了巨大的代价，但它毕竟换来了历史的进步，使一种新的制度得以确立。秦始皇统一六国，在古代史上是一件大事，它对中国历史的发展具有重大的意义。秦始皇废除了古代的封国建藩制度，推行郡县制，从中央到地方建立层层控制的统治体系，并采取书同文、车同轨、统一度量衡等措施，对中国的封建社会产生了极为深远的影响。秦的统一，为中国历史翻开了新的一页。

时间：前376

三家分晋

战国初期，晋室衰微，晋的卿大夫韩、赵、魏三家作为新兴势力，瓜分晋国，最终取晋而代之成为诸侯，晋国灭亡。

六卿霸晋国

晋献公时，晋国公族内部嫡系与旁支之间就展开了激烈的争斗，晋献公曾大批屠杀公族内的公子，规定从此之后晋国不许立公子、公孙为贵族，公子、公孙们只好离晋去其他国家做官，这就是"晋无公族"。由于排斥公族，导致了异姓或国姓中较远的卿大夫得势，政权逐渐为他们所掌握。春秋中期以后，十余个卿大夫家族控制了晋国的政局。他们不断地进行争斗兼并，到春秋晚期，只剩韩、魏、赵、范、智、中行六家宗族，称为六卿。

前550年，六卿以范氏为首联合打击当权的大夫栾盈，将栾盈赶出了晋国。栾盈逃到了齐国，齐国又偷偷地把栾盈送回他在晋国的私邑曲沃。栾盈在曲沃暗中联合旧贵族的势力，发兵进攻晋国的国都。范氏发布命令：自晋文公以来，为国家作战立功而没有得到官职的人，其子孙可以做官。这样大大提高了士气，很快就把栾盈打败。这次胜利，晋国已经不多的公族都被消灭了，当权的旧贵族被降为奴隶或平民。晋国的政权完全被六卿所掌控。

六卿改革

六卿一方面与旧贵族争夺权力，另一方面内部之间也进行了激烈的斗争，互相兼并，战争不断。为了在斗争中取胜，六卿都实行了一些有利于生产、笼络民心的改革。相比之下，范氏、中行氏的改革很不彻底，对奴隶和农民的压迫较重。而赵氏在赵襄子的带领下，争取民众，减少农民负担，奖励军功，释放有功奴隶，任人唯贤。

六卿所控制的地域实际上成为晋国的国中之国，他们有独立的政治体系。六卿之间发生了多次战争，互相争夺地盘和奴隶。在这一期间，范氏和中行氏在争斗中被消灭了，土地也被另外四家瓜分，智、韩、赵、魏四家成为晋国最强大的势力。四家的当权者分别为智伯瑶、赵襄子毋恤、韩康子虎、魏桓子驹。其中以智伯势力最大，晋国的政事都由智伯决断。

智伯惨败

智伯野心很大，想吞并全晋，但是还没有足够的力量消灭其他三家。智伯就借晋君的名义，让其他三家各出100里土地和户口给晋君，协助晋君来攻打越国，实际上智伯是想乘机霸占其他三家的土地。韩和魏答应了，但是赵襄子断然拒绝。智伯就联合韩、魏出兵攻打赵，答应事成之后，赵的土地和户口由三家平分。前455年，韩军从右路、魏军为左路、智伯率中路军包围了赵地。赵襄子看见来了这么多敌人，只好撤到根据地晋阳（今山西太原）坚守。晋阳是赵家经营多年的老巢，城垣坚固，仓廪充实，百姓拥护，双方在晋阳僵持了一年多。

到了第三年（前453），智伯居然引汾水淹晋阳，晋阳城内形势危急。赵襄子派相国张孟谈连夜出城，游说韩、魏，向他们讲述唇亡齿寒的道理，赵被消灭后，智伯的下一个目标就是韩、魏了。韩、魏本来就是慑于智伯的威胁来参战的，现在他们感觉自己的末日也快要到了，所以为了自身利益，决定背叛智伯，与赵军联合，用水反攻智伯，把智伯的军营淹了。最后智伯被赵襄子活捉，韩、赵、魏三家平分了智伯的土地和人口。

前438年，晋幽公即位，反而向韩、赵、魏三家行朝拜之礼，晋公室成了三家的附庸。前403年，周威烈王册封韩、赵、魏为诸侯。前376年，韩、赵、魏废除晋国的最后国君——晋静公，完成了三家分晋的历程。三家分晋，是以新旧势力斗争为表现形式的晋国社会变革的结果，一说是中国古代历史从春秋时代进入战国时代的标志。

延伸阅读

战国七雄

司马迁在《史记·六国年表》中把周元王元年（前475）作为战国时期的开始。当时大国主要有秦、齐、楚、燕、韩、赵、魏七国。秦国地处西陲，秦人朴实、坚强，自商鞅变法之后，秦人力耕好武，国力渐强，秦在对外战争中屡屡取得胜利，最后统一中国。楚国地处南方，到春秋晚期，其势力伸向西南巴蜀和东南吴越，足足占领了半个中国，其经济文化已赶上中原。齐国地处海滨，文化比较开放，与秦、楚并为超级大国。魏国幅员包括今山西的西南、陕西东部及山东的东南、黄河以南部分土地。魏文侯、武侯推行改革，国力强盛，惠王时开始走向衰落。韩国地处山西东南和河南中部及山西南部，其国力一直比较弱小。赵国在韩、魏的西北，与林胡等部落接壤。赵武灵王推行改革，国力强大，成为战国晚期足以与秦对抗的国家。燕国地在河北一带，是七国中实力最弱的国家。

人物
豫让

31

时间：战国初期

最坚韧的刺客

豫让为了报答智伯的知遇之恩，屡次行刺赵襄子，甚至不惜毁损自身，创造机会。虽然最终没能成功，却赢得了仇人的尊重。

漆身吞炭

晋国的智伯被赵襄子杀了之后，智伯的门客也就鸟兽散，但其中却有一个名叫豫让的人，格外忠心，决心刺杀赵襄子，替主公报仇。

第一次，豫让穿上囚徒的衣服，怀揣匕首，装作是干活的人，藏进赵襄子的厕所。赵襄子去厕所，觉得不对劲，叫人搜查，把豫让给抓住了。赵襄子问："你怀揣匕首，是要刺杀我吗？你到底是谁？"

豫让回答说："我是智伯的门客，要为智伯报仇。"赵襄子的手下人要杀豫让，赵襄子说："能为主人报仇也是忠义之士，放了他吧。"于是豫让被放了。

豫让回到家中，整天想着为智伯报仇的事情，但总想不出什么好的办法，想再回到晋阳又怕别人认出，于是豫让刮去眉毛和胡子，用漆往身上点了许多点儿，让别人看了就好像长了癞疮一样，找个破碗在街头乞讨。豫让的妻子来寻找他，突然听到一个声音酷似豫让，忙循着声音跑过去看，说："声音像是我丈夫的，但人不是。"于是就离开了。豫让知道他的声音还没有改变，就又吃了几块炭，让嗓子变沙哑了，接着在街头乞讨。

复仇之心，矢志不移

豫让的一个朋友知道他是一个有韧性的人，见到一个乞丐，怀疑是豫让，低声喊豫让的名字，果然是他。于是朋友请豫让到自己家中，款待豫让。席间，朋友对豫让说："你报仇的决心是好的，但没有找对报仇的办法。以你的才能，若假意投奔赵襄子，必然得到他的重用。这个时候乘机行事，唾手可得，何苦改变自己的相貌装成乞丐呢？"豫让对他朋友说："你的好意我心领了。如果我做了赵襄子的臣子，又行刺他，不是君子所为。今日我漆身吞炭为智伯报仇，正是想让那些心怀二心的臣子听到我的做法后感到惭愧。我要告辞了，以后请别来找我。"随后豫让又奔晋阳城而去，像往常一样在街头乞讨。

刺袍遗恨

一日，赵襄子驱车外出。豫让伏于襄子所过的桥下，装作死人以便行刺。襄子来到桥上，马突然长啸不止，不肯往前走。车夫连打几鞭，马就是不走。于是赵襄子下车，命左右搜查。一会儿，回报道："桥下并无奸细，只有一个死人。"赵襄子说："那一定是豫让。"于是命令把他拽上来。虽然模样大为改变，但赵襄子还是认出那是豫让。

赵襄子骂道："我先前已放过你，今天又来行刺，这回我一定杀了你！"命左右把豫让拉下去斩了。豫让泪与血一起流下来。左右喝道："你怕死了吗？"豫让说："我岂是怕死之辈，只是痛恨自己就这样死了，再也没有报仇的人了。"赵襄子问："你本来是当范氏、中行氏的门客的，范氏、中行氏被智伯灭了，你不为他们报仇，而投靠了智伯。智伯也已死了，您为何只为他报仇，不为范氏、中行氏报仇，为什么？"

豫让说："如君待臣如同对待自己的手足，那臣对待君如同对待自己的腹心；如君对待臣如对待犬马，那臣也不把君当人看。我服侍范氏、中行氏，他们只以一般人对待我，我当以一般人回报他；智伯以国士待我，我当然以国士对待他。这怎么可以相比呢？"

赵襄子说："你心如铁石，我不会饶恕你了。"解下佩剑让豫让自尽。豫让说："我听说忠臣不怕死，英明的主人不掩盖他的仁义。您已饶恕我一回，今日我怎能指望再活？但我行刺两次都不成功，请您脱下袍子，让我用剑砍之，就算报仇了，我死也瞑目。"

赵襄子敬佩他的志气，便答应了，让人把自己的衣服给豫让。豫让提剑在手，狠狠地砍了三剑，说："我可以报答智伯了。"随后自刎而死。赵襄子命人厚葬了他。从此，豫让忠心报主的美名也远远地传了出去。

智君子鉴·春秋晚期

敞口，沿平折，颈微敛，宽肩，曲壁，腹部内收，平底，矮圈足。颈腹设对称的两对耳：一对兽面环耳，一对兽面铺首衔环。兽面立雕，面目纯真。铺首饰羽纹、三角回纹，环饰交龙纹。鉴口沿饰贝纹带，颈部和下腹部饰夔凤纹带。上腹部为正反交替的兽面纹带，内填有回纹。纹带间均以绹纹带作界纹。铭六字："智君子之弄鉴"。这是很少见的三家分晋之中智氏家族的一件青铜器，据传出土于河南辉县。

时间：战国初期

西门豹治邺

生活在西门豹做官的地区，是巫师们的不幸，却是魏国老百姓的福气，无论是汹涌的洪水，还是卑鄙的巫师，都被西门豹治理得服服帖帖。

西门豹上任

战国初，魏国邺城（今河北临漳西南邺镇）是一座重镇，但却得不到很好的治理，魏文侯非常头痛。大臣翟璜向国君推荐了西门豹，文侯听取翟璜的意见，任命西门豹为邺令。西门豹到邺郡后，一不拜访地方三老、廷掾（一种管理地方文书和乡事的小吏）、里长、豪户，二不吃请受贿，三不祷告河伯尊神，而是乔装改扮，暗查私访。

经过了解，西门豹才知邺郡有两大祸害：一是巫师利用神权愚弄百姓，为害最大的是为河伯娶妇，不知枉死多少民女。二是漳河沿岸十年九淹，致使邺郡田园荒芜、民不聊生。

河伯娶亲

漳河年久失修，每年雨季，泛滥成灾。当地的三老、廷掾与巫婆谎称漳河泛滥是“河伯显神”，只要每年挑选美女送给河伯为妻，就可免除水患，他们则借此敛财。邺郡的百姓说：“邺地的三老、廷掾，向老百姓征收钱财，一年几百万钱，其中二三十万钱用于河伯娶妻，余下的和巫祝分享。每当这时，巫人看到民家女儿长得好的，就说这个女子当为河伯之妻。被选中的女孩在河岸上的斋宫中住上十几天后，将坐在装饰好的嫁女床席上被投入河中。老百姓家有女儿的大多都逃亡了，无力逃亡的只好东躲西藏。巫人们说，不给河神娶妻，河神就会发怒，会让洪水来淹死老百姓。”西门豹说：“河神娶妻时，请你们通知我，我也要去为新娘子送行。”

治巫有术

到了河神娶妻的那一天，西门豹去河边参加盛会。三老、官属、豪长、百姓们都来了，观看的有二三千人。大巫婆是个老妇人，有70多岁，她有十多个弟子，都穿着绸衣，站在她身后。

仪式开始了，巫婆嘴里念念有词。一个女孩被从棚子里拉了出来。西门豹突然说："这个女孩不漂亮，烦请大巫婆去告诉河伯一声，就说过几天找更漂亮的女子送过去。"不等巫婆说什么，西门豹就命吏卒抬起大巫婆投入河中。

过了一会儿，西门豹说："巫婆怎么去了这么久呀？请她的弟子去催促一下吧。"又令人把一名弟子投入河中。又过了一会，西门豹说："弟子怎么去了这样久呀？再派一个人去催促一下。"又把一名弟子投入河中。就这样一连把三名弟子投入河中。西门豹说："巫婆和她的弟子都是女的，不能把事情讲清楚，这次让三老去禀告河神。"又把三老投入河中。西门豹毕恭毕敬，认真严肃地对河水躬立良久。

旁观者都紧张不安，西门豹看着廷掾、豪长们说："巫婆、三老不回来，怎么办呢？"这些人吓得叩头不止。西门豹说："起来吧，河神留客时间长，你们回去吧。"从这以后，无人再提为河伯娶妻的事了。

西门豹治河

西门豹在当地进行了改革。他责罚奸商、稳定物价、严训乡绅，为百姓平冤昭雪。民心安定后，他引导百姓在漳河之侧筑了12条水渠，引水灌田。引漳十二渠是以漳水为源的大型引水灌溉渠系，是中国著名的水利工程，其灌区在漳河以南（今河南省安阳北）。第一渠首在邺西18里，相延12里内有拦河低溢流堰12道，各堰都在上游右岸开引水口，设引水闸，成12渠道。灌区近10万亩。漳水浑浊多泥沙，可以落淤肥田，提高产量，邺地因此富庶起来。

西门豹死后，邺地百姓在他治水的地方兴建了西门豹大夫庙，宋、明、清三朝还为西门豹竖立了碑碣。直到现在，河北临漳地区还有一条渠道叫西门子渠。

建鼓·战国早期

鼓框木制，鼓身长约100厘米，两面蒙皮，鼓身中间垂直贯穿一根直径7厘米的木柱，并牢固植于一个青铜盘龙鼓座上。鼓座由数十条青铜雕龙相互纠结盘绕而成，制作工艺无比精美。这面建鼓根据实物复原，植于原青铜鼓座中，现藏于湖北省博物馆。

•人物•
魏文侯

33

⏲时间：战国初期

魏文侯选相

用人问题，从古代开始就是一件大事，现在也是大事，将来也不会改变。俗话说“选贤与能”，实际上是把“贤”排在了“能”的前面，这也可以让现代人有所借鉴。

魏文侯守约

晋哀公去世后，韩康子、魏桓子和赵襄子合谋，瓜分了晋国。魏桓子的孙子魏斯，就是后来的魏文侯。在三家中，他最为贤德，最能虚心礼贤下士，也最有志向把国家治理好。

一天上早朝，正好赶上下雨，天气寒冷，魏文侯就赏赐群臣饮酒驱寒，君臣一边饮酒一边交谈，好不快活。突然，魏文侯问左右：“到中午了吗？”左右回道：“已到中午。”魏文侯急忙命人把酒席撤去，下令马上备车前往山野之中。左右侍臣奇怪地问：“今天饮酒正乐，外面又下着大雨，国君打算到哪里去呢？”魏文侯说：“我与人约好了今天中午去打猎，虽然我们聊得正开心，外面的天气也不好，但我不能不遵守约定呀！”众人都大受震撼，自此以后，魏文侯令行禁止，没人敢违抗命令了。

魏文侯雕像

魏文侯（前472年～前396年），魏桓子之孙，战国时期魏国开国君主，公元前445年即位。

君臣对话

魏文侯知道，想要国家强盛，只有国君贤德还不行，还必须有贤德的臣子辅佐，尤其是作为国君的左膀右臂的相国非常重要。

一天，魏文侯问他的谋士李克（又名悝）说：“先生曾经说过，家里贫穷时就想找一个贤良的妻子，国家危乱

的时候国君就想找到一个贤德的相国。现在我国虽不危乱，但我想让国家富强，还是要找一个贤德的人辅佐我。我现在身边有魏成子和翟璜两个能臣，您看这两人怎么样？”李克回答说：“下属不应该参与尊长的事，外人不应该过问和自己不相干的事。臣子我在朝外任职，不敢对朝中的事情妄加评论。”魏文侯说：“先生就不要推让了！我想听听你的高见。”

李克说道：“国君您肯定懂得，观察人要看他平时日常生活中都接触些什么样子的人，富贵时看他所交往的朋友是什么样子的，显赫时看他所推荐的人是怎样的，穷困时看他所不做的事情是怎样的，贫贱时看他所做的事情是什么样子的。仅此五条，就足以去断定一个人的品行了，又何必要等我指明呢！”魏文侯高兴地说：“你说的我都懂了，先生请回府吧，我的国相已经选定了。”

李克答翟璜

李克出宫后来到翟璜家。翟璜问：“听说今天国君召您去问相国人选，到底定了谁呢？”李克说：“是魏成子。”翟璜立刻变了脸色，有些不服气地说：“西河守令吴起，是我推荐的；国君担心内地的邺县，我推荐西门豹；国君想征伐中山国，我推荐乐羊；中山国被攻克之后，没有人去镇守，我推荐了先生您；国君的公子没有老师，我推荐了屈侯鲋。就凭这些，我哪点儿比魏成子差？”

李克说：“您把我引荐给您的国君，难道是为了谋求高官吗？刚才国君对我说他想在您和魏成子之间选一个出来当相国，想听听我的意见。我就说了要从五个方面去观察一个人。我所以推断国君肯定会选中魏成子为相，是因为魏成子享有千钟的俸禄，十分之九都用在外面，只有十分之一留作家用，所以得到了卜子夏、田子方、段干木这三个贤德的人。这三个人，国君都拜他们为老师；而您所举荐的五个人，国君都任用为臣属。这样看来，您就无法和魏成子比了。”翟璜听罢，一再行礼说：“我翟璜是个粗人，我愿终身为您的弟子！”

后来，魏文侯果然像李克猜想的那样，任用魏成子为相了。魏文侯经过自己的观察和判断，最终找对了贤德的人来辅佐他。

时间：前 370 ~ 前 300

白圭经商

两千多年前的春秋战国时代，在经济领域中有几个人物值得称道：一个是管仲，一个是范蠡，还有一个就是白圭。白圭的经商思想，即使在现在看来也是令人叹服的，算得上战国时代最先进的商业理论。

白圭（前370～前300），名丹，曾在魏国做官，后来又曾到齐国、秦国。《汉书》中说他是经营贸易的理论鼻祖，称他为“天下言治生者祖”。白圭也是一位著名的经济谋略家和理财家。

“人弃我取，人取我与”

白圭和范蠡一样，都认为农业的丰收和天时有关，认为十二年为一个周期。开始的第一年是大丰收年，此后两年是衰退期，第四年干旱，再两年是小丰收，第七年又是大丰收，此后两年又衰退，到第十年则又干旱，随之又是两年的小丰收，到下一年重新开始一个周期。

在上述认识的基础上，白圭提出了一套经商致富的方法。其基本原则就是“乐观时变”，主张根据丰收、歉收的具体情况来实行“人弃我取，人取我与”。

白圭深刻地了解“物以稀为贵”。在什么丰收时，或什么上市的季节，别人大量抛售时，他就大量地买进，而在别人缺货而需要买进时，他再大量卖出。这些做法看似简单，但行动起来是需要相当勇气的，也需要独立的、正确的判断能力。

白圭很会运用信息。白圭对各种市场信息极为重视，反应也快，一旦掌握了准确的信息就果断出手，用他的话说就是“趋时若猛兽鸷鸟之发”。

白圭强调商人要讲究谋略。他说：“我经商，就像伊尹、姜子牙施展他们的谋略，像孙子、吴子统兵打仗，像商鞅推行他的法制。”他强调，经商要具备

刀币 · 战国

在古人的日常生活中，刀是一种多用途的工具，也是人们可以让渡的财产。所以当时称作“削”的青铜工具便逐渐演变成最初的刀币，流通于黄河流域的齐、燕及赵地区。

"智""勇""仁""强"等素质，否则是很难有大成就的。

因时取利，为国理财

白圭还很擅长观察天气变化，做到因时取利。当时，人类应付自然灾害的能力还很差，他知道温饱问题对人们的重要性。白圭提前储备粮食物资来救灾救荒。丰收之年就趁粮价低时大量买进，灾荒发生时就以低于市场的价格卖出帮助人民。虽然卖出的价格低于时价，但已高于他的收购价格。这样在帮助老百姓的同时，自己的财富也增加了。

还有，白圭为国理财，从大处着眼，在经营上从不嫌弃小惠小利，也从不靠诡计进行欺诈。白圭认为，商有商道，不能坑害百姓。他为老百姓规划的方法是"欲长钱，取下谷；长石斗，取上种"。意思是说如果老百姓买谷物自己吃，为了省钱，就可以买差一些的谷物；如果是为了做种子用，那就请买好的谷物。这是一个有长远眼光的方法，既节俭，又保证能有优质的种子以便来年的丰产。

白圭认为商品流通非常重要，他将货物流通与发展生产联系起来，既能靠经营生财，又能使生产有利其发展，他认为以足补缺，以丰收补歉收，使全国各地物资互相支援，才能在辅民安民的同时为国家理财致富。如果一个地方盛产蚕茧，就购进这些产品，用谷物等当地缺少的东西去换；如果一个地方粮食丰产，就购进粮食，然后用丝、漆等必需品交换。这样全国货物得到流通，既利于人民生活，又能从中取利，可谓一举两得，利国利民。

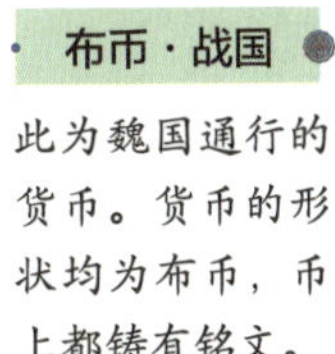

布币·战国

此为魏国通行的货币。货币的形状均为布币，币上都铸有铭文。

白圭本是一个小官吏，因为领会了经商的精髓，一跃成为春秋战国时期的巨富，白圭本人也被后代的商人们奉为了商业的祖师。

•人物•
吴起

35

⏲时间：？ ～前 381

名将吴起

在中国历代军事将领中，吴起可能是最有争议的一位，这可能和他为达目的不择手段的做事方法有关。孔子说：“不义而富且贵，于我如浮云。”可吴起却反其道而行之，也成就了一番事业。

吴起学艺

吴起（？～前381）是卫国人，年少时喜欢舞棒弄枪，整日游手好闲。母亲见了很生气，就严厉地责备了他。吴起用牙把自己胳膊咬破，血顺着胳膊直往下淌，然后指着胳膊对天发誓道：“今日我辞别母亲，游历他方拜师学艺，如不成就一番事业，决不回来见母亲。”母亲哭泣着不让他走，吴起竟然头也不回就走了。

吴起先来到鲁国，拜孔子的高足曾参为师，昼夜读书，不辞辛苦。恰好齐国的一个大夫隐居在鲁国，对吴起的勤奋好学大加赞赏，时常与吴起谈古论今，两人聊得兴起，可以三天三夜都不睡觉。这位齐国大夫很喜欢吴起，就把自己的女儿许配给了他。

时间过得飞快，转眼吴起学艺已经六年有余，曾参知道吴起家中还有母亲，一天就问他：“你游学已经六年了，怎么还不回去看看你的母亲，你放心得下吗？”吴起说：“我出来时曾发过誓，如不成就一番事业，就不回去见母亲。”曾参说：“可以发誓不见别人，怎么能不见母亲呢？”从此心里就有些厌恶吴起了。

师徒绝交

过了没多久，卫国有人捎信给吴起，说他的母亲不久前刚刚去世。吴起对着天空大号了三声，随即就去读书了，一点悲伤的样子都没有。曾参大怒，说：“你不去为你的母亲奔丧，是个忘本的人！水无本就干涸了，木无本就枯死了，人要是无本，就不得好死啊。从今日起，你不再是我的徒弟。”于是两人断绝了师徒关系，永不相见。

吴起于是放弃了所学的儒家学说，又到别的地方学了三年。学满出师，就去拜访鲁国的相国公仪休，请求给他个官做。公仪休与吴起讨论带兵的方法，见他熟谙兵法韬略，知道他是个有才能的人，就对

鲁穆公推荐了吴起，鲁穆公于是任命吴起为大夫，俸禄丰厚。

杀妻求将

当时齐国的相国田和谋篡位夺权，因为鲁国与齐国关系很近，所以田和怕到时鲁国会来坏他的图谋，于是找个借口起兵伐鲁，想以武力逼迫鲁国服从自己。

鲁国相国公仪休听到齐军入侵，马上拜见鲁穆公，向他推荐说："要想打退齐军，非吴起不可。"鲁穆公当时虽然答应，但一直没有下达任命。公仪休听到齐军已经起寨拔营，又一次来见穆公，说："臣向您推荐吴起为将抗击齐军，您为什么不同意呢？"穆公说："我知道吴起能当此任，但他的妻子是齐国人，而且还和齐国相国同姓，丈夫最爱的莫过于妻子，他能全心全意为鲁国效力吗？这就是我犹豫不决的原因啊！"

公仪休告退回府，吴起早已在他的府中等候，见公仪休回来了连忙问他："齐军已逼近我国，两国战事一触即发，大王找到良将没有？今天不是我自夸，如果以我为将军，肯定让齐军有来无回。"公仪休说："我三番五次地向大王推荐你，但因为你娶了一个齐国的田姓女子为妻，大王就为此而犹豫不决。"

吴起说："要想打消大王的疑虑，这有什么难的？"他回到家中，立即将他的妻子田氏杀了。

中山王方壶·战国

壶高63厘米，口径15厘米，河北平山中山王墓出土。在方壶体四面外壁刻铭，每面10行，共450字。方壶的艺术造型也有特色，在方壶的四棱各饰一条头上尾下的龙，体长超过壶高的二分之一，龙体轮廓线刚劲有力，体态粗大厚重。壶盖上的四个变形兽纽，也显得过分硕大，都显示中山地区造型艺术古拙浑厚的风格。

吴起拜将

吴起又去见鲁穆公，上奏道："臣有报国的志向，但您以我的妻子是齐国人而怀疑我。今日，我杀了妻子向您明示我只为鲁国效力。"穆公神情悲凉，对吴起说："将军先回去休息吧。"随后穆公召公仪休觐见，对他说："吴起杀死他的妻子以求我封他为大将，真是太残忍了！他的心比蛇蝎还毒。"公仪休说："吴起不爱妻子爱功名，您若弃他不用，他必然

吴起像·清·无款

吴起一生历仕鲁、魏、楚三国，通晓兵家、法家、儒家三家思想，在内政、军事上都有极高的成就。唐肃宗将吴起等历史上十位武功卓著的名将供奉于武成王庙内，被称为武庙十哲。宋徽宗追尊吴起为广宗伯，位列宋武庙七十二将之一。

去投奔齐国，于我国不利呀。”穆公此时也没有其他办法，只好依公仪休所说，拜吴起为大将军，去抵抗齐军。

田和率领齐军长驱直入，听说穆公拜吴起为大将，笑道：“这是我们田家的女婿，好色之徒，他懂什么打仗呢？”两军对垒，却不见吴起前来挑战，田和暗地派人去侦察吴起的一举一动。探子回报说：“吴起和最低级的士兵席地而坐，在一起吃饭。”田和笑道：“将军威严，士兵才畏惧他，才能听他指挥，吴起这样的做法，怎么能让士兵听从他的呢？”

后来，田和又派张丑假称愿意讲和，到吴起的军中刺探军情。吴起将精锐部队藏起来，让张丑看到的全是老弱的士兵。吴起对张丑态度非常恭敬，为他设宴，好酒好菜招待，一直留张丑在军中待了三日，才送他回去。张丑刚走，吴起便暗调人马，分三路悄悄跟在张丑后面。

田和听张丑回报说吴起的士兵都是些老弱病残，斗志全无，就放松了警惕。忽然，帐外鼓声大震，鲁兵突然杀到，齐军毫无防备，军中大乱，田和大败而走。

投奔魏国

鲁穆公非常高兴，拜吴起为上卿。田和摆脱鲁军的追击后，责怪张丑误事。张丑说：“我哪里知道他有诈啊！”田和说：“此人不能小看，如一直在鲁国，对齐国很不利，我想派一个人去鲁国暗自贿赂吴起，求他不与齐国作对，你能去吗？”张丑说：“我愿舍命前往，将功折罪。”

于是，张丑带着两个美女和黄金千两私下里送给吴起。吴起贪财好色，收下贿赂，对张丑说：“如果齐国不打鲁国，鲁国怎么敢主动找齐国的麻烦呢？”张丑告辞返回，在路上故意泄露贿赂吴起的事情。鲁穆公说：“我早就知道吴起心怀叵测。”于是鲁穆公就想削去吴起的爵位，治他的罪，吴起听到消息，弃家逃到魏国。

魏文侯召见吴起，说：“我听说你为鲁国立下赫赫战功，又为什么要来投奔我呢？”吴起说：“鲁侯听信谗言，不信任我，要治我的罪，我只好来投奔您。我愿为您赴汤蹈火，效犬马之劳。”魏文侯于是拜吴起为西河守，防御秦国的侵犯。

吴起到了西河，加固城池，训练兵士。和在鲁国时一样，他体恤士兵，深受士兵的爱戴。自吴起到来，魏军打退了秦国的几次侵扰，秦国轻易不敢来犯，魏国边疆倒出现了少有的安宁。

弃魏投楚

这个时候，正赶上秦惠公去世，秦国内部由于争夺王位而发生了内乱。吴起趁秦国混乱，发兵袭秦，一下攻取秦国五个城池。又过几年，魏文侯也死了，其子主桑即位，即魏武侯。武侯执政后，拜田文为相国。吴起自恃入魏以来，战功显赫，看到田文当了相国，心里很不舒服，于是就和田文争执谁的功劳大。魏武侯听说此事，担心吴起日后难以控制，于是另派人为西河守。吴起见魏武侯不重用他，又来到楚国。

楚悼王熊疑很早就听说吴起的才能，看到吴起来投奔自己，马上授予吴起相印。吴起感恩不尽，誓以富国强国为己任，对楚王上奏道：“楚国方圆数千里，军队百余万，实力在各诸侯之上，应该当盟主。然而楚国现在还没有达到这样的地位，是因为没有很好地养兵。养兵的方法是给士兵丰足的军饷，这样士兵就会全心全意为国家效力。但是今日满朝文武好多都是冗员，机构臃肿，应给士兵发的军饷都给了这些冗员了，而士兵只有不多的军饷，谁会为国家卖命啊？”楚悼王按照吴起的建议去做，裁汰冗员，勤练兵马，楚国实力大为增强，雄霸天下。

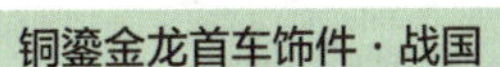
铜鎏金龙首车饰件·战国

楚悼王死后，还没有入殓，那些失去俸禄的王公大臣的子弟趁丧作乱，追杀吴起。吴起自知以一人之力难敌众人，慌忙背起悼王的尸身逃跑，众人一起放箭射向吴起。结果，两个人身上都插满了箭。吴起拼着最后一口气，愤怒地喊道：“射死我不要紧，你们居然连大王都不放过，一定没有好下场！”说完，这位一代名将便气绝身亡。

•人物•
聂政

36

⏲时间：战国初期

聂政刺韩相

聂政抱着“士为知己者死”的传统道德观念，刺杀侠累，是在法制不健全的社会出现的现象，已不足为训。今天法制日趋健全，这种传统的道德观念，应作为反面教材加以批判。

侠累得志

战国初，韩国的相国侠累独揽大权。侠累发迹前，他与严遂是莫逆之交。当时侠累贫穷严遂富裕，所以严遂经常资助侠累，还出资让侠累周游列国。有了严遂的资助，侠累才得以来到韩国，官至相国。

后来，严遂来到了韩国，想让侠累帮忙引荐自己。侠累虽然满口答允，但并无实际行动。一个月后，严遂花钱买通了哀侯身边的人，得以见到哀侯。哀侯对严遂的才能很是欣赏，想重用他。侠累却在哀侯面前说严遂的坏话，不让哀侯任用严遂。严遂得知后非常愤怒，离开了韩国，想找一个勇士刺杀侠累，以消心头之恨。

韩国令狐君嗣子壶·战国

战国中期容酒器，通高46.5、口径14.8厘米。1928年出土于河南洛阳金村，现藏于中国国家博物馆。

严遂得聂政

不久，严遂来到齐国。严遂在一个杀牛的作坊里看见一个屠夫正挥舞着一把三十斤的大斧在杀牛。严遂很惊异，心想世上还有这等强悍的人。于是严遂仔细观察屠夫，只见此人身材修长，气宇不凡，说话的声音也不像是齐国本地人。严遂就上前询问其姓名，屠夫回道：“我叫聂政，是魏国人。因为脾气火爆，得罪了乡里，于是跟母亲和姐姐来到齐国，以屠牛为生。”严遂问清聂政的住址后转身离去。

第二天，严遂来拜访聂政，邀聂政到酒馆叙谈。酒过三巡，严遂拿出一百镒黄金送给聂政。聂政推辞不收。严遂

说："我听说你有老母在堂，这点钱就当给你母亲的养老钱吧。"聂政听到这番话，说道："您给我母亲养老钱，必然有用我的地方，您如果不讲明白，这钱我是不会收的。"

严遂就把侠累如何忘恩负义的事情对聂政说了，并说出他想找个勇士，去刺杀侠累。聂政说："我曾经发誓要奉养母亲，您还是去找别人吧。"严遂说："我倾慕你高尚的义节，愿和你结为兄弟，怎么能为了我自己的私事而不让你孝敬母亲呢？"于是硬留下黄金后就离去了。

过了一年，聂政的母亲去世，严遂也去吊丧。聂政把母亲的丧事办妥后，对严遂说："母亲去世了，我也就没有什么牵挂了，我愿为您做任何事。"严遂问他报仇的计划，想给他准备车马随从。聂政说："相国岂是别人能随意接近的？肯定守卫森严，不能力拼，只能出其不意，您不用准备什么，我带上匕首，见机行事就行了。"

行刺韩相

聂政到了韩国，正好侠累退朝回家，聂政就跟着侠累的车队来到相府，一边跑一边高喊："有急事报告相国。"左右侍卫急忙阻拦，无奈聂政身强力壮，把侍卫撞得七倒八歪，聂政径直冲到侠累的身旁，抽出匕首便刺，侠累就此 命呜呼了。当下相府大乱，武士们关门来擒聂政。聂政连杀数人，见人越来越多，知道跑不掉了，聂政怕别人认出他，祸及姐姐，就用匕首毁了自己的脸，挖出双眼，然后刺喉而死。

聂政已死，韩国人不知他的身份，把他陈尸在大街上，悬赏千金，征求能识别他身份的人。聂政的姐姐聂嫈听到韩国人清查刺客身份的事想：难道是我弟弟？他是被拜托去做这事的啊。于是动身去了韩国。

来到聂政陈尸的地方，聂嫈认出了弟弟，伏尸大哭。旁边围观的人说："这人杀了我们的相国，跟你有什么关系呢？"聂嫈说："这人是我弟弟聂政啊！他为了供养母亲和我，甘愿埋没在市井。后来母亲去世，他才答应为人来行刺这个相国。可怜他怕牵连我这个姐姐，把自己的脸毁成这个样子。弟弟啊，你为知己而死，我又怎能独活！现在全天下人都知道你的侠名了，我也没有遗憾了！"说完，她就自尽了。严遂得知后悲痛不已，花重金买下了聂政姐弟的遗体，隆重地安葬。

⏲时间：战国初期

申不害改革

申不害在韩国做了十几年的相国，主持改革，实行变法，使得韩国用十五年时间变得强盛了起来。

申不害相国

申不害是战国初期一位颇有名望的思想家、政治家，也是法家代表人物之一。他是京（今河南荥阳）人，出身比较微贱。原先是郑国的低级官吏，后来研究了刑名法术学问，向韩昭侯求官，韩昭侯任命申不害为相国。

申不害在韩国为相时，韩国的国力已经在诸侯中偏于劣势了。大约在前354年，韩国在申不害的领导下，实行了进一步的改革。

申不害对内修明政教，对外应对诸侯，前后执政十五年。一直到申不害逝世，韩国国家安定，政治清明，军队强大，没有哪个国家敢于侵犯韩国。

申不害的法与术

申不害治国讲究法、术。申不害所说的“法”，就是法治的意思；所说的“术”，则是一种用以贯彻执行“法”的手段和方式。为了说明“法”，他提出“正名责实”的理论。申不害所说的“正名”，是名分等级不得错乱。与孔子所说“正名”的不同之处在于包括责任、分工的内涵。申不害“正名”的意义在于确定了“主处其大，臣处其细”的大原则，而且把这个原则具体化，即把名分按实际情况规定下来，然后进行任命，听取意见，检查监督。所谓实，就是君主给臣下规定责任和职权，是臣下遵从君主的规范。

申不害认为，君主要讲究“术”。所谓“术”，是君主的专有物，主要指任用、监督和考核臣下的方法。“法”是公开的，是臣民的行动准

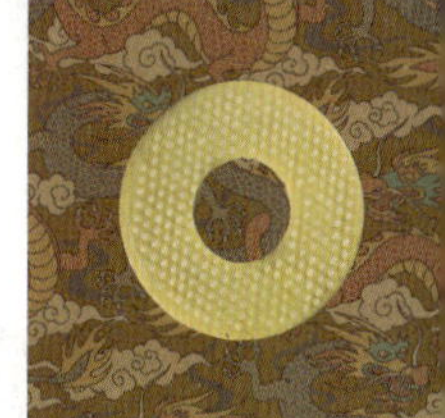

则，而“术”是隐藏在君主心中，专门对付大臣的。他要国君不要让臣下看出自己的欲望和弱点，使臣下猜不透国君的意图，臣下也就不能投国君之所好而弄虚作假，从而尽力去做好职责内的事，不能越职乱来。

韩非讲过韩昭侯的一个故事。故事说：有一次，韩昭侯喝醉后睡着了。管帽子的人恐怕他受凉，给他身上盖了一件衣服。韩昭侯醒了以后问旁边的人说：“谁给我盖的这件衣服？”旁边的人说：“管帽子的人。”韩昭侯就把管衣服的人拿来问罪，同时把那个管帽子的人杀了。韩非评论说：韩昭侯把那个管衣服的人拿来问罪，是因为他失职，没有办他应该办的事；杀了那个管帽子的人，是因为他越职，管了他不该管的事，侵犯了别的官的职务。韩昭侯并不是不怕冷，可是他认为越职的危害比他自己受寒还大。这就是申不害用术“教育”出来的结果，这个故事所说的就是“术”。

变法成就

申不害帮助韩昭侯推行“法”治、“术”治，使得韩国君主专制得到了加强，国内政局得到稳定，贵族特权受到了限制，百姓生活渐趋富裕，只用了十五年的时间便使韩国强盛起来，成了与齐、楚、燕、赵、魏、秦并列的战国七雄之　。

申不害的学术思想，明显地受到道家的影响，本源是皇帝和老子。申不害认为，自然运行是有规律的，也是不可抗拒的。他认为宇宙间的本质是“静”，其运动规律是“常”。他要求对待一切事情应以“静”为原则，以“因”为方法，“因”指“因循”“随顺”。“贵因”指“随事而定之”，“贵静”的表现就是“无为”。申不害把这些原则用于人事，构成他的社会哲学思想。申不害的“无为”，要求的是君主去除个人作为的“无为”，以便听取臣下的意见。

为了完善这种方法，他进一步发挥《老子》“柔弱胜刚强”的思想，要求君主“示弱”，但绝不是指君主无所作为，只是君主决策前的一种姿态。在关键时刻，申不害要求君主独揽一切，决断一切。申不害的哲学思想，是君主哲学，是政治哲学。这种哲学由道家的“天道无为”演化发展来，是他的法家“权术”思想的基础。

人首纹青铜剑·战国

长39厘米。1980年广西壮族自治区灵山县石塘乡石滩出土。扁茎曲刃，无脊有格，剑身饰人首纹。

·人物·
邹忌

38

时间：战国中期

邹忌讽齐王纳谏

邹忌通过抚琴之理和身边故事讽齐威王纳谏，威王一一听从，齐国日渐强盛，成了东方强国。

邹忌说琴

齐威王名叫田齐，是田和的孙子，威王以善于纳谏而闻名诸侯。邹忌由于善于弹琴而进见齐威王，威王对他很是喜欢，并让他住在宫中的右室。过了不久，有一天，威王正在弹琴，邹忌刚推开门走进来就说："琴弹得真是太好了！"威王却突然不高兴了，离开琴手按着宝剑说："先生只看到寡人的样子，还没有认真聆听观察，怎么能知道寡人弹得好呢？"邹忌说："大弦缓慢并且温和，这是象征国君；小弦高亢明快并且清亮，象征宰相；手指钩弦用力，放开舒缓，象征政令；发出的琴声和谐，大小配合美妙，曲折不正之声而不相干扰，象征四时。我由此能知道您弹得好。"威王说："你很善于谈论音乐。"

邹忌说："何止是谈论音乐，治理国家和安抚人民也都蕴含在其中啊！"威王又突然不高兴了，说："如果谈论五音的调理，寡人相信没有能比得上您的。但是如果是治理国家和安抚人民的事情，又怎么能在这琴弦之中呢？"邹忌说："大弦缓慢并且温和，象征国君；小弦高亢明快并且清亮，象征宰相；钩弦用力但放开舒缓，象征政令；弹出的琴声和谐，大小配合美妙，曲折不正之声不相干扰，象征四时。回环往复而不乱，是由于政治昌明；连贯而轻快，是由于保了将亡之国。所以说琴音谐调就能保天下太平。治理国家和安抚人民，其中的道理，没有比五音的道理更相像得了。"威王恍然大悟，说："先生，寡人知道您的意思了！"于是威王拜邹忌为相国，

彩绘兽纹镜·战国

直径19厘米。1952年湖南长沙斗笠坡744号墓出土。现藏于湖北省博物馆。

向他求教如何治理国家，并采取了一系列措施，齐国逐渐强大起来。

比美悟道

齐国渐渐强盛后，人们纷纷称赞威王，威王渐渐飘飘然了，对于不同的意见有些听不进去。邹忌发现后想方设法要纠正威王的这个毛病。

有一天，邹忌去拜见齐威王，说道："大王，小人有件事，很久也没有想明白。"威王笑着说："您何等聪慧，有什么事情想不通，说给寡人听听。"邹忌说："徐公是咱们齐国的美男子。前天有门客来找我办事，夸我比徐公漂亮。我听了这话很高兴，但有些不敢相信，回家问我妻子，我妻子也说是我漂亮。又去问妾，妾也这么说。那天我见到了徐公本人，发现根本比不上他。想来想去，终于明白了，妻子说我漂亮，是因为偏爱我；妾说我漂亮，是因为怕我；门客说我漂亮，是有求于我。您贵为国君，全国上下，谁不偏爱您，谁不怕您，谁不有求于您呢？由此看来，您受的蒙蔽肯定更深啊！"

威王求谏

齐威王听后，说"好！"于是下了一道命令："今后不管是朝中大臣还是普通百姓，能够当面指责我的过失的，给头等奖赏；书面向我提意见的，给二等奖赏；在公共场合议论我的过错，只要我听说了，也给三等奖赏。"命令刚发布的时，有好多人来提意见。凡是正确的意见，齐威王都一一采纳，纠正了许多过错。几个月后，进言规劝的人就非常少了。一年以后，有人即使想规劝，也没有什么可说的了。

威王一心发展齐国，励精图治，最终实现了齐国的中兴，成为东方强国。燕国、赵国、韩国、魏国见此，都到齐国来朝拜。邹忌与威王，一个进谏有术，一个从谏如流，聪明的臣子与贤明的国君，也成为被后世称赞的典范。

虎噬鹿器座·战国

通高21.9厘米，长51厘米。河北平山中山王墓出土。器座造型奇特，塑造出一猛虎口噬小鹿，虎体呈"S"状曲线，动感极强烈，表现出虎的强大与凶残，鹿的柔弱和悲惨，借动物间生与死的搏斗，使强暴者的胜利与被害者死亡前的挣扎交织在一起，具有感人的艺术魅力。由于采用了错金银的工艺技巧，猛虎身上显出斑斓毛纹，更为器物增添了光彩。

人物
齐威王

39

时间：战国中期

齐威王活煮贪官

舆论的力量是很大的，可是一旦不能判断而受到舆论的左右，就可能做出悔恨终生的错事。齐威王不听信传言，而是采取实事求是的态度，才辨明了忠奸，没有被人蒙蔽。

褒贬不同

齐威王刚当上国君的时候，只知道喝酒、听音乐，寻欢作乐，朝廷中的大小事情一概不管不问，统统交给卿大夫处理。周围的韩国、赵国、魏国都来攻打齐国，情势相当危急。

有一日，齐威王问在朝的官员们，各个地方的官吏们哪个比较有能力，地方治理得好？哪个没有能力，治理得不好？朝中官吏都说阿城（今山东聊城东阿西南）大夫的好话，称赞他治理有方；都批评即墨（今山东平度东南）大夫没有什么能力。

于是，齐威王派人去进行考察，真正了解一下这两个地方官的政绩。考察的人回来，将看到、听到的情况如实禀告齐威王。

赏罚分明

齐威王便降旨传阿城大夫和即墨大夫入朝。即墨大夫先到，朝见威王。威王一句话都不说，旁边的众大臣都很惊讶，不明白是什么原因。过了一会儿阿城大夫也到了，齐威王就让两旁站立的大臣评论他俩的政绩，以行赏罚。大臣们都怀有私心，心想："阿城大夫今天肯定会受到重赏，即墨大夫将要大祸临头了。"

众文武百官正在议论，齐威王召见即墨大夫，说："自从你当了即墨的地方官，我只听到别人对你的批评，说你治理得不好，能力很差。我就派人去即墨调查，看实际的情况到底怎样，他们说的是对还是错。结果调查的人回来对我说，即墨田地都得到了开垦，人民的生活非常富裕，当官的也很清廉，呈现一片太平的景象。只是因为你不肯谄媚于我身边的人，才让他们在我耳边说尽了你的坏话。现在事情很明白，你才是贤德的臣子，是尽心尽力为百姓、国家做事的人。”说完，便传令赠予即墨大夫万家之邑，以示表彰。

齐威王又召阿城大夫觐见，对他说：“自从你当了阿城的地方官以后，我经常听到别人在我面前赞扬你，说你如何如何有能力，地方治理得如何如何好。于是我派人去调查阿城的情况，去的人只见阿城田地荒芜，人民挨饿受冻，百姓对地方的官员意见很大。不久前，赵国的军队骚扰我国的边境，你坐视不救。卫国攻占我们的薛城，你居然不知道。然而，你却花重金贿赂我身边的人，让他们在我耳边说你的好话，好接着升官发财。什么叫贪官污吏？贪官污吏就是你这副模样。”

活煮贪官

阿城大夫吓得面如土色，磕头谢罪，表示愿意悔过。威王没有理睬他，命大力士搬过一个装满水的大鼎，下面烧上柴。不一会儿的工夫，水就烧得滚开。威王命左右将阿城大夫捆起来投入鼎中。

威王又召见平常赞誉阿城大夫、诋毁即墨大夫的大臣们进见，责问他们道：“你们在我的左右，我把你们当自己的耳目，寄希望于你们说实话。谁知你们私下却收取贿赂、颠倒是非来欺骗我，要你们还有什么用？都和阿城大夫一样下锅煮了吧！”

从此，再也没有人敢在齐威王面前妄言了。舆论的力量是巨大的，但舆论并不都是正确的。齐威王在大臣们众口一词的情况下没有轻易听信传言，而是派人去实地调查，作为高高在上的君主，这种态度是很难得的。齐国在威王的整治下，果然吏治清明，很少再发生徇私舞弊的事情了。

十五连盏灯·战国

灯高 82.9 厘米。河北平山中山王墓出土。全灯像一株枝条茂盛的大树，由长短不同的八节枝干接插而成，伸出的枝条上托圆盘灯盏，共计 15 个灯盏。还在灯枝上铸出一群攀枝嬉戏的猴子，圆形灯座上还立有两个赤膊的小铜人像，似以食物抛饲群猴，极生动有趣。

•人物•
商鞅

40

时间：战国中期

商鞅变法

在列国争雄的战国时代，秦国以一个边陲弱国而一跃成为势可吞并六国的强国，与商鞅变法的贡献是分不开的。

孝公求贤

秦献公去世后，他的儿子渠梁即位，即秦孝公。秦孝公是一个有作为的国君，当看到其他国家在经过不同程度的改革，国力都增强后，便也积极地寻求一条使秦国富强的道路，以重现春秋时代秦穆公称霸的辉煌。国家要富强，人才第一，秦孝公广泛地招揽人才，并下了一道求贤的诏令，许诺如果谁有能力使秦国富裕、强大起来，就封给他官职，赏给他土地。

就在这时，有个叫卫鞅的人从魏国来到秦国。卫鞅原是卫国的贵族子弟，他从小就好“刑名之学”，曾受过法家李悝、吴起的影响。

当卫鞅还在魏惠王的相国公叔痤手下做小官时，公叔痤见卫鞅很有才能，在临死前曾把他推荐给魏惠王，要惠王用卫鞅为相，并说：“如果不用这个人，就务必把他杀掉，不能让他离开魏国。”但魏惠

商鞅方升·战国

此器是秦孝公十八年（前 344）商鞅变法时所规定的标准量器。秦统一六国后，又在其底部加刻了秦始皇二十六年（前 221）诏书，命令丞相隗状和王绾把商鞅既定的制度推行到全国。器的外壁刻铭文，共 75 字，分别为，（底部铭文）“廿六年，皇帝尽并兼天下诸侯，黔首大安，立号为皇帝，乃诏丞相状、绾，（法）度量则不壹，歉疑者，皆明壹之。”（左壁铭文）“十八年，齐（率）卿大夫众来聘。冬十二月乙酉，大良造鞅。爰积十六尊（寸）五分尊（寸）壹为升。”（前壁铭文）“重泉”。

王不相信公叔痤的话，觉得卫鞅没有什么本事，无非就是个能说会道的门客罢了，因而没有重用卫鞅，当然也没有按照公叔痤的话把他杀掉。卫鞅在魏国得不到重用，便想到其他国家去发展，这时正好听说秦孝公下诏求贤，于是就来到了秦国。

卫鞅到秦国，先求见秦孝公的亲信景监。景监向他求教，卫鞅很有见地地给他讲了天下大势及秦国国事。景监发现卫鞅很有才能，就向孝公推荐他。

三见孝公

于是孝公就召见卫鞅问他治国的方法。卫鞅就以舜、禹为例给孝公讲帝王之道。还没讲几句，却发现孝公已经睡着了。卫鞅告退后，孝公召见景监，生气地对他说："你这个门客太迂腐了，他说的对于我一点用都没有。"

景监退朝后回到家中，对卫鞅说："大王说你讲的他根本不感兴趣。"卫鞅说："我给他讲帝道，是他不能领悟。我愿再和他谈谈。"景监说："等过五天，大王消消气，我再给你引荐吧。"过了五天，景监对孝公说："我那个门客还有话要对您讲，希望大王能再见他一次。"孝公碍于情面，勉强答应了。

这次，卫鞅给孝公大讲王道。听了几句，孝公就对他说："你确实知道得多，但你讲的这些对我都没用。"卫鞅回到景监家，景监问他："这回讲的是什么？"卫鞅说："我给他讲君王之道，他还是不感兴趣。"景监有些生气地说："你怎么能离开现在的形势而讲以前君王的事情呢？"卫鞅说："这两次我没弄懂大王的兴趣所在。我怕他的志向太高，所以我先试探了他一下。现在我明白大王想听什么了，倘若再给我一次机会见他，我肯定能让他听得高兴。"景监叹了口气说："那再等五天吧。"

五天后，景监入宫服侍孝公，见孝公心情不错，就又和孝公说："我那个门客自称有帝、王、霸三术，前两次他只给您讲了帝、王之术，还没讲霸术，不知您能不能再召见他一回？"孝公一听霸术，正是他所感兴趣的，就同意再给卫鞅一次机会。

这回，卫鞅开门见山，直接对孝公讲治国的方法，他说："国家不富裕，就没有能力整顿军队，不能提高军队的战斗力；军队不强大，就没有能力防御外敌的入侵。要想国家富裕，必须大力发展农业，鼓励百姓多开垦田地；要想军队强大，必须休战养息；在政令上必须赏罚分明，这样，国家就会慢慢强大起来……"秦王听后很高兴，说："你说的这些我都能办到。"就这样，孝公和卫鞅一连谈了好几天，卫鞅给他讲了许多治国安邦的措施，孝公听得津津有味。

南门立木，取信于民

就这样，秦孝公决定重用卫鞅，任卫鞅为左庶长，并对文武百官说："今后国家政令，都要按照左庶长制定的遵守，如果有违抗的，就和抗旨一样！"

卫鞅在对秦国的法令进行仔细研究后，准备实行变法图强。他将拟定的法令条款呈报，获准后，开始推行新法。

首先，他起草了一个改革法令，但怕老百姓不相信，就叫人在都城的南门竖了一根三丈长的木头，对老百姓说："如果有谁能将这根木头扛到北门去，就赏他十两黄金。"不一会，很多人围过来，议论纷纷，但是没有一个前来扛木头。

卫鞅知道，秦朝自始以来很少讲信用，老百姓对官府的话根本不相信。他于是把赏金加到五十两。正当大家议论纷纷的时候，有一个体格魁梧的汉子跑过来说愿意试试。那人扛着木头往北门走去，后面跟了许多看热闹的人。人们很好奇，也很怀疑，想看看究竟会是什么结果。不一会，那汉子就把木头扛到了北门。卫鞅立刻传出话来，赏金五十两，一分都不少。这件

延伸阅读

《尚书》书成

中国古代优秀的历史文献汇编《尚书》编成于战国时期，战国时总称为《书》，汉代改称《尚书》。"尚"的意义是上古，"书"的意义是书写在竹帛上的历史记载，"尚书"意即"上古的史书"。《尚书》所录，据称为虞、夏、商、周各代典谟、训、诰、誓、命等文献，其中主要记载商、周两代统治者的一些讲话记录。关于《尚书》编订年代，以前有说为孔子所编，近代学者多以为《尚书》编订于战国时期。秦始皇焚书后，《尚书》多残缺。《尚书》内容丰富，在中国史学、文学、政治学上占有重要地位。自汉以后，《尚书》一直被视为中国封建社会的政治哲学经典，既是帝王的教科书，又被贵族、官僚及士大夫尊之为"大经大法"，在历史上有重要影响。

事很快传遍了大街小巷，轰动了整个秦国，人们都说官府是讲信用的。

颁布变法令

卫鞅觉得老百姓已经相信他了，变法时机已经成熟，于是就在前356年和前350年两次进行变法。新法的内容包括：

一、编制民户，加强刑赏。以五家为一伍，十家为一什，什伍内各家互相纠察。一家作奸犯法，别家必须告发。隐瞒不告发的，腰斩。二、鼓励小农生产，崇本抑末。新法规定，凡一家有两个以上成年男子就必须分家，各立户头。努力生产粮食和布帛的，可以免除劳役。三、奖励军功，凡在战争中斩得敌人一个首级的，赏给爵位一级。四、废除井田，“开阡陌封疆”。五、推行县制，将全国分为四十一县，设立县令、县丞等官职。六、迁都咸阳。七、统一度量衡。

秦强民惧

秦国自这两次变法以后，军事力量强大了，农业也发展了，人们也富裕了。

秦孝公见卫鞅的改革措施成功了，更加重用他。但卫鞅大规模的改革，触及了秦国贵族的利益，引起他们极大的不满；而且刑戮太重，触犯新法者轻者发配充军，服苦役，重者削鼻砍腿。一次，卫鞅去查看囚犯，竟一日内诛杀七百余人，鲜血都染红了渭水，哭声遍野，百姓晚上在梦中都吓得发抖。

这样一来，无论大小官员，还是百姓，都对新法不满了，有人开始反对新法。一次，秦国的太子犯了法，卫鞅对孝公说：“国家的法令必须从上到下一律遵守，不能因为他是王族就逃脱惩罚，否则下面的人就不信任朝廷了。但是，太子是储君，不可以施刑，应该处罚他的师傅们。”孝公觉得卫鞅说得有理，就同意了这一意见，将太子的老师公孙虔割了鼻子，另一个老师公孙贾则被在脸上刺了字。

卫鞅变法一共推行了十年，虽刑戮严酷，但也确实推动了秦国经济政治的发展，百姓路不拾遗，夜不闭户，国无盗贼，粮仓里面堆满了粮食，军队骁勇善战。随着秦国的日益强大，中原的诸侯国纷纷与秦国交好，

商鞅戟·战国

戟是钩刺兵器，形似戈，长援向上微弯，上下有刃，中部有脊。此戟上有铭文“十三年大良造鞅之造戟”10字。

青铜貘尊·战国

此尊高26.5厘米，长42.5厘米，工艺精美，非常华丽。

连周天子也派使者送祭肉给秦国，封秦孝公为“方伯”。卫鞅变法的实行，为以后秦国的称霸奠定了坚实的基础。

卫鞅的变法措施使秦国兵强马壮，国富民强。秦孝公为嘉奖卫鞅的功劳，特封他为列侯，并把秦国商於等十五座城池赏给卫鞅，封号为商君，此后人们也把卫鞅称为商鞅。

忠言逆耳

商鞅出任秦相十年，很多皇亲国戚都怨恨他。赵良去见商鞅。商鞅说：“我能见到你，是由于孟兰皋的介绍，现在我们交个朋友，可以吗？”赵良回答说：“在下不敢奢望。孔子说过：‘推荐贤能，受到人民拥戴的人才会前来；聚集不肖之徒，即使能使成王业的人也会引退。’在下不才，所以不敢从命。在下听到过这样的说法：‘不该占有的职位而占有它叫作贪位，不该享有的名声而享有它叫作贪名。’在下要是接受了您的情谊，恐怕那就是鄙人既贪位又贪名了。所以不敢从命。”

商鞅说：“您不高兴我对秦国的治理吗？”赵良说：“能够听从别人的意见叫作聪，能够自我省察叫作明，能够自我克制叫作强。虞舜曾说过：‘自我谦虚的人被人尊重。’您不如遵循虞舜的主张去做，无须问我了。”

商鞅说：“当初，秦国的习俗和戎狄一样，父子不分开，男女老少同居一室。如今我改变了秦国的教化，使他们男女有别，分居而住，大造宫廷城阙，把秦国营建得像鲁国、魏国一样。您看我治理秦国，与百里奚大夫比，谁更有才干？”

赵良回答说：“百里奚是穆公的相国，他帮助穆公吞并二十多个国家，并让穆公成为戎狄的宗主。百里奚一生廉洁奉公，酷暑之下也不撑遮阳盖，累了也不乘车。他去世时，秦国百姓无不为之痛哭，就像自己的父母去世一样悲痛。如今您治理秦国已有八年，新法虽然已经颁行，但刑戮太重，人民只是害怕刑罚的残酷，而不是从心里想遵守它、拥护它。太子对于您处罚他两个老师的事情一直耿耿于怀；民间的百姓也早已怨声载道。一旦大王去

世，您的处境可就像早晨的露水一样危险了，您怎么还能贪商於的富贵，还称自己为大丈夫呢？您为什么不推荐贤人代替自己？您只要辞去官职不要俸禄，做一个耕地的农夫，尚可保全自己的性命呀！”

赵良的一席话，尖锐地指出了商鞅法令的一些弊端和商鞅所处的险恶环境，但商鞅并未听从。又过了五个月，秦孝公得了重病，很快就去世了。秦国的大臣们按照孝公的遗愿，拥立太子驷即位，就是后来的秦惠文王，又称秦惠王。

车裂之祸

公子虔与公孙贾同时向秦惠王上奏说：“大臣权力太大，国家将要面临危险，尤其是君王身边的人，君王是很危险的。商鞅变法治秦，我国虽强盛，但老少妇幼都说是商鞅的法律，不说是秦国的法律。现在他位尊权重，日后必然叛乱。”于是秦惠王派人去逮捕商鞅，商鞅逃跑到边境关口，想住旅店。旅店的主人不知道他就是商鞅，说：“商鞅有令，住店的人没有证件店主要连带判罪。”商鞅长长地叹息说：“唉呀！制定新法的贻害竟然到了这样的地步！”此时商鞅走投无路，只好逃往魏国，但魏国人也恨他在秦国操纵朝政时的无义之举，不肯接纳他。商鞅打算到别的国家。但是魏国人说：“商鞅，是秦国的逃犯，秦国很强大，逃犯跑到魏国来，不送还，不行。”于是把商鞅送回秦国。商鞅再回到秦国后，就潜逃到他的封地商邑，聚兵谋反，被秦军击败，死于黾池。尸体被运回咸阳，秦惠王历数其罪，吩咐将商鞅处以五马分尸的酷刑。

在强秦的朝廷纵横捭阖一生的商鞅，落了个身败名裂的下场。这固然是因为商鞅的才智遭人嫉妒，但也与他治国手段过于严苛、失了民心，太过自负有关系。法与情经常是矛盾的。没有商鞅的变法，就没有秦国的强大，秦国统一天下也许就要延后许多年，或许根本没有秦国的统一。但商鞅刑罚太重，虽然立了威，有了信，但却失去了人情，甚至失去了人心，为自己埋下了悲剧的种子。

铜错金银龙纹承弓器·战国

•人物•
陈轸

41

时间：前 323

画蛇添足的教训

画蛇添足这一成语出自《战国策·齐策》，它的意思是“多此一举”“弄巧成拙”。在中外历史上，画蛇添足的事情绝不少见。陈轸就是巧妙地利用这个“画蛇添足”的故事，将一场一触即发的大战消弭于无形。

楚军围齐

周显王四十六年（前323），楚国派上柱国昭阳率军攻打魏国，在襄陵大败魏军，接着楚军连续出击，攻占了魏国的八个城邑。随后，昭阳又率军攻打齐国，齐王自知难以抵御，很是忧虑。此时，陈轸恰好作为秦国的使者来到齐国，见齐王忧虑，就对齐王说：“您不必忧虑，让我代表您去见昭阳，一定能说服他退兵。”齐王听了十分高兴，就问：“先生要怎么对付楚国？”陈轸说：“您不必担忧就是了，这事我一定会办成。”于是齐王任命陈轸为特使，派他去见昭阳。

勾连云纹玉灯·战国

此玉灯以新疆和田青玉制成，玉料局部有赭褐色浸痕，全灯由灯盘、灯柱和灯座三部分组成，是三块玉分别雕琢后黏合为一体的。灯盘为正圆形，盘面平滑，盘壁线直挺，壁外侧遍饰一周勾连云纹，盘心凸起五瓣花形灯台。

画蛇添足

陈轸辞别齐王，立即到楚军中去会见昭阳。陈轸见到昭阳后，首先祝贺他旗开得胜，打败了魏军，并得到了魏国的八座城池，昭阳很高兴。陈轸话锋一转，说：“我不知道按楚国的军功法，打败敌军、杀死敌将的有功之臣，会得到什么样的赏赐？”昭阳说：“授予上柱国将军的官职，封给上等爵位，让他手执玉珪。”陈轸说：“楚国还有比这个更尊贵的职位吗？”昭阳说：“令尹的职位要比上柱国的职位更尊贵。”

陈轸说：“今天您已经做了令尹，这是楚国最高的官位。我打个比方，为您讲个故事吧。楚国有一个贵族，他送给自己

龙形玉佩·战国

左长 11.3 厘米，右长 11.5 厘米。1978 年随州市曾侯乙墓出土。龙形，两面刻谷纹。现藏于湖北省博物馆。

的门客们一杯好酒，让门客们品尝。门客们说：‘这么多人喝一杯酒，肯定不够喝的，还不如都归一个人喝。’谁喝呢？大家约定画画比赛，大家在地上画蛇，谁先画完酒就赏给谁喝。于是，大家准备好，一起画了起来。一个人先画完了，说：‘我先画好了，酒是我的。’这人举起酒杯，站起身来，见大家都还没有画完，又说：‘我还可以给蛇添上脚。’说着，这人开始给他画的蛇添脚。等到他快为蛇画好脚时，后于他画好蛇的人夺过他手中的酒杯，将酒一饮而尽。给蛇画脚的人很恼怒，认为喝了酒的人是抢了自己的酒。喝了酒的那个人说：‘蛇本来没有脚，现在你替它添脚，是多余的，那就不是蛇了。’”说到这里，陈轸便意味深长地看着昭阳。

昭阳退兵

昭阳听了若有所悟，便虚心地请陈轸接着讲下去。陈轸接着果然提到了重点：“今天您身为楚相，攻打魏国，已打败了魏军、杀死了魏将，夺占了魏国八座城池，这已经是很大的功劳了。可是您的官职、爵禄不可能再增加了，上柱国上面不会再加一个上柱国了。现在又移兵攻齐。攻齐而胜，官爵不能再加了；进攻不胜，身死爵位被剥夺，也会给楚国造成不好的声誉，这就是画蛇添足啊。您不如以得胜之身率军返楚，这是对齐国施恩施德，给自己留条后路。这样，您就可以永远处于高位了！”

昭阳听了大受启发，说：“先生说得对。我这就退兵回楚国！”于是昭阳率领楚军离开齐国。由于陈轸的一席话，避免了一场战争，齐国转危为安。

陈轸给昭阳讲故事虽然并不是真正为对方着想，但昭阳能够听取陈轸的意见，及时退兵，还是相当明智的。

时间：战国中期

田忌赛马

田忌是齐国大夫，与齐威王赛马屡次失败，运用谋略超人的门客孙膑提出的策略，取得了赛马的胜利，孙膑也被齐威王任用为军师，辅佐国事。

孙庞斗智

作为春秋大国的晋国到了春秋末期国势衰微，最后被赵、魏、韩三家大臣瓜分了，这也就是历史上的“三家分晋”。

魏惠王时，魏国广招人才，意图富国强兵。有个叫庞涓的人来求见，向惠王讲了富国强兵的道理，并保证：“若用我为大将，我可以统兵横行天下，战必胜，攻必克，魏国必成为七国之首，最终兼并其余六国！”魏惠王听了挺高兴，拜庞涓为大将。庞涓确有本领，不久便入侵魏国周围的诸侯小国，使宋、鲁、卫、郑的国君纷纷来魏朝贺，表示归属。庞涓还领兵打败了当时很是强大的齐国军队。

庞涓有个叫孙膑的同学，两人早年一起拜鬼谷子先生为师学习兵法。两人情谊甚厚，结拜为兄弟，孙膑年长为兄，庞涓为弟。庞涓在魏国当大将时，孙膑仍跟随先生学习，因此孙膑的才能远在庞涓之上。

魏惠王听说了孙膑的本领，就找庞涓询问。庞涓没有办法，写信请孙膑下山。孙膑到了魏国，魏惠王对孙膑十分器重，让他做了庞涓的副手。但是庞涓担心孙膑的本领

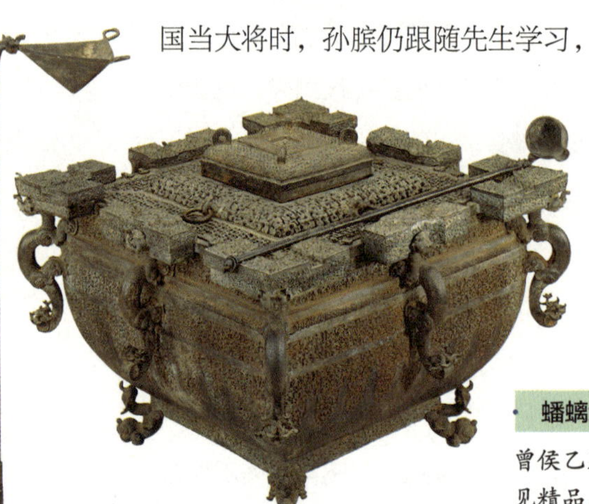

蟠螭纹铜鉴缶·战国

曾侯乙墓出土。此器造型奇特，精美绝伦，为罕见精品，方鉴与方尊缶之间有空隙，可置冰块，是古代的“冰箱”。

比自己大，会超过自己，就派人冒充孙膑在齐国的家属，要孙膑向魏惠王请假回家探亲。然后庞涓又对魏惠王说孙膑要叛逃到齐国。魏惠王中计，下令剜去了孙膑的两块膝盖骨，孙膑成了废人。

齐国使者到魏国国都，孙膑以刑徒身份与他见面。谈话间齐使感到奇怪，就将他偷带回齐国。

孙膑到了齐国，成了齐大夫田忌的门客后，受到了齐威王极大的礼遇。矢志复仇的孙膑，从此成了齐威王最重要的大臣和谋士。此后孙膑与庞涓数度斗智，终于在后来的马陵之战中打败庞涓，为齐威王狠狠挫灭了魏国的声势，也为自己报了大仇。

君臣赛马

齐国的大夫田忌很喜欢宝马良驹，更喜爱和别人比试赛马。当时赛马是最受齐国贵族欢迎的娱乐，不仅是大臣，就连齐威王也常常以赛马取乐，并以重金赌输赢。当时齐威王和田忌约定比赛，双方规定每个人从自己的上、中、下三等马中各选一匹来参赛，并规定，每有一匹马取胜则可赢得千两黄金；反之，一匹马落后要输给对方千两黄金。

齐威王作为一国之君，最好的马匹自然都在他那里，每个等级的赛马自然都要比田忌的马强，所以赛了几次，田忌都以失败告终。田忌觉得很败兴，比赛还没有结束，便沮丧地离开了赛马场。齐威王大胜而归，得意扬扬。

三战两胜

没过两天，田忌主动拜见齐威王，说："臣请求与大王再次赛马，一比高下。"齐威王哈哈大笑，说道："好啊，你可是主动送上门来的，这次输了可不许提前退席！"说罢，君臣二人直奔赛马场。

一切准备妥当，隆隆鼓声响起，第一局开始了。只见齐威王的骏马扬蹄奔起，飞快地冲在最前面，而田忌的马虽然拼命追赶，却仍然远远地落在后面。齐威王开心极了，哈哈大笑说："你可要多准备些黄金！"田忌微微一笑，说："大王莫急，还有两场哪。"

第二场比赛，在围观人群的一片惊呼当中，田忌的赛马竟然冲到齐威王的马前面，赢了第二场。之后是关键的第三场，田忌的马又一次跑到齐威王的马之前，结果二比一，田忌获得了最后的胜利。

孙膑登场

这突如其来的结局让几乎从未输过比赛的齐威王目瞪口呆，他不知道田忌从何方寻到了这么好的赛马，便拉住田忌询问。周围的大臣也很感兴趣，都围拢了过来。田忌躬身施礼，对威王说：“大王，其实臣的马根本不是大王那些骏马的对手。”齐威王更惊讶了：“可是，寡人明明输给你了啊！”

“大王有所不知，上次臣输给大王之后，心里很是不服，可又无计可施。回到家之后，臣的一个门客听后给臣出了一个主意。臣这次正是用了他的策略，才得以获胜。”田忌回答说。“哦？什么主意？那人是谁，同你一起来了吗？”齐威王迫切地连连追问。“来了。大王，这位就是臣的门客孙膑。”

田忌说完，只见有一位面目俊朗的中年人，再仔细一看，那人却是双腿残疾。孙膑见了威王，忙上前施礼。威王起身相迎，让孙膑平身，并叫人安排座位。孙膑坐下之后，威王很客气地问：“敢问先生是如何施以策略，让田大夫赢了寡人的？寡人甚为好奇。”孙膑回答说：“大王，小人不过耍了一个小把戏而已，请大王恕罪。”“罢了罢了，先生快说说是怎么回事，寡人不怪罪你们。”威王急匆匆地说。

输赢的奥秘

原来，在赛马之前，孙膑让田忌把自己的下等马伪装成上等马，去与齐王的上等马比，而用自己的上等马与齐王的中等马比，再用自己的中等马与齐王的下等马比。这样一来，田忌的下等马当然会输掉第一局比赛，但是在之后的两局中，上等马和中等马肯定能赢。因而田忌不仅没有输掉比赛，反而取得最终的胜利，赢得黄金千两。

通过这场赛马，孙膑告诉威王，在双方条件差不多的时候，应对得当就可以战胜对方。而在双方条件相差很远时，如果采取合适的对策，则可将损失减到最低程度。威王恍然大悟，随即任命孙膑为自己的军师，辅助田忌指挥全国的军队。之后孙膑协助田忌，不断改进齐国军队的作战方法，使得齐军在与别国军队的对阵中屡屡取胜。

在现代科学中，研究这种竞赛策略的数学分支，叫作博弈论，也叫对策论，它是运筹学中的一部分内容。从这个故事可以看出，中国人在很早的年代就已经在这方面有了相当的研究和运用了。孙膑不仅帮助主人赢得了比赛，更重要的是他也为自己赢得了一个在齐威王心目中的好印象，为日后在齐国大显身手打下了良好的基础。

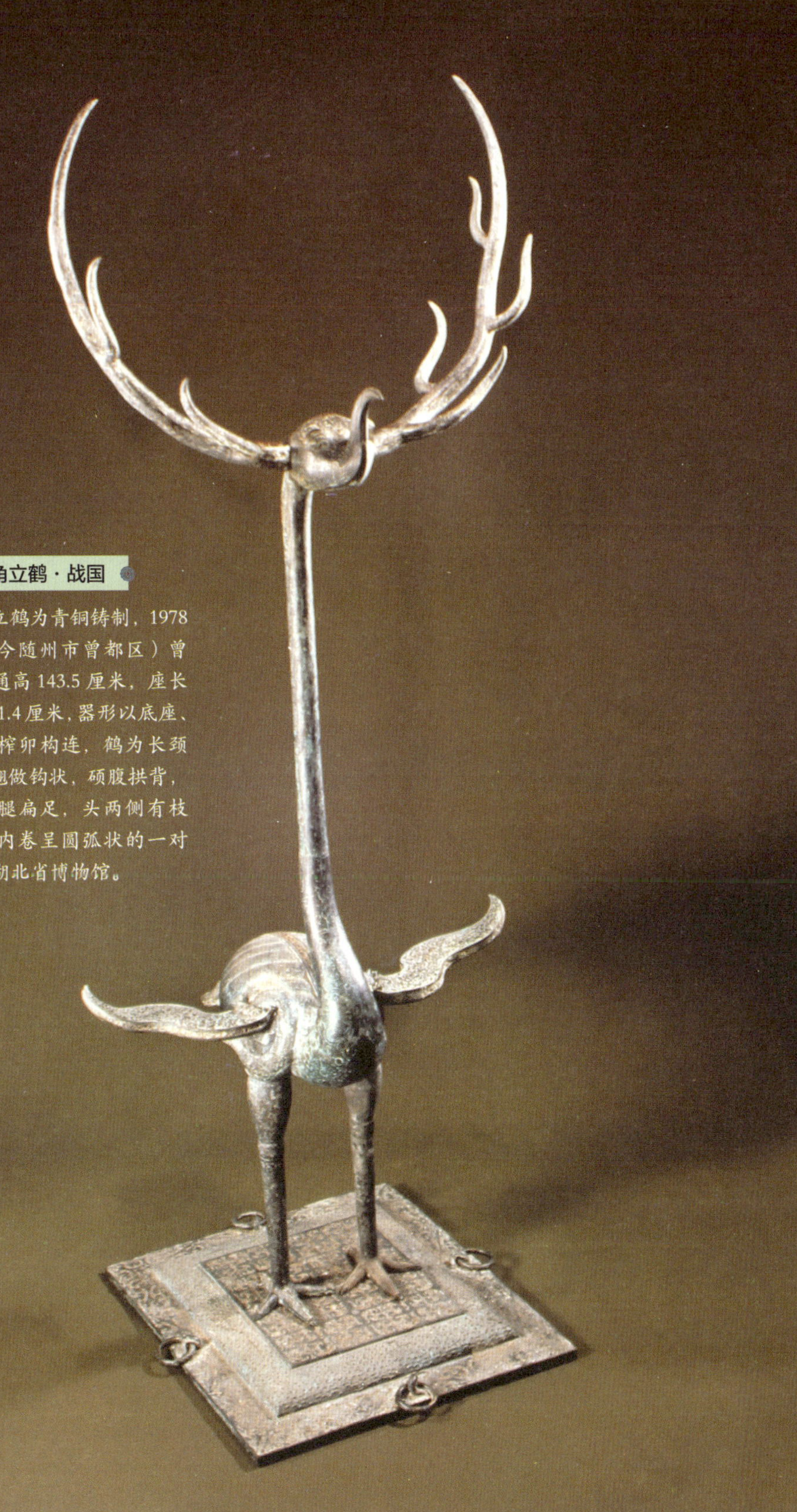

曾侯乙铜鹿角立鹤·战国

曾侯乙铜鹿角立鹤为青铜铸制，1978年湖北随县（今随州市曾都区）曾侯乙墓出土。通高143.5厘米，座长45厘米，座宽41.4厘米，器形以底座、立鹤，鹿角以榫卯构连，鹤为长颈圆首，尖嘴上翘做钩状，硕腹拱背，翅展尾垂，高腿扁足，头两侧有枝杈丛生、朝上内卷呈圆弧状的一对鹿角。现藏于湖北省博物馆。

·人物·
孙膑

43

时间：前 353

围魏救赵

围魏救赵是古代著名的战例，是孙膑军事思想的具体运用。仅凭这一次战事，孙膑就成了后世推崇的军事家。

出兵救赵

周显王十五年（前354），魏惠王派大将庞涓统兵八万、战车五百乘大举进攻赵国。魏军长驱直入，很快就包围了赵国的都城邯郸（今属河北），企图一举灭赵。赵成侯派人火速前往齐国求救，许诺如果齐国帮赵国渡过难关，赵国将以中山之地酬谢齐国。

齐威王答应救赵，深信唯有孙膑能当此重任，于是欲拜他为大将。谁知孙膑却说："臣乃是受过刑的人，由我领兵会显得齐国无人可用，让敌人笑话，有损国威，请大王拜田忌为大将。"于是，齐威王拜田忌为大将，以孙膑为军师，起兵八万去救赵国。孙膑暗地里出谋划策，却不显露身份。

出兵前，田忌与孙膑一起研究作战计划。田忌认为应该率军北上邯郸，与魏军决一雌雄。孙膑不赞成这种打法，说："赵国的将军哪是庞涓的对手？等我们抵达邯郸，邯郸早被攻下。如今魏国的精锐部队全都在赵国，后方空虚，如果我国率兵攻魏都大梁（今河南开封），占据它的交通要道，袭击它空虚的后方，那么魏军主力必然要放弃攻打邯郸的计划而回师自救。这样，既可解邯郸之围，达到救赵的目的，又可在魏军长途

银首人俑灯 · 战国

灯高 66.4 厘米。河北平山中山王墓出土。铜人立姿，人首银制，面带笑容，身穿饰卷云纹长衣。

跋涉、疲于奔命之际，抓住战机，狠狠打击魏军。”田忌听罢，心中大喜，依照孙膑的计谋引兵向魏国进发。

庞涓中计

为了迷惑庞涓，孙膑让田忌先进攻魏国的平陵。孙膑说：“平陵城虽小，但管辖的范围很大，人口众多，兵强马壮，是战略重镇，很难攻取。我们去进攻平陵，途中必经魏国的市丘，我军的军需补给道路肯定会被魏军轻易切断。我们进攻平陵就是为了向敌人做出我们不懂军机的假象。”于是，田忌率齐军攻打平陵，并故意败给魏军。

庞涓见齐军连遭败绩，认为对方并无多强的战斗力，根本没把齐军放在眼里，集中兵力猛攻邯郸。邯郸守将等不到齐国的救兵，而赵军死伤惨重，于是向庞涓献城投降。庞涓很是得意，向魏王告捷，正想引兵深入赵国腹地，突然听说齐军偷袭魏国都城大梁。庞涓大惊失色，马上班师回救。原来，孙膑在田忌进攻平陵的同时，派出一支精锐的部队直趋大梁。

庞涓日夜兼程，驰援大梁。但他没有料到，攻击大梁的齐军仅仅是齐军的一部分，其主力早已先在桂陵（今河南长垣西北）埋伏妥当等着他。当庞涓率领大军匆匆渡过黄河，走到桂陵时，齐军突然间奋勇杀来，魏兵是疲惫之师，又事出突然，队伍大乱。原来孙膑早已刺探庞涓军情，知道庞涓已快到桂陵。庞涓被齐军包围，难以脱身。

“桂陵之战”魏惠王被迫讲和，把邯郸归还给了赵国。

延伸阅读

魏国的衰落

战国初期，魏国所处的中原地区，开发较早，生产力先进，人口众多、土地肥沃，同时由于路网纵横、交通便利，所以天下物产云集，从而使商业繁荣、制作业发达。战国时期最大的商业城市除了宋国定陶外，就数魏国大梁。魏国还是战国第一个实施变法图强的诸侯国，魏文侯重用法家李悝、西门豹，制定《法经》，废井田、开阡陌、确立了封建土地所有制，极大地激活了生产力。在军事方面，魏国较早地进行了军事变革，建立了以精锐武卒为核心的常备军，魏军内部等级森然、分工明确，且数量庞大。魏襄王时期，魏有武卒（重装步兵）二十万，奋击（轻锐步兵）二十万，苍头（裹头巾的待选新兵）二十万，厮徒（军工、勤务兵、辎重兵）二十万，车六百乘、骑五千匹，军事实力可谓雄厚。可惜魏文侯的继承者魏惠王缺乏战略眼光，四处树敌，同赵、齐、韩、秦、楚等国家轮番开战，最终国运中衰、一蹶不振。

时间：前 341

马陵大战

孙膑用同一条计策两败庞涓，主要是抓住了庞涓的心理弱点。庞涓技不如人，又逞强好斗，最后兵败身死。

分析利弊

桂陵之战的第二年，即周显王十七年（前352），魏国联合韩国在襄陵打败了齐、宋、卫多国联军。前344年，魏惠王又召开了逢泽（今河南开封东南）之会，参加会盟的有十二个诸侯国，会后魏惠王还带着其他国家的国君一同去朝见了周天子，俨然一副霸主的模样。

前341年，魏惠王以韩国没有参加当年的逢泽之会为由，大举进攻韩国，韩国向齐国求救。那时候齐威王已经死了，他的儿子齐宣王召集群臣商议对策。齐相邹忌认为韩、魏相互攻击对齐国是好事，齐国可以坐收渔翁之利，因此不该发兵援韩。大夫田忌则认为魏、韩相争，韩败魏胜是必然的结果，魏国胜利则魏国的实力增强，对齐国不是好事，因此不能袖手旁观。两人意见相左，齐宣王征询孙膑的意见。孙膑说道：“魏国自恃其强，屡次起兵攻击邻国，早晚会殃及齐国。如果听任韩国投降魏国，只能使魏国更加强大，对齐国形成巨大威胁，不救韩国是不明智的。然而，齐国的军队必须为齐国的利益而战，如果过早地出兵，就等于齐国代替韩国作战，韩国坐享其成，那样对齐国也是不利的。”

齐宣王连说分析得好，接着问：“那该怎么办呢？”孙膑说道：“我们要许诺韩国出兵，韩国知道齐国出兵，必然尽全力抵抗魏国，魏军见韩国不投降，必然会倾其全力攻击。等到魏、韩两军消耗差不多时，我们再出兵攻击疲惫的魏国，拯救危亡的韩国，才会收到事半功倍的效果。”齐宣王认为孙膑的分析非常有理，告诉韩国的使者说齐国一定出兵。韩国国君听了，放弃了投降的念头，拼命抵抗魏军。

但齐国迟迟未发兵，因此韩国再次请求齐国救援，于是齐宣王派田忌、孙膑带兵救韩国。孙膑又使出他的老方法，不去救韩，却直接去攻魏国。庞涓得到本国的告急文书，只好退兵回魏。

庞涓之死

齐军见魏军回防，便开始退军。孙膑对田忌说：“魏军好战，一向轻视齐军，我们装作惧怕魏军的样子，让他们中计。”孙膑实行减灶之法，在退兵途中，第一天造十万人做饭用的锅灶，第二天减为五万人的炉灶，第三天减为三万人。魏军的追兵到达齐军扎营的地方后，庞涓都叫人数做饭的炉灶，一连三天每天都在减少，庞涓由此嘲笑齐军胆小，于是和太子申带领魏军的精锐部队，日夜兼程地追赶齐军。

孙膑探知魏军已过沙鹿山，料定魏军天黑时必会到达马陵（一说在今河南范县西南）。马陵地势险峻，是设伏歼敌的好战场。于是孙膑命令齐军停止退却，砍伐树木，堵塞道路，还把许多战车和武器作为障碍物，并让齐军的弓箭手埋伏在两面，吩咐他们见到树下火光，就一齐射箭。

魏军追到马陵时天已经黑了，庞涓见前面的路被木头堵住了，就吩咐士兵清理。这时，一个士兵报告说一棵树上有字，因天色昏暗，看不清楚。庞涓叫士兵点火把来照，只见树上写着“庞涓死于此树下”。庞涓大惊，连忙吩咐退兵，可是已经晚了。四周的齐军万箭齐发，魏军死伤无数。庞涓惊慌失措，明白是中了孙膑的计。心高气傲的庞涓担心如果兵败被俘会受孙膑的报复折辱，便拔剑自刎了。魏军失了主帅，更加乱作一团，齐军乘势大破魏军，把魏太子申也俘虏了。

马陵一役，齐军大获全胜，魏国则主力被歼，元气大伤。这一切都是出自孙膑巧妙的安排。孙膑运筹帷幄，名显天下。从此齐国取代魏国，成了东方最强大的国家。

金饰件·战国

战车和车战

在人类战争史上，步兵是最古老的兵种。步兵对军队装备要求不高，易于组建和维持。相应的，人类战争的形式最初也主要是步战。在中国历史上，原始社会的战争也以步战为主，这种状况一直延续到商代前期。但是到了商代晚期，这种步战方式开始逐渐让位于新崛起的车战。到春秋时期，车战已是当时重要的作战方式。

战车结构

在安阳殷墟已发掘出殷商时的战车18辆，可以知道商代的战车用木制作，其形制是独辕、两轮、长毂。车厢内可容纳甲士三人和他们携带的兵器、马鞭、修理车的工具等。这种基本形制，西周和东周的战车承袭下来，但在结构上有所改进。一是车辕的曲度加大，辕端抬高，减少了服马的压力，马的拉力由此增加；二是车厢加宽，甲士完全可以在车上自由挥动兵器，有利于甲士在战车行进时灵活刺杀。为了使战车更加牢固、耐冲撞，一些关键部位的青铜加固件有所增加。此外，西周的兵车种类也增多了：除了供进攻用的轻车外，还有供防御用的广车，有以皮革遮蔽矢石的苹车，有指挥用的戎车，有用于填补空缺的阙车（被称为王车）；此外，还有攻城用的临车、冲车，有装器物用的辇。

铜“山”字形器·战国

器体呈山字形，因此得名。该器雄伟庄重，既是王权的象征，又是中山国之徽标。现藏于河北博物院。

武器装备

战车上的进攻性武器包括戈、酋矛、夷矛、戟、殳等长兵器，随身防卫的短兵器刀、剑等，还有弓矢。护卫装备有盾、甲胄等。近距离的格斗发生在两乘战车交错时，所以具有钩割功能的戈是一种比较有效的杀伤工具。戈装有长柄，主要适于在战车上抡动作战。矛是尖形的刺杀工具，也是西周、春秋战车上常见的兵器。从商周到春秋战国，矛的形状不断改进，矛身逐渐加长，两翼则变得窄小，这样能刺得更深，增强了杀伤力。戟是戈和矛的复合体，兼有二者啄、刺、钩三种功能。春秋时期戟的形制也在不断变化，战国时期更是出现了钢铁制造的戟。殳是一种打击兵器，由菱形的金属头和竹、木杆构成。战国时殳的金属头往往带刺或棱。用于防卫的盾有木、竹、藤、金属等各种质地；甲形如衣服，披在身上；胄形如帽子，戴在头上，就是头盔。

贵族战争

春秋时期是车战的鼎盛时期，当时的大国，动辄拥有万乘战车，小国也拥有千辆战车，各国的军事实力，也以战车数量来衡量。其时的战争，绝大部分都是车战。总体而言，当时的车战尤其是春秋早期的车战是贵族式战争，崇尚礼节，本应是残酷的战斗却弥漫着艺术化的气息。两国发生大规模冲突时，作战军队相会，首先安营扎寨驻军，称为“次”或“军”“舍”。例如公元前632年晋楚城濮之战时，晋军“次于城濮，楚师背而舍”。然后双方约定战斗时间和地点。战斗在约定的日期开始，双方要排列好阵势，这是车战最主要的步骤，春秋车战无一例外地遵循预先列阵、先阵后战的原则。如城濮之战时，“晋师陈于莘北”。宋襄公意欲争霸，与楚军交战时等到楚军过河摆好阵势再进行决战，被后世讥笑为不知变通，其实这也表现了春秋及以前战争尚礼、先阵后战的风气。此外，春秋的车战基本都在白天进行，若有少数白天不见胜负的战争，则夜晚休战，双方清理死伤，重组部伍，以待明日再战。

铜驭手俑·战国

俑呈站立状，头挽发髻，目视前方，身着长袍，双手前伸如执辔。身上衣物以勾云纹为装饰。整体造型反映了战国时期的人物形象。现藏于美国纽约大都会艺术博物馆。

基本战术

春秋时期列国之间战争频仍，在战争中车战战术也取得了显著进步。首先是车战阵形有了很大发展，比较普遍地采用了中军和左翼、右翼三部分相配合的宽正面横向阵形。随着车战规模扩大、参战车辆增加，战车编队也扩大了。其次，出现了初级的野战防御方法——营垒，能够阻碍战车的冲击。另外，春秋时尤其是晚期的战争中诈术开始使用，信用在战争胜负的比照下显得微不足道，比如趁对方阵形尚未列好就发起攻击。又如鲁僖公三十三年（前627），晋、楚军队隔河对峙，因为渡河的一方在渡河时很容易被对方攻击而溃败，所以双方相持不下。这时晋国内部发生动乱，晋军急切回撤，于是晋军将领写信给楚帅，提出了一个建议：或者晋军后退30里，楚军过河，然后双方列阵决战；或者楚军后退，让晋军过河。楚帅接受了后一种办法，他没想到等楚军撤退后，晋军乘机也撤回国了，追之不及。

车战衰落

商周时期，军事角逐的中心区域在关中和中原地区，这里地势开阔平坦，是适合战车驰骋的平原地带，马拉战车的巨大冲击力是早期步兵无法抗拒的。春秋中期以后，由于争霸战争不断发生，作战区域扩大，地形也变得复杂，其中不乏山川沼泽，战车无法在这些地方列阵冲锋，也就没有了用武之地。于是一些国家又组织了适应能力更强的步兵，或将车兵改编为步兵。这些现象预示了车战的衰落和步战的复兴。

淡出舞台

到战国时期，战争规模进一步扩大，残酷性增强，伤亡也随之增多，必须征召大量军队。战国群雄军队数量较之春秋时期十倍几十倍地增长，秦国有带甲百万，齐国有带甲数十万，楚国也有带甲百万。这些军队都来自农民，平时没有经过车战必需的长期系统的训练，而以各国的实力，也根本没有可能将这样庞大的军队装备成车兵，以农民为主体的大规模军队必然是步兵。另外，车战也有其固有弱点，除了对地形依赖较大外，它作战方式呆板，主要是速战速决的野战，不适于攻城，缺乏有效的攻击手段。战国时期，经济发展，城市作为商品贸易和政治中心的战略地位不断上升，攻城灭国成为大国兼并的直接目标，城市的防御功能也显得突出。车战既然不能担任起攻城的重任，其地位也必然下降。战国时期步兵的战术有了很大突破，在野战方面，广泛采用了先进的密集阵形和更加坚固的布障设垒等防御方法，能够与战车抗衡；步兵的武器装备也有了很大改进，特别是大量使用了威力巨大的远射兵器——弩，能够在宽大的正面上有效遏制战车的冲击。战国时期作战区域进一步扩大，地形更加复杂，正是在这些因素的作用下，车战风光不再，步战取而代之。

灵活战法

春秋时期的战车作战灵活运用了多种作战方法，比如迂回侧后、攻其不备，佯退侧击和设伏合围等。在城濮之战中，晋楚双方各自都有左、中、右三军。晋军首先击溃了薄弱的楚军右翼陈、蔡联军，接着上军和下军同时向后佯退，楚左师孤军追击晋上军，结果造成侧翼暴露，晋中军趁机从旁侧击，晋上军也回师夹攻，楚左师大败。这是佯退侧击的著名战例。公元前684年齐鲁长勺之战，当齐军败退时，曹刿阻止鲁庄公匆忙追击。他观察齐军败退时的旗帜和车辙，确认齐军是真的溃败后才下令追击，就是因为害怕齐军佯退设伏。

秦始皇陵二号铜车马·秦

这辆铜车马属于驷马单辕车，比例约为真实车辆的二分之一，重量约为 1.2 吨，是世界考古史上发现时代最早、驾具最全的铜车马之一。

春秋战车复原图

春秋列国军队典型的编制一般有军、师、旅、卒、两、伍 6 级制，一伍由五名战士组成，一两由五个伍和一乘战车组成，战车是战斗核心。四两是一卒，五卒组成一旅，五旅成一师，五师成一军。

45

时间：春秋中期

三个字的启示

古语说：“木秀于林，风必摧之。”一个人不论有多大本事，如果不能保持低调，而去刻意炫耀，那离自己的毁灭就不会太远了。人应该懂得如何低调、谦卑并尽量让自己适应环境。

拟修薛城

田婴是战国时期齐国的相国，也是战国四公子之一的孟尝君的父亲。田婴自齐威王时开始担任齐国相国，与孙膑、邹忌及田忌一起在历史上著名的马陵之战中战败魏国，田婴和这三位齐国风云人物一起俘虏了魏太子申，迫使庞涓自杀，让齐国的声势重新震慑了中原诸侯。

因为田婴立有大功，齐国国君将他封于薛城（今山东滕州东南）。田婴觉得薛城城墙不够牢固，一旦有什么情况，不易防守，于是田婴就准备重新增高、加固薛城。对此，田婴的一些门客提出了反对意见，门客们认为田婴身为齐国的相国，并不需要住在薛城，现在重修薛城，除了劳民伤财，对田婴自己并没有什么好处，反而容易让反对田婴的人说三道四，引起齐王的猜疑。

田婴见手下人不支持自己的决定，很不高兴，就对守门的卫兵们说：“从今往后，凡是有来劝阻我修薛城的人，一律不得让他们进来，有违抗者一定严惩。”

彩绘凤鸟双联杯·战国

通长 17.6 厘米。1987 年湖北省包山二号楚墓出土。以竹、木结合制成，呈一凤负双杯状。凤遍身彩绘，造型美丽，工艺精美。

三字谏

田婴下达命令后，一个门客请求拜见田婴。门客对卫兵说：“我只对相国说三个字，如果多说一个字，我情愿受烹煮的刑罚。”卫兵报告田婴，田婴很好奇，同意接见这个门客。门客走进来对田婴说：“海大鱼。”然后转身就走。田

婴大为诧异，马上叫住了他，说：“你别走呀，你的话是什么意思？你不能说半句话就走啊！”那人说：“我说过只说三个字的，要说的都说完了，再多说一个字，我就要被煮了，我可不愿意被人煮掉。”

田婴好奇得很，说：“我免你一死，你接着说吧。”那人说道：“您知道海里的大鱼吧，钓钩钓不动它，渔网捞不住它，但是它一旦因为得意忘形而离开了海水，那么连小小的蝼蚁也能随意摆布它了。”

田婴听了这话，若有所悟，恭恭敬敬地说：“请先生再指教。”那人见策略生效了，接着说：“这就如同您修复薛城，重修薛城不仅劳民伤财，甚至还会引起大王对您的猜疑。齐国相当于您赖以生存的水，如果你永远在强大齐国的庇护下，修好了薛城又有什么用呢？如果你失去了齐国，即使修好了薛城，就算把城墙修得像天一样高、像山一样坚固又有什么用呢？像您这么有地位的人，既可以得到人们的仰慕，同时也是小人陷害的对象。倘若您大张旗鼓地修整城池，嫉妒您的人得知后，在大王那里说您修城是想图谋不轨。即使君王信任您，但如果大王经常见到这样的奏章，他还会一如既往地相信您吗？再说，老百姓的负担已经够重了，如果您要修城的话，老百姓肯定会怨声载道。您的身份、地位已经很显赫了，如果您还要把城池修得金碧辉煌的，只能给别人留下把柄，他们会说您奢侈豪华，生活糜烂，这又对您的声誉有什么好处呢？”

田婴觉得那人说得的确很有道理，放弃了修城的打算。从此，田婴礼贤下士，待人谦和，终身平安富贵，并荫及子孙，父子相继在齐国做了许多年的相国。

滴漏的发明

滴漏又名漏刻，漏是漏壶，刻是刻箭，漏刻也叫铜壶滴漏。它是一种比日晷用途更大的计时仪器，不仅可以用来计时，还可以用来守时，而且不受白天或夜晚、晴天或阴天的限制。史书上关于漏壶的记载，最早见于《周礼》。《周礼》应是战国时期的作品，但是从记载中看出，当时的漏刻制度已经相当复杂，可以推断漏壶的发明时间还要更早。根据史料记载，漏壶的发展大约经历了淹箭法、沉箭法、浮箭法这一过程。浮箭法比前两种方法先进，它是用一把壶装水，水从这把壶漏出去，称为漏壶，另用一个容器收集漏下的水，箭舟放在这个容器中，称为箭壶；给箭壶加个有孔的盖，箭从孔中穿过，随着箭壶中收集的水越来越多，箭舟托着箭杆往上浮，从孔边就可以读出刻度数，从而知道时间，这种漏壶叫作浮箭漏。由于漏壶在古代生产、生活中有重要作用，因而历代比较注重并致力改进漏壶。

46

时间：约前 372 ~ 前 289

亚圣孟子

孟子根据时代的需要，发挥孔子仁学思想，形成了他的道德心性之学和王道仁政理论，巩固了儒家道统地位，捍卫并扩大了孔子学说的影响，对儒家学派的存续、发展起到了承上启下的作用，后来被儒家尊为“亚圣”。

孟子（约前372~前289）名轲，邹（今山东邹城）人。他是传统儒家的主要继承人，地位仅次于孔子，因其在中国思想史上的杰出贡献，对儒学的继承发展作出重要贡献，后人尊他为“亚圣”，被誉为“中国之柏拉图”。孟子受业于孔子的嫡孙子思，在思想上与孔子一脉相承。

孟子像·现代·吴承砚

孟子，伟大的思想家、教育家，儒家学派的代表人物，与孔子并称“孔孟”。

“天人合一”

在孟子看来，只有人的心性才是人所特有的，是人的本质属性，这蕴于人心、使人异于禽兽而成为人的必要条件就是人类与生俱来的善端。孟子认为，这种善端不是外力可以强加于人的外来之物，而是每个人心中固而有之的，所以是人的本性。它表现为一种无意识的心理趋向。孟子将这种善端分为四类：恻隐之心、羞恶之心、恭敬之心、是非之心。其中，“恻隐之心”是最根本的。这“四心”就是仁、义、礼、智等道德观念的萌芽，将其发展扩充起来，就可形成“四德”。

孟子强调，“四心”是人性的主要内容，是性善的根本标志，缺一不可。孟子所讲的“善”，除了具有与“恶”相对立的道德含义外，还具有擅长、喜欢、喜好之意，具有着知、行两方面的内涵。孟子认为，良知是人的本然善性的重要内容，只要通过充分挖掘、扩充心中的理性思维功能，就可获取认识上的绝对自由，达到“万物皆备于我”的天人合一的理想境界。孟子对于天的理解，在很大程度上具有自然之天的意味。

“生于忧患，死于安乐”

“浩然之气”，是孟子所特用的一个名词，指个人在最高境界中的精神状态。孟子认为要切实做到张扬上天赋予人之本然善性，必须培养“浩然之气”，用“志”来主宰身心。一个拥有了这种精神力量的人，便可堂堂正正地立于天地之间，居天下之仁，立天下之礼，行天下之义；“穷则独善其身，达则兼济天下”，并且始终如一，坚贞不渝，不为物欲、权势所动心，真正做到“富贵不能淫，贫贱不能移，威武不能屈”。孟子“舍生而取义”，认为这是关于人生价值的问题，是重于生命的，它是“浩然之气”的最高表现。

孟子的修养论并不局限于内心的自省自律，他激励人们于忧患之中锤炼自己，由此而引出了“天将降大任于斯人也”的著名论断，他认为，只有通过苦、劳、饿、乏、乱等磨难来锤炼意志，强健筋骨和体肤，增强思维水平和办事能力，人才能担当重大使命。孟子从先贤的人生经历中感悟到：险恶的不幸更易激发人，使人完善自己；而安逸的生活却会磨灭人的意志，使人颓废，正所谓“生于忧患，死于安乐”。

民本思想

平治天下，是孟子赋予自己的历史使命，在自我完善的基础上推己及人，治国、化民兼济天下，是他作为一个儒者道德完善的最高境界。他将极大的关爱投向世间民生，在匡世济民的探索中形成了他以民为本的仁政学说。

孟子认为民心向背决定着社稷的安危存亡，主张以仁义为本、教化为重，“省刑罚”，保证百姓生存，“置民以产”，不误农时，“薄税敛”，“富民”后还要对百姓施以教化。“善教得民心”，这是施行仁政的极重要的一环。孟子认为，要称王天下必得民心，得民心必得施仁政，施仁政必能使百姓安乐。“民为本”“民贵君轻”，这就是孟子的仁政学说的核心所在，也可以说是孟子人本精神的集中体现。

⏲时间：战国中期

苏秦游说六国

通过口舌之才能佩六国的相印，苏秦也算是能人了。苏秦之能，在于认清形势，因势利导，让各国受益，而不仅是简单的“舌辩”。

初游受挫

苏秦是洛阳人，他年轻时曾拜著名的鬼谷子为师，师满下山后回到家中，只待了寥寥数日，便想去周游列国。家中人都不赞成，但苏秦主意已决，就踏上了行程。

苏秦先到秦国，正好秦惠文王刚把商鞅杀了，心里正厌恶游说之士。苏秦在秦国混了一年多，一事无成，只好灰溜溜地回了家。父母见了他的狼狈样，臭骂了他一顿，妻子也不理他。他让嫂子做点饭吃，嫂子以没有柴为由不肯给他做饭。苏秦不觉心酸落泪，叹道：“一身贫贱，妻子不把我当她的丈夫，嫂嫂不把我当她的小叔子，父母也不认我，这都是我的错。”于是苏秦发奋读书，研究天下形势，夜里困得实在坚持不住了，就用锥子扎自己的大腿，以便清醒过来继续读书。如此一年，苏秦的学问大有长进，列国形势、天下大事都在他的头脑之中。

游说燕君

这一次，苏秦拜别父母妻嫂，来到赵国。他找到赵国的相国奉阳君，结果奉阳君对他的观点不是很感兴趣。于是，苏秦又来到燕国，欲求见燕文公，左右却不给他通报。苏秦在燕国待了一年多，正一筹莫展之际，听说燕文公出游，苏秦就当街拦住了燕文公的车队。

文公听说拦车的人是苏秦，马上回宫召见苏秦，说：“我听说先生几年前给秦王上万言书，今日先生来到我这里，真是燕国的大幸啊！”苏秦说：“燕国虽是大国，但在七国之中实力最弱，燕国之所以不受战争之苦，您知道是为什么吗？”燕文公说：“我不知道。”苏秦说：“这是因为赵国是燕国的屏障，而大王却不和赵国交好，而要割地给秦国，这样的做法多愚蠢呀！依臣之见，您只有与赵国结盟，协力对抗秦国，这才是让燕国免受战乱的好办法啊！”燕文王说：“先生所说也是我经常想的，只是怕赵国不愿意呀！”苏秦说：“我愿意奉使去见赵王，与他订约。”燕文公大喜，命人准备车马，送苏秦去赵国。

苏秦说六国

此时奉阳君已死，苏秦进谒赵肃侯，说：“当今太行山以东的国家中，赵国最强。秦国不敢贸然侵犯赵国，是因为秦国怕举兵伐赵，韩、魏两国偷袭秦国。韩、魏没有名山大川的险要作为屏障，一旦秦兵大举进攻，吞并两国，则进攻赵国的日子也不远了。我经常研究地图，六国的土地加起来比秦国大五倍，六国士兵多于秦十倍。假如六国团结一致，攻破秦国又有什么难的？依我的愚见，不如约各国国君会见于洹水，结盟定誓，结为兄弟。如果秦攻打一国，其他五国共同相救；如有背誓者，诸侯共伐之。秦国虽然强大蛮横，也不敢以一国之力对抗六国。”

赵王听后大喜，让苏秦做了相国，携带宝物无数，去联络各国。苏秦又来到韩国，拜见韩宣王说：“韩国害怕秦国，经常割地给秦国。韩国的国土有限，而秦国的贪欲无涯，这样何时是个头？不如韩国和赵国结盟，共御秦国。”韩宣王说：“愿遵从先生的话，与赵结盟。”

苏秦来到魏国，对魏襄王大讲与赵国结好的种种益处，魏襄王欣然接受。苏秦接着来到齐国，对齐宣王说：“齐国是富庶之邦，但齐国却要讨好秦国，您就不感到羞耻吗？齐国与秦国相距甚远，秦兵不会马上攻打齐国，齐国为什么要与秦国结好呢？齐国应与赵国结盟，六国团结一致，互为救援。”苏秦又来到楚国，拜见楚威王说：“楚国是强国之一，能和秦国抗衡。楚国强则秦国弱，秦国弱则楚国强。当今各诸侯国不是‘连横’就是‘合纵’。‘连横’是诸国割地以和秦；“合纵”则是各国共同抗秦。与其割地，楚国不如和其他诸侯国联合起来共御秦国。”楚威王听后说道：“先生所言极是。楚国将与其他诸侯结盟。”

苏秦完成使命，驱车返回了赵国。数日后，六国正式结盟，共抗秦国。这一下，苏秦一人掌握六国相印，风光无限地回到家乡，苏秦的妻子和嫂嫂都诚惶诚恐地跪在路边，等候苏秦归来。苏秦是战国时期最著名的合纵家，在他之后，李兑、信陵君等人也曾发起和组织合纵，但是无论规模上还是影响上都比不上苏秦。

•人物•
张仪

48

时间：前312

张仪骗怀王

许诺的土地由600里变成6里，楚国上了一个大当。贪小利而失大局，楚怀王的愚蠢竟至于此，也难怪他后来会客死他乡。

与致力于联合六国抗秦的苏秦相反，张仪是致力于拆散合纵联盟的连横家。从前328年开始，张仪就游说于魏、楚、韩等国之间，利用各国之间的矛盾，或组织连横，或拆散合纵，为秦国利益谋划。尽管张仪不讲信用，在外交场上运用欺骗伎俩，为人所不齿，但在整个秦惠文王时期，张仪使秦国在外交上连连取得胜利，为秦国开疆拓土、日后统一六国立下了汗马功劳。

曾侯乙尊盘·战国

盘高 23.5 厘米，盘径 58 厘米。湖北随州曾侯乙墓出土。尊盘是一件以先进的失蜡法制作的精美青铜器。在尊口、颈之间器壁为内外双层，构成盘旋重叠的透雕蟠螭纹饰，内层为有规则的镂空网状结构，外层为一些分布不规则的铜梗相互勾连，然后与口沿上的繁缛细密的蟠螭纹相接成一体。那些形状弯曲的铜梗，虽然起着各层蟠螭纹支撑连接作用，实际是构成了熔模铸造的浇铸系统，是尊口复杂的蟠螭装饰系采用失蜡法铸制的确证。

游说楚国

秦国想要离间齐、楚联盟，于是派张仪去楚国游说，周赧王三年（前312）张仪辞去秦国相职到了楚国。张仪知道楚怀王有个宠爱的大臣叫靳尚，怀王对他言听计从。于是，张仪先用重金贿赂靳尚，然后去见楚怀王。

怀王问他：“先生降临敝国，有何见教？”张仪说：“我此番是为楚国和秦国和好的事情而来的。”楚怀王说：“我想与秦国和好，只是秦国经常侵犯我们，所以我们没法与秦国和好。”张仪对怀王说：“当今七国，唯有楚国、齐国和秦国是最强大的国家。秦国如果与东边的齐国结好，则齐国的力量就更强大；如与南边的楚国结好，则楚国的力量就更强大。但是秦王的意思是想和楚国结好。如果大王能与齐断绝关系，秦王愿意将当初所占的楚国的600里土地归还楚国。”

楚怀王听了大喜，说：“秦国肯还给我失去的土地，我还和齐国结盟干什么呢？”群臣都为楚复得失地而祝贺楚王。客卿陈轸却认为不妥，进谏说：“张仪是个反复无常的小人，他的话不能信！”楚王却说：“希望陈先生闭上嘴，不要再讲话了，就等着我得到土地吧。”

六百里变六里

楚王遂授张仪相印，赐予黄金、良马，命令北疆守将不让齐国的使臣入境，又派逢侯丑随张仪到秦国接受土地。

谁知一到咸阳，张仪就称病闭门不出。逢侯丑等了三个月，等不及了，就直接去面见秦王，详述张仪许诺归还楚国土地的事情。秦惠文王回复道：“张仪如果真这样说了，我肯定会按许诺归还土地，但我听说楚国和齐国并未完全断绝关系，我怕楚国骗我。”

逢侯丑便派人送信给楚王，把秦王的话给楚王说了一遍。于是楚王派勇士在齐国边界大骂齐王。齐王大怒，马上派使者来到秦国，愿与秦国一同攻打楚国。张仪听说齐国使者来了，知道他的计谋已经成功，于是入朝。见到逢侯丑，张仪故作惊讶地问道：“将军怎么不接受土地，还留在秦国呢？”逢侯丑说：“秦王在等候您商量这件事呢。还烦劳您和秦王把

建鼓座·战国

建鼓是一种贯柱大鼓。此器是最早的建鼓实物，也是现今所见最精美的一件先秦建鼓座，出土时仅存鼓腔、贯柱和鼓座。铜座由16条大龙和数十条攀附其身的小龙纠结穿绕而成。龙身镶嵌绿松石。全器用了圆雕、浮雕、阴雕技法和分铸、铜焊等工艺。

双翼神兽·战国

器高24厘米，长40厘米。河北平山中山王墓出土。神兽塑成伏地欲起的体姿，四肢微曲，四爪按地，双翼上展，伸颈回首，呈现出积聚力量准备腾身冲天飞去的态势，似乎它的躯体里蕴藏着无穷的力量。整体形象粗放浑厚，质朴有力。兽身饰错银纹饰，更显华美，是中山地区具有代表性的错银青铜艺术品。

事情讲明。”张仪说：“这和秦王没关系呀，我说的是把我自己的6里地自愿献给楚王。秦国的土地都是辛辛苦苦打下来的，一尺一寸都不肯轻易让给别人，何况600里。”

逢侯丑目瞪口呆，只得返回楚国报告此事。楚怀王大怒道：“张仪果然是小人，他日让我逮着他，必吃了他的肉。”

再入楚国

于是，楚王派人到秦国对秦王说：“愿献黔中之地。只要派张仪到楚国面见楚王。”秦王说：“张仪是我的左膀右臂，我宁愿不要土地，也不愿失去他。”没想到张仪却说：“微臣愿随他们去楚国。杀我一个人，却为秦国换来黔中之地，臣死而无憾！何况我还不见得死呢。”

于是，秦王亲自为张仪送行。张仪刚到楚国地界，即被囚禁起来。张仪买通看守他的狱卒，让他送信给以前受过好处的靳尚。于是，靳尚入宫见楚王的

爱妃郑袖，让郑袖劝楚王放了张仪。

郑袖晚上哭着对楚王说：“现在秦国是最强大的国家，您如果杀了张仪，秦王肯定大怒，必然发兵攻打楚国，我们夫妻将不能团圆了。”楚王安慰她说：“爱妃别哭，容我从长计议。”次日，楚王找来靳尚，听取他的意见，靳尚乘机说：“杀一个张仪，对秦国能有什么损失呢？但我们却丢失了黔中数百里的土地啊！还不如留下张仪和秦国和好。”楚王也有些后悔当初许下献给秦国土地的诺言。于是放了张仪让他回秦国，并赠他厚礼，让他帮着撮合楚秦交好。

这时，正好楚国大夫屈原出使齐国回来，听说张仪已经回国，马上拜见楚王道：“先前大王受张仪欺骗，好不容易逮住他了，怎能放了他呢？小人还知道报仇呢，何况您这个一国之君呢？这样不但不能和秦国和好，反而会引起天下诸侯的公愤，我以为这并不是明智的做法。”怀王后悔不已，马上派人追张仪。但张仪日夜兼程早已安全地回到了秦国。

酒具盒·战国

通长71厘米。1987年荆门包山二号墓出土。木胎，挖制辅以雕制。由盖、器身组成。盒里分为四段六格，分别置放耳杯、壶、盘等。盒里髹红漆，盒外髹黑漆。现藏于湖北省博物馆。

延伸阅读

商业城市的繁荣

春秋战国时期商业的发展重点是统治阶级居住和为它服务的人群集中的城市，各国的都城和位于交通枢纽的货物集散地，都形成规模不等的城市。这里以商业发达较早的齐国都城临淄为例，《史记·齐太公世家》载，西周初年姜太公封齐后，注重发展工商渔盐业，使“人民多归齐”。到战国时，临淄住户达七万，“其民无不吹竽鼓瑟，弹琴击筑，斗鸡走犬，六博蹋鞠者。临淄之途，车毂击，人肩摩，连衽成帷，举袂成幕，挥汗如雨。家殷人足，志高气扬。”足见当时临淄的繁华景象。连后起的秦国都城咸阳，也呈现出“四方辐辏并至而会”的局面。春秋战国时的商业都会数目众多，星罗棋布于全国各地。城市里商品交换的固定场所叫“市”。市内列肆成行，设官管理。那时的市是封闭型的，营业时间也要受到限制，市门朝开夕闭。交易时间主要是上午，过午后渐散，至夕而罢。由于西周礼制已趋于崩溃，许多过去严格禁止的商品已变为市场交易的重要项目，珠玉珍宝和兵器公然陈列于市。而在农村，道路旁的空地上也自发形成定期的市集。

•人物•
屈原

49

⏲时间：前 278

屈原投江

屈原，名平，字灵均，是战国时期的楚国伟大爱国诗人、政治家，“楚辞”的创立者和代表人物。屈原是楚国丹阳（今湖北秭归东南）人，楚武王熊通之子屈瑕的后代。

楚国政争

屈原一生经历了楚威王、楚怀王、楚襄王三代，他的主要政治活动在怀王时期，职位是左徒、三闾大夫。这个时期正是战国七雄激烈争斗，中国即将实现大一统的前夕。

屈原起初很受怀王信任，怀王让他主持国家政令的起草、宣布等事项，这是封建时代的最重要的活动，不是君王绝对信任的人不可能担任此职。屈原权重位尊，让上官大夫既嫉妒，又疑虑，害怕政令于己不利，于是向怀王进谗言，说屈原自我表功，目无君王，笼络人心。怀王昏庸不明，就逐渐疏远了屈原。

危难重重的故国

屈原与楚国保守贵族的争执还表现在楚国的对外政策上。当时，秦国已经成为战国七雄中最强的一方，此时能与强秦相抗的，就是东方的齐国与南方的楚国。屈原坚决主张联齐抗秦，这是对楚国有利的

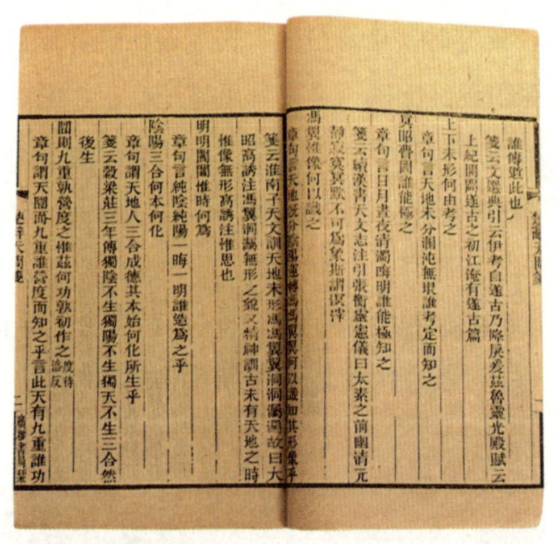

《天问》书影

屈原在《天问》中，一连提出 170 多个问题，上问天，下问地，问古问今，问天道问人事，包罗万象，充分表现了屈原强烈的社会责任感。

正确策略，怀王曾采纳他的主张，并派他出使齐国。但是在内政外交上屈原与楚国保守贵族发生了尖锐的对立，前312年，张仪由秦至楚，重金贿赂靳尚、公子子兰、楚王宠妃郑袖等人，同时诱骗怀王，致使齐楚断交。骗局被揭穿后，怀王又轻率出兵伐秦。由于没有齐国的支援，楚军大败，丧失了汉中之地。楚怀王只得派屈

原出使齐国，修复两国的关系。此时，张仪再次来到楚国，提议秦、楚联姻，楚怀王竟然同意了，齐、楚结盟再次失败。屈原逐渐失去了怀王的信任，将他逐出郢都，到了汉北。

两遭放逐

前299年，屈原再次回到郢都。同年，秦王约楚怀王在武关相会，屈原谏言说："秦是虎狼之国，不可信！"但楚怀王的儿子子兰却力劝怀王前去会盟。怀王听信子兰之言，与秦相会，被秦国扣留，最终客死在秦国。楚怀王死后，太子继位，就是楚襄王。屈原劝楚襄王整顿国政，操练军马，以报怀王之耻。可子兰又向楚襄王进谗言，说屈原常对人说大王不报秦国之仇，实在是不孝，说不主张大王伐秦的大臣都是不忠之臣。楚襄王听后大怒，再次罢免了屈原的官职，将他流放汉江以南。

前278年，秦将白起攻破楚国都城郢都。屈原听到消息，难以抑制内心悲愤，自沉于汨罗江。屈原投江自杀的日子是农历五月初五，以后每年这一天人们都将角黍（粽子的前身）投于江中，并且以赛龙舟来纪念屈原，这些纪念活动逐渐成了中华民族的习俗而延续至今。

《屈原卜居图》·清·黄应谌

此图描绘的是战国时期楚国大夫屈原忠心为国却被放逐，一时心迷意惑，往见楚国太卜郑詹尹，问卜寻道的故事。

时间：战国中期

逞强好胜的秦武王

逞强好胜不是一个褒义词，逞强好胜不会有好结果。看一看逞强好胜的秦武王，他只能搬起“鼎”来砸自己的脚。

爱好武艺的秦武王

秦惠文王有个叫荡的儿子，自小一身神力。周赧王五年（前310）秦惠文王去世后，荡即位，就是秦武王。秦武王喜欢与勇士角力，经常找力气大的人和自己比试。乌获、任鄙自先世就是秦国的大将，为秦国立下了汗马功劳，秦武王很信任他们。因为乌获、任鄙二人也是一身好武艺，常与秦武王比试，三个人不相上下，秦武王也更加器重他们，给两人升官加禄。

当时齐国有个叫孟说的人，以力气大闻名天下。孟说听说秦武王正在招天下勇力之士，于是西渡黄河去秦国应招。孟说来到咸阳，拜见秦武王。武王经过测试，知其确是勇力之士，遂封孟说为大官，与乌获、任鄙一同受到武王的恩宠。

中山王铁足铜鼎·战国

鼎为子口内敛，两侧有一对附耳，腹部稍鼓，中部有凸弦纹一道，平底铜身铁足，圆腹圜底，蹄形足，上有覆钵形盖，盖顶有三环纽。鼎身刻有铭文469字。据鼎铭得知，此鼎为奉祀宗庙的礼器。中山王鼎是中国迄今为止发现的最大的铁足铜鼎，也是铭文字数最多的一件战国青铜鼎。铭文字体瘦长，清秀挺拔，有所谓悬针篆风格，令人叹服。

忽发奇想

周赧王八年（前307）八月，秦武王带任鄙、孟说等一班勇士来到周天子的都城洛阳。当时的天子周赧王知道武王不怀好意，纯粹是以武力向自己示威，就打算找机会除掉武王。在酒席之上，秦武王知道当初大禹收取九州的贡金铸成的九个鼎就陈放在太庙旁的一个偏室中，便去参观。果然见到九个宝鼎如九座小铁

山一般，整齐地一字排开，每个不知重多少斤。

这九个鼎是周朝的国宝，由周武王迁到洛阳。秦武王浏览了一回，赞叹不已。他指着刻有“雍”字的鼎说：“这个代表雍州，是秦鼎，我要把它带回秦国去。”秦武王问守鼎的官吏：“此鼎能有人举得动吗？”官吏叩首答道：“自鼎迁到这里，还无人能移动它。传说每鼎有千钧（古代的重量单位，1钧相当于30斤）之重，有哪个人能举起？”

周赧王觉得时机已到，激武王举鼎。秦武王果然手痒，就问任鄙、孟说说：“你能举得动吗？”任鄙知道武王争强好胜，就推辞说：“臣只能举百钧的重量，此鼎重千钧，臣举不了。”孟说卷起袖子对武王说：“我来试试。如果我举不起来，大王您可别怪罪我。”

逞强好胜的下场

武王兴致勃勃地答应了孟说的请求，让左右取青丝为巨索，绑在鼎耳之上。孟说将腰带束紧，两只胳膊套入青丝中，大吼一声：“起！”只见那鼎离地约有半尺。孟说把鼎放回原位，但因用力过猛，眼睛迸出血来。秦武王笑道：“你果然神力，让寡人也试试。”任鄙劝谏道：“大王乃万金之躯，不可轻试。”秦武王不听，马上解下锦袍玉带，束缚腰身。任鄙再劝道：“大王不可！”武王说：“你没有本事举起来，别是嫉妒我吧。”任鄙不敢再说什么了。

武王将双臂套入丝络，暗想：“孟说只能举起，我要举着走几步，才能显出我比他强，才有炫耀的资本。”于是，武王乃尽生平之神力，大喊一声：“起！”那鼎已离地半尺，武王正欲转身迈步，不料力尽失手，鼎不偏不斜正砸在他的右脚上，骨头尽碎，武王顿时昏了过去。

左右大臣忙背武王去医馆治伤，可武王伤得太重，半夜就死了。武王只因一时逞强，丢了性命。古往今来，因为要逞强好胜而惹出祸患来的例子不在少数，但像秦武王这样，贵为一国之君，却为了这种无关紧要的小事而把性命丢掉，也的确是可叹可笑了。武王死后，他同父异母的弟弟公子稷被立为新的秦王，是为秦昭襄王。周赧王五十九年（前256），秦国大军进攻洛阳，彻底占领了周室的领地，周赧王很快就病死了，秦昭王算是给武王报了一鼎之仇。

金对虎纹长条饰·战国

长26.5厘米。新疆维吾尔自治区托克逊县阿拉沟30号墓出土。

•人物•
赵武灵王

51

时间：战国中期

胡服骑射

赵武灵王没有因循守旧，他充分认识到穿"胡服"和练"骑射"在今后争霸战争中的优越性，因而在国内锐意改革，使得赵国一跃成为可以和秦国一争高下的大国。

立志强国

战国后期，虽然齐、楚、燕、赵、魏、韩六国之间经常打得不可开交，但是它们都有一个共同的敌人——秦国。

秦国自商鞅变法以来国力迅速提升，以至于构成了对山东（指崤山以东）六国的严重威胁。当时六国中与秦国接壤的是韩、赵、楚三国。韩国是个弱国，一直是秦国的首要打击目标。楚国自从春秋末年灭了越国以后，一代代国君一个比一个窝囊，空守着偌大的疆土和几百万人口，却只能在秦国面前低三下四。只有赵国出了个赵武灵王，使得赵国可以与秦国抗衡。

赵国周边有韩国、燕国、魏国，东有胡，西有林胡、楼烦，尤其是赵国西南与强大的秦国接壤，这使得赵国的周边环境非常险恶。

在这样严峻的形势面前，赵武灵王决心发愤图强，振兴赵国。他客观地分析了当时赵国的实际情况和所处的环境，认真研究了壮大赵国力量的办法，以超凡的才略和气魄，毅然抛弃了中原传统的衣冠制度和作战形式，大胆学习北方游牧民族军事上的优点，下令在全国推行"胡服骑射"。

错银铜车軎·战国

山东临沂银雀山出土。

车战退化

春秋时代，各国之间的战争还遵循所谓的礼法，战争规模也有限，最多双方投入兵力也就是几万人。当时各国都以战车和与之配合的步兵作为军队主力，车战是主要的作战方式。但是笨重的战车只宜在较为平坦的地方作战，在复杂的地形中运转十分不便。到了战国时代，战争的规模不断扩大，参战兵力动辄数十万人，为数十万大军配备战车显然是任何一国都力所不及的。此外，战国时期的战争没有了春秋时那种所谓的战争礼法，交战双方都以消灭对方军队，直至灭亡对方的国家为第一目的，作战形式也不再是两军在一个相对平坦的地区，先两阵对决，然后再相互冲杀。可以说，战国时期的战场遍及中原大地任何一个地方，作战地区的地形地貌多种多样，这就更使得战车不再适合战争的需要。

赵国由于长期与胡人作战，逐渐发现车步协同的作战方式在对抗胡人骑兵时处于严重的劣势。战车冲击虽然有力，但是高速奔驰的战车改变前进方向很困难，冲击步兵队形也许还有些作用，但对于灵活机动的骑兵却一筹莫展。此外，众多的步兵也难于在与骑兵进行的机动作战中

匈奴王金冠·战国

又称鹰顶金冠饰，为匈奴王金冠，为古代少数民族首领所佩戴。这件金冠由冠和额圈组成，纯金打制而成，总重约 1.5 公斤，战国时期文物，现藏于内蒙古博物院。

追上高速的战车，车步协同也无从谈起。

胡服骑射

赵武灵王清醒地认识到必须学习胡人的长处，壮大自己，才能免于被动挨打。只有以骑兵对抗骑兵，才是增强赵国军事力量的唯一出路。因此，赵武灵王通过在全国，特别是在北方近胡地区的人民中招募善于骑射的人，改组部分步兵为骑兵；收编边地游牧族的胡骑等途径，迅速建立了一支强大的骑兵部队。武灵王还通过在代地经营胡马和迫使林胡王献马等渠道，获得了大批良马，为骑兵部队的建设提供了重要保证。

同时武灵王也认识到为了适应骑战的需要，必须改中原地区的宽袖长袍为短衣紧袖、皮带束身、脚穿皮靴的胡服。在普遍以中原正统和华夏礼乐文化自傲的氛围中，武灵王敢于改革传统的舆服制度，而取法胡人的服饰习俗，足见他的确是一位雄才大略、气魄宏大的军事家和政治家。

政治改革

“胡服骑射”也没有仅仅停留在军事和服饰层面，还逐步渗入到政治层面。

战国七雄中除了秦国自商鞅变法后就确立了任用官员不论出身、只论才能与军功的制度外，其他六国都还保留着落后的贵族政治体制。在六国之中，为官者绝大多数都是国君一系的家族和由此衍生出来的贵族子孙。出身贵族的人虽然身居高位，但是很多都是不学无术的人。而广大布衣百姓即使有经天纬地的才能，也很难在六国中得到出人头地的机会。这就使得大量的人才都流向了秦国，秦国的张仪、公孙衍、乐池、甘茂、楼缓、金受、杜仓、寿烛、范雎、蔡泽、吕不韦、徐诜、昌平君、隗状、王绾、冯去疾、李斯等著名将相都是从六国到秦国后才出人头地的，这无形中加大了六国与秦国在综合国力上的差距。

赵武灵王在推行“胡服骑射”的时候，受到了国内贵族的一致抵制。为了推行自己的改革，赵武灵王不得不罢免了一些贵族的官职，起用了一些来自民间的人才，这些措施也使得赵国的政治面貌发生了一些改变。

经过赵武灵王的努力，赵国成为北方的大国，也成为唯一一个有实力、有信心与秦国一争高下的国家。

兄弟阋墙

只可惜赵武灵王虽然在国家大事上是个英明君主，却没有解决好自己儿子的问题。赵武灵王经常带兵在外打仗，把国内的事交给儿子管。周赧王十六年（前299），他将王位传给了次子赵何，就是赵惠文王。武灵王自己改称“主父”，意思是国君的父亲。

赵武灵王在立赵何为王之后，仍在

长子赵章与次子赵何谁掌大权的问题上，感情用事，优柔寡断，这就刺激了赵章篡位的野心，也引起了赵惠文王的不满。惠文王四年（前295），赵武灵王又打算将赵国一分为二，把赵何分在赵的地方，依旧做赵王；把赵章分封在代的地方，做代王。正当武灵王犹豫未决之时，政变发生了。

赵章起兵反叛，可他的计划不够严密，刺杀赵惠文王没有成功，只杀死了大臣肥义。紧接着，赵惠文王开始反击，派李成、李兑两人剿杀赵章。此时赵武灵王正在赵国都城邯郸附近的沙丘宫居住。赵章兵败后投奔赵武灵王，赵武灵王收容了他。

李成、李兑的大军包围了沙丘宫，杀死了赵章。他们害怕赵武灵王秋后算账，就将赵武灵王围困在沙丘宫中。赵武灵王被困在沙丘宫中三个多月，最后饿死在宫里面。一代英主就落了这么个可怜的下场。

失败的教训

战国时期，各国都先后进行了变法，只有秦国的变法最彻底、最成功。各国的变法中最大的阻力就来自那些传统的贵族势力。变法的结果必将使这些传统的贵族势力失去从前的种种特权，因此他们抵制并仇视变法也就不足为奇。正因此，各国的变法目的之一也是巩固国君的权威，只有将大权集中在国君手中才能压制那些反对变法的贵族势力，保证变法的顺利进行。而赵武灵王却反其道而行，不但没有加强巩固自己的权力，反倒将王位让给了自己的儿子，自己则常年在外，或征战，或在各地游历，完全将大权交给了别人。赵惠文王即位的时候只有14岁，身边围绕的仍然是那些传统的贵族大臣。因此，沙丘宫之变表面上看是赵章、赵何兄弟争夺王位，殃及了赵武灵王，其实却是赵国传统贵族力量对于赵武灵王变法的反击。

赵武灵王

赵武灵王（约前340～前295），赵肃侯之子，战国中后期赵国君主，政治家、改革家。

赵武灵王死后，赵国把持朝政的仍旧是那些传统的贵族势力，这样赵国在天下的争霸中败给秦国，并最终亡国也就是必然的了。但是“胡服”的习惯依旧被保留下来，由“骑射”而强大起来的赵国军队也得到不断地加强，直到长平之战中才损失殆尽。

52

时间：战国中期

鸡鸣狗盗

鸡鸣狗盗之徒，一般的士大夫是不屑于和这种人交往的，但是孟尝君海纳百川，包容了各种各样的人才，这才在危难之时帮助自己渡过了难关。

秦国自商鞅变法以来，励精图治，越来越强盛。到秦昭襄王这一代，秦国已经成为其他六国最大的威胁。但是六国中最强大的齐国同楚国结为联盟，使得秦国也不敢轻易下手。为了拆散齐楚联盟，秦昭襄王对于与秦国相邻的楚国，他多次派兵进攻，又把楚怀王骗到秦国软禁起来，使得楚国不敢得罪秦国；对于齐国，昭襄王则用了另一种手段。

孟尝君赴秦

齐国最有势力的大臣是孟尝君，名叫田文。孟尝君为了巩固自己的地位，专门招收人才，凡是投奔到他门下来的，他都收留下来，供养他们。这种人叫作门客，也叫作食客。据说，孟尝君门下一共养了三千多名食客。其中有许多人其实没有什么本领，只是混口饭吃。

秦昭襄王派使节来到齐国，说要请孟尝君到咸阳相会，还愿意将自己的弟弟留在齐国作为人质。孟尝君知道秦王邀请自己，不管好事坏事，都有可能有去无回，所以不打算答应。但是齐王不敢得罪秦国，下令孟尝君去见秦昭襄王，而且也不敢把秦王的弟弟留在国中做人质，也一同放了回去。

孟尝君没有办法，就带了一大群门客去了咸阳，秦昭襄王亲自欢迎他。孟尝君献上一件纯白狐狸皮的袍子做见面礼。秦昭襄王知道这是很名贵的银狐皮，很高兴地把它藏在内库里。

髹漆彩绘猪形盒·战国

秦昭襄王本来打算请孟尝君当相国，一方面利用他手下的

人才治理秦国，一方面削弱齐国的力量。但是秦国的大臣们不同意，他们说：“孟尝君是齐国的人，手下又人才济济，他当了秦国的相国，一定替齐国打算，秦国就危险了。”秦昭襄王说：“那还是把他送回去吧。”大臣们又说：“他在这儿已经住了不少日子，秦国的情况他差不多全知道，怎么能轻易放他回去呢？”于是秦昭襄王就把孟尝君软禁起来。

狗盗之术

孟尝君十分着急，他打听到秦王身边有个宠爱的妃子，就托人请妃子说情。那个妃子叫人传话说：“请我跟大王说句话并不难，我只要一件银狐皮袍。”

孟尝君和手下的门客商量，说：“我只有一件银狐皮袍，而且已经送给秦王了，哪里还能要得回来呢？”其中有个门客说：“我有办法。”当天夜里，这个门客就摸黑溜进王宫，找到了秦王内库。这个门客像狗一样在内库的墙脚打了一个洞，把皮袍偷了出来。

孟尝君把狐皮袍子送给秦昭襄王的宠妃。那个妃子得了皮袍，就向秦昭襄王劝说把孟尝君释放回去。枕边风老这么吹着，秦昭襄王果然同意了，发下过关文书，让孟尝君他们回去。

顺利出城

孟尝君得到文书，急急忙忙地往函谷关跑去。孟尝君怕秦王反悔，还改名换姓，把文书上的名字也改了。紧赶慢赶，到了函谷关，正赶上半夜。依照秦国的法令夜里函谷关关闭，每天早晨，要到鸡叫的时候才许放人。大伙儿正在愁眉苦脸盼天亮的时候，忽然有个门客捏着鼻子学起公鸡叫来。一声跟着一声，附近的公鸡全都叫起来了。

守关的士兵听到鸡叫，开了城门，验过过关文书，让孟尝君出了关。孟尝君走后，秦昭襄王果然后悔，连忙派人追赶。等追赶的人赶到函谷关，孟尝君已经走远了。

“鸡鸣狗盗”平时看起来是摆不上台面的小伎俩，但是关键时刻还是发挥了大作用。孟尝君正是因为这样广开门户，包容了各种各样、大大小小的人才，才在真正需要用人的时候获益匪浅。

·人物·
冯驩

53

时间：战国中期

冯驩收债

冯驩替孟尝君去薛邑（今山东滕州东南）收账，并没有在乎金钱，而是替孟尝君收买人心，这不是仅仅靠钱就能得到的。孟尝君被罢黜相位的时候，冯驩又利用秦齐矛盾，巧妙地使得孟尝君官复原职。

孟尝君回到齐国，齐湣王依然让他做相国。这下子，孟尝君手下的门客就越聚越多了。孟尝君把门客分为三等：上等门客出门有车坐，吃饭有鱼肉；中等门客也是吃饭有鱼肉，但是出门就没车了；下等门客平时也就只给粗茶淡饭，饿不着也就是了。孟尝君手下养着的门客太多，每日开销很大，他的封地薛邑的收入不够用，于是孟尝君就在薛邑放债，靠利息来增加收入。

猿形银带钩·战国

长16.7厘米。山东曲阜鲁国故城出土。带钩为猿猴造型，伸出右侧长臂，以屈曲猿爪为钩。背后设安在带上的圆纽。在实用的前提下，以局部鎏金的方法美化猿体，将肩、背、臂、臀、腿等处鎏金，使金、银交相生辉。还在猿睛处嵌两颗蓝珠，显得分外有神。确是战国时期少见的银手工艺品。

奇怪的门客

有一天，有个自称叫冯驩的齐国人来孟尝君这里，求做门客。孟尝君问：“先生来我这里，不知先生有什么才学？”冯驩回答：“我身无长处，而且穷得没饭吃，听说您这里不分贵贱，来投奔的都可以做门客，也就来试试运气。”孟尝君心想这人倒也实在，于是就收留他做了下等门客。

过了十几天，孟尝君忽然想起这位冯驩，就问负责照顾门客的家人：“新来的冯驩先生平时都做些什么？”家人回答：“这位冯驩先生真是很穷，身边什么都没有，只有一把剑，还没有剑鞘，用草绳子系在腰里。每天他吃完饭，什么也不做，就弹他的剑唱歌，唱的是‘吃饭无鱼肉，宝剑啊，我们不如回去’。”孟尝君一听笑了，说：“这是嫌我这里吃得不好，那就把他当作中

等门客款待好了。”于是，冯驩就变成孟尝君府里的中等门客，吃饭也有鱼有肉了。

又过了几天，孟尝君又向家人打听冯驩的事。家人回答：“冯驩先生还是整天吃饱了弹剑唱歌，不过歌词改了，变成‘出门没车坐，宝剑啊，我们不如回去’。”孟尝君一听：“这又想做上等门客了！看来这位冯驩先生是有些本领的。”于是，冯驩又被升为上等门客，而且孟尝君还特别关照家人，注意冯驩还有什么要求。

再过几天，家人来报告：“冯驩先生每天坐车早出晚归，没事的时候依旧弹剑唱歌，现在的歌词变成‘家里无人照顾，宝剑啊，我们不如回去’。”于是孟尝君又派人时常给冯驩家送些钱粮，供养冯驩家人的生活。这样，冯驩从此才不再唱歌了。

薛邑讨债

冯驩到了孟尝君门下过了有一年多，也没见他有什么本事。有一天，管账的人告诉孟尝君，家中的钱粮只够支用一个月的了。孟尝君一查债券，发现薛邑还有很多账没有收，就问左右：“门客中谁能为我去薛邑收债？”有人就说：“那位冯驩先生不见有什么长处，但是看起来还忠实可靠，做了一年多上等门客，您何不让他去试试？”于是孟尝君就把冯驩请来，跟他说去薛邑收债的事，冯驩一口应承下来。

冯驩坐着车来到薛邑，开始收债。薛邑的老百姓听说孟尝君派人来

延伸阅读

泱泱大城临淄

齐国都城临淄是战国时代少有的大城市。春秋初期齐相管仲曾把临淄的市民划分为21个乡，每乡2000户，共42000户、21万人。战国时苏秦说临淄有7万户，仅可以出征的男子就有21万。战国时，一般城市就是“千丈之城，万家之邑”，可临淄的人口却多到50万人。《韩非子》中记载说：齐景公和晏婴游于少海，登柏寝之台，回望自己的都城，赞赏说：“美哉！泱泱乎！堂堂乎！”“泱泱大国”这一成语即由此而来。当年临淄的繁华兴盛，是无论谁经过都要赞不绝口的。

收债，也纷纷还款，很快钱就收了不少。但是也有些人还不起钱，冯驩也没有派人上门讨要。

过了几天，钱收得差不多了，冯驩命人用收来的钱买了许多酒菜，贴出告示："凡是向孟尝君借过贷的人，不管是否还得上，明天都到府里来验债券。"百姓听说有酒菜招待，第二天就都如期而来。冯驩请他们喝酒吃菜，而且细心观察，从来人的衣着、面色上看，基本上掌握了他们的贫富。

酒足饭饱，冯驩拿出账本和大家对债券。对于一时还不上，但是家里有这个能力的，冯驩让他们说明还钱的时间，记在账本和债券上。对于那些家里确实贫困，还不上债的，冯驩命人把债券一把火烧了。然后，冯驩对大家说："孟尝君之所以放贷，是怕薛邑的父老们没钱生计，不是为了这点利息。但是孟尝君门客数千，靠封地的收入养活不了，所以不得已才来收账。如今有能力偿还的已经写了契约，无力偿还的所欠债务一笔勾销，这是孟尝君对薛邑父老的恩情啊！"百姓听了这话，都一齐叩头，纷纷说："孟尝君待我们真如同父母一般。"

烧债券的代价

早有人把冯驩烧债券的事告诉了孟尝君，孟尝君一听大怒，派人把冯驩叫了回来。冯驩来见孟尝君，孟尝君假意问道："冯先生辛苦了！您帮我收债收得怎么样？"冯驩回答："我不但替您收了债，还替您买

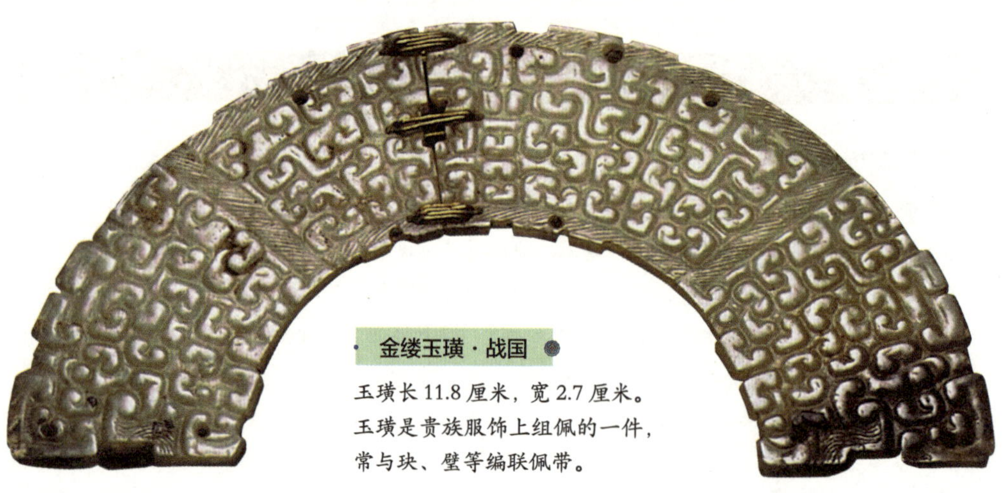

金缕玉璜·战国

玉璜长 11.8 厘米，宽 2.7 厘米。玉璜是贵族服饰上组佩的一件，常与玦、璧等编联佩带。

了个好名声。”孟尝君脸色一变说：“我门客三千人，靠封地的收入不够花销，这才在薛邑放债，靠这点利息来补贴。您倒好，买了酒菜，宴请百姓，烧了一大堆债券，还告诉我‘买好名声’，不知道您收的是什么名声？”

冯驩回答说：“您先息怒，听我慢慢说。欠债的人很多，不准备酒菜那些欠债还不上的人不敢来，没法检验他们是不是有还债的能力。那些有还债能力的人，我已经和他们订了还债期限。至于那些没有能力的，怎么逼他们也收不来钱，逼急了他们只有逃亡。薛邑是您世代的封地，如果百姓都跑光了，您就什么都得不到了。如今我替您把这些收不来钱的债券付之一炬，用来向百姓表明您轻资财爱百姓，成全您仁义之名。”

孟尝君虽不以为然，但是债券已经烧了，也没别的办法，勉强向冯驩一拱手：“那就多谢先生了。”

孟尝君名声在外，秦昭襄王更加后悔让孟尝君逃回齐国。秦昭襄王觉得如果让孟尝君在齐国发挥作用，将对秦国十分不利，于是就命人在齐国大肆散播流言，说“天下只知道有孟尝君，不知道有齐王，长此以往，孟尝君肯定要篡位”。齐湣王听到谣言信以为真，于是就收了孟尝君的相印，让他回薛邑养老去了。

错金车饰·战国

河南辉县出土的器。长13.7厘米，高8.8厘米。中国国家博物馆藏。呈兽首形，睁目，竖耳，形象生动。饰错金银云纹、斜线纹等，精美华丽。

树倒猢狲散，那些门客见孟尝君失势，就纷纷散去，只有冯驩还留在孟尝君身边，给孟尝君驾车。孟尝君还没有到薛邑，薛邑的百姓扶老携幼迎接孟尝君，争着献上酒食。孟尝君感慨地对冯驩说：“先生为我取得的好名声，我今天终于见到了。”冯驩回答：“如果您借我一辆车，我必定能使您重新被齐王起用，而且还能得到更大的封地。”这时候孟尝君对于冯驩的话可谓言听计从了，立刻准备了车马盘缠，交给冯驩。

面见秦王

冯驩首先去了秦国，到了咸阳，求见昭襄王。冯驩对昭襄王说：“天下的人才来秦国的，都想强秦而弱齐；去齐国的，都想强齐而弱秦。如今秦国与齐国两雄并立，谁获胜谁就能得到天下。”

昭襄王问：“先生有什么办法可以使秦国获胜？”冯驩回答：“大王可知齐王罢了孟尝君的相位？”昭襄王说：“我已经听说，但是不知道真假。”冯驩接着说：“齐国之所以强大，都是靠着孟尝君的才干。如今齐王听信谗言，罢了孟尝君的相位，孟尝君必定怨恨齐王。如果大王趁着这个机会将孟尝君请来为秦所用，天下敬佩孟尝君的人才都会来到秦国，而且齐国的底细秦国也可以一清二楚。这样一来，天下还有哪个国家可以和秦国一争高下？天下就尽在大王手中了。大王应该赶快派遣使节，用重金秘密地去薛邑请孟尝君，机不可失。万一齐王悔悟，重新起用孟尝君，则秦齐两国之争，胜负就未可知了。”

昭襄王一听大喜，立即派使者带着十辆豪华的马车、黄金百镒去请孟尝君。冯驩又说要先去给孟尝君报信，急匆匆地跑回了齐国。

孟尝君复位相国

冯驩回到齐国后，没有去见孟尝君，先去见了齐湣王。冯驩对齐湣王说：“如今天下，只有齐国和秦国可以相互抗衡，两国之间，得到人才的获胜，失去人才的必然失败。我听说秦王知道大王罢了孟尝君的官，立即私下里派使臣带重礼来请孟尝君，打算让孟尝君做秦国的相国。倘若孟尝君真的去做了秦国的相国，那他将为秦国出谋划策，如此齐国就危险了。”

齐湣王一听，也为之一惊，问道：“那寡人又该如何？”冯驩说：“秦国的使节很快就会到达薛邑，大王应该抢先恢复孟尝君的相国之职，增加他的封地，孟尝君必定感谢大王。秦国再强大，秦国的使臣也不敢瞒

镶嵌三角云纹敦·战国

器高 25.4 厘米，器和盖上下对称，盖揭开后和器可同样使用，都附有环状三足。通体用细银丝和红铜丝盘嵌成块状和三角形的云纹，非常华丽。

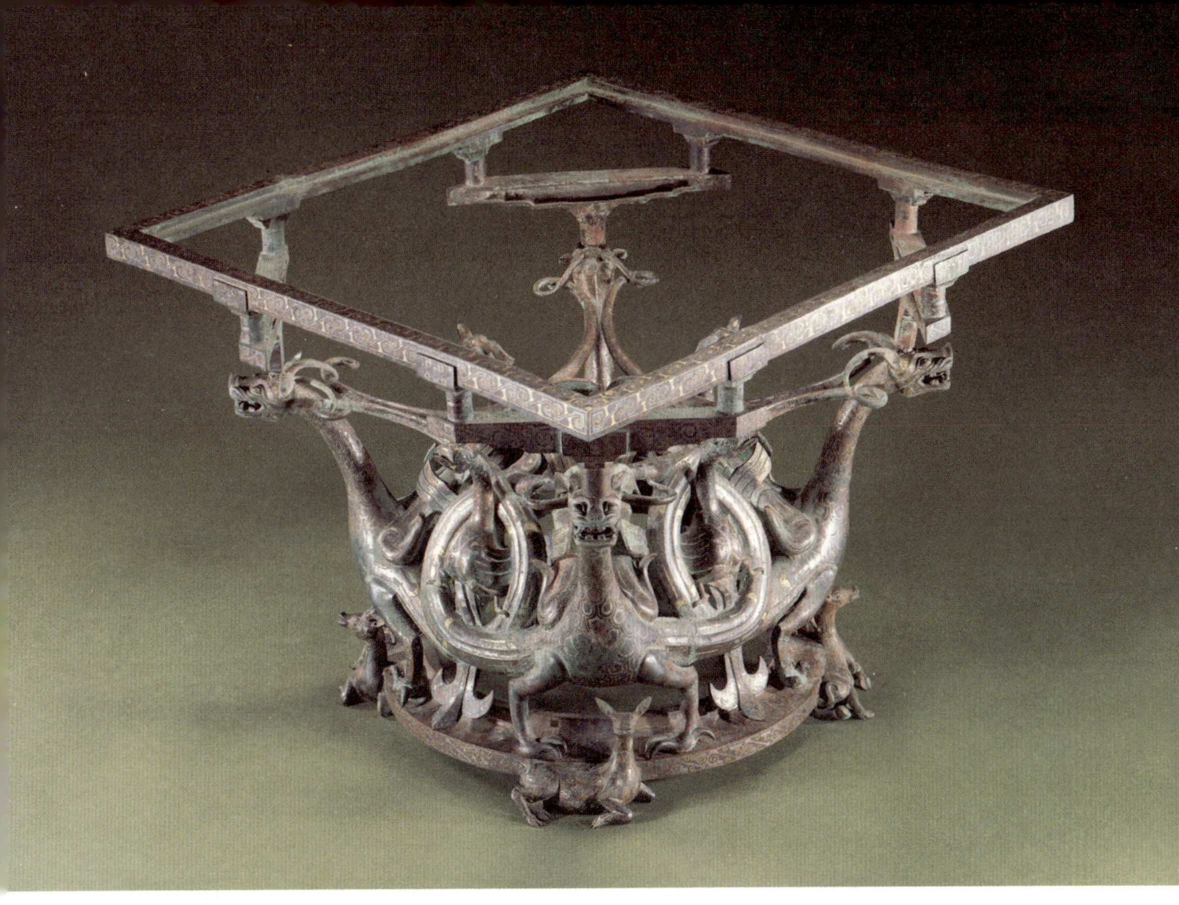

四龙四凤方案·战国

方案通高 37.4 厘米。河北平山中山王墓出土。在四只卧鹿承托的圆座上，由四龙四凤纠结成构图繁复的案座。边框、斗拱、龙凤、圆座和卧鹿上，都有精致的错金银图案，华美异常。承托案面方框四角的斗拱，对研究中国古代建筑中斗拱的历史，具有重要价值。

着大王把别国的相国接走。”齐湣王口头上虽然同意，但是并不大相信冯驩的话，又派人去边境上看。派去的人刚到边境，就见到秦国的使臣赶到了，于是赶忙回来报告齐湣王。

齐湣王立刻让冯驩带着节符去请孟尝君，再次拜孟尝君为相国，还加封了孟尝君大片土地。

秦国的使者到了薛邑，得知孟尝君已经重归相位，无奈只得回去给秦王报信了。

回想冯驩初到孟尝君门下的时候，可谓无礼。不过，不少有才能的人大多恃才傲物，如果身在上位的人不能容忍，很可能与人才失之交臂。天下绝大多数东西都能买到，只有人心买不到，所以人心才是最宝贵的财富。而在孟尝君失位的时候，冯驩可以充分利用秦齐相争的有利条件，从中谋划，使得孟尝君得以官复原职，又被加封土地，这也是利用了对方的弱点为我所用的办法。

时间：前 284

乐毅大破齐国

乐毅是个将才，用时五年连破齐国七十余城，但破齐绝非乐毅一人之力。这就是所谓的“得道多助，失道寡助”。

乐毅投燕

战国七雄之中以燕国最弱，可燕国又邻近齐国和赵国，总是处于大国威胁之中。到燕王哙在位时，又赶上相国子之把持朝政，可谓内忧外患。燕王哙三年（前318），他把王位让给了子之。将军市被和太子平联合起兵攻子之，数月之内死者上万，市被和太子平也被杀了。

燕国内乱，自然给别国制造了机会，齐国派匡章为大将，以诛灭逆臣子之的名义进攻燕国。燕国人都痛恨子之，纷纷开城门迎接齐军。匡章只用了五十天，就攻下了燕国都城，燕王哙自杀，子之被俘，后来被齐王处死。可齐国以协助燕国诛杀子之为名，妄图吞并燕国是实，赖在燕国不肯走。于是赵武灵王派人将燕王哙庶子职从赵国送归燕国拥立为王，就是燕昭王。燕国各地得到消息后，纷纷拥戴昭王，驱逐齐军。

燕昭王即位之后，日夜都想着报灭国深仇。他与士卒同甘共苦，礼贤下士，想把燕国变成一个强大的国家。四方豪杰见昭王礼贤下士，就都来投奔昭王。其中就有一个叫乐毅的人。乐毅为魏国名将乐羊之后，曾为赵的大臣，曾为赵武灵王谋计联楚、魏而伐齐存燕。赵武灵王死后，乐毅离赵至魏，以魏的使者入燕，很有些统兵打仗的本领。乐毅见到燕昭王后，讲了一些兵法给燕昭王听，燕昭王觉得乐毅是个人才，就以很隆重的礼仪招待乐毅，把他视为贵宾。乐毅谦虚地要推辞，燕昭王说：“先生是我的贵客嘛！”乐毅感动地说：“如果大王不嫌弃我，请让我成为燕国的臣子吧，我愿意为大王效力。”燕昭王听后大喜，封乐毅为亚卿，相当于副丞相。乐毅又把自己的家人迁居于燕，成为燕国的子民。

联军攻齐

当时齐国强盛，燕昭王养精蓄锐，发展国力，为报当年的灭国之耻做着准备。到了齐湣王时，齐国腐败不堪，人民苦不堪言，而燕国已休养多年，国富民稠，兵强马壮。燕昭王问乐毅说："先人的仇恨藏在我心里已经二十八年，现在齐王骄暴自恃，这是上天要让齐国灭亡啊！我想起兵攻打齐国，先生您看呢？"乐毅对燕昭王说："齐国地大人多，兵士骁勇善战，我们不能凭一己之力去攻打它，大王要想攻打齐国，必须联合其他国家才可以。我国与赵国的关系甚为密切，应先与赵联合，那么韩国肯定会跟从，这样我们攻打齐国就是十拿九稳的事情。"

于是，乐毅去游说赵国。赵国重臣平原君赵胜欣然同意，恰好有秦国的使者在赵国，乐毅也向其说了攻齐的好处。使者回去报告了秦王，秦王遣使到赵国说愿与赵联合。随后，魏、韩两国也加入进来，形成了五国伐齐联军。燕昭王二十八年（前284），燕昭王集中燕国精锐，拜乐毅为大将；秦将白起、赵将廉颇、韩将暴鸢、魏将晋鄙各率一军如期而至。燕昭王命乐毅为五国联军的最高统帅，率领五国兵马杀向齐国。

大破齐军

齐湣王亲率大军，与大将韩聂迎战五国联军于济水。乐毅身先士卒，五国兵将无不奋勇争先，杀得齐军尸横遍野、血流成河。齐军大将韩聂被乐毅的弟弟乐乘斩于马下，齐军大败，逃回临淄。联军继续南下追赶齐军。齐湣王连忙求助于楚国，以割淮北之地给楚国为条件，恳求楚国发兵相救。秦、魏、韩、赵四军乘胜，攻取齐国许多城池。乐毅独自带领燕军长驱直入，所到城池，守城兵士无不望风而逃。燕军势如破竹，直逼齐国都城临淄。湣王弃城逃往莒邑被杀。

乐毅攻破临淄后，掠尽城中财物祭器，并把先前齐国掠夺燕国的宝物，用大车载着送回燕国。燕昭王高兴至极，亲自南下犒赏三军，把昌国赐给乐毅作为其领地，封号昌国君。随后，燕昭王返回燕国，留下乐毅继续攻打齐国剩下的城池。到此，乐毅出兵五年，攻破齐之城池七十多座，替燕昭王报了大仇。

燕王喜矛·战国

时间：前 283

蔺相如完璧归赵

秦昭襄王称以十五座城池来换取赵国的无价之宝和氏璧，赵惠文王不知允诺是否有诈，又不敢拒绝。蔺相如怀璧使秦，得知秦本无诚意，当庭据理力争，保全了玉璧，也避免了战争。

楚厉王时，楚人卞和从山中得到一块宝玉，献给厉王，厉王的玉匠认为不过是石头一块，厉王以为卞和欺君，把卞和的左脚给砍了。楚武王继位后，卞和把宝玉献给武王，结果武王也认为石头一块，又把卞和的右脚砍了。楚文王时，卞和抱着宝玉在荆山下哭泣，文王知道后，派人把石头剖开，得到了宝玉，名为和氏璧。此后世代相传，直至楚宣王，近四百年时间。楚威王为了嘉奖相国昭和，将和氏璧赏赐给他，当夜昭和大宴群臣，结果传赏过程中，和氏璧不翼而飞。数十年之后，赵国的宦官缪贤得到了和氏璧，赵王知道后，将它占为已有。

蔺相如被荐

赵惠文王得到和氏璧的消息很快就传开了，轰动各国。前283年，秦昭襄王听说后，心生妒忌，也想占为己有，于是派使者来到赵国，说秦国愿意用十五座城池来换取这块和氏璧。赵惠文王召来众大臣商议此事。

赵王问道："秦国提出拿十五座城池来换和氏璧，但是秦王素以狡诈出名，如果答应秦国，怕的是秦国言而无信，和氏璧到手，就仗着国势强于赵国，不给我们城池；但是如果不答应，又担心秦国大军来犯，这可如何是好呢？不管怎么样，我们先派个使者

玉璧·战国

去秦国应付一下。各位大臣，有谁愿意出使秦国？”

下面鸦雀无声，大家都畏惧秦王，知道此去凶多吉少。这时候，宦者令缪贤上前禀告：“臣的舍人蔺相如是难得的辩才，可以出使秦国。”赵王失望地说：“满朝大臣无人可往，一个舍人又能做什么呢？”缪贤回答：“大王，小人曾经得罪过大王，害怕大王降罪，想投奔燕国。蔺相如拦住臣，问臣怎么认识燕王的，臣说：‘一次我随大王在边境会见燕王，私下燕王握着我的手，说愿意和我交个朋友。我们就这样认识了，现在我有难，他应该会收留我的。’蔺相如笑着说：‘不对，赵国与燕国相比，明显赵国强，燕国弱，您又得赵王宠幸，燕王才要结识您，现在您要跑去燕国避难，燕王畏惧赵王，一定不敢收留您，说不定还会把您送回赵国。您不如向赵王请罪，赵王仁厚，就会宽恕您的。’我听了他的建议，大王果然赦免了臣。蔺相如是个难得的人才，有勇有谋，大王可以派他出使秦国。”

请缨使秦

赵惠文王听了，半信半疑，就召蔺相如进宫，问道：“秦王要拿15座城池换我们的和氏璧，你认为我们是答应呢，还是拒绝呢？”蔺相如回答说：“秦国强，我们赵国弱，我们不答应就会给秦国发兵的借口，不能不答应。”

鎏金嵌玉镶玻璃银带钩·战国

赵王接着问：“道理是这么讲的，但是如果秦国拿了和氏璧不给城池，我们怎么办呢？”蔺相如说：“如果我们不答应，错在我们；如果我们把和氏璧送给秦国，秦不给我们城池，错在秦国。我们宁可答应给秦国和氏璧，也绝不能给秦国发兵的借口，就让秦国来承担这个不讲理的责任。”

赵王点头称是，说：“那你觉得由谁来出使秦国呢？”蔺相如说：“大王如果确实找不到合适的人选，臣愿意试一试。秦国如果守信，把城池交给我们，我就把和氏璧献给秦王；如果秦国食言，我一定会把和氏璧完好地带回来。”于是赵惠文王派蔺相如带着和氏璧出使秦国。

智斗秦王

蔺相如到了秦国，将和氏璧呈给秦昭襄王。秦王捧着美玉，爱不释手，传给嫔妃们看完之后又传给左右大臣看，都夸赞和氏璧世所罕见。但是就是不提给赵国十五座城池的事情，看来根本没有打算用城池换美玉。

蔺相如走上前，对秦王说：“这块美玉虽好，却有一处瑕疵，请让在下指给大王看。”秦王把和氏璧递给蔺相如，蔺相如拿着和氏璧退到大殿柱子旁，倚靠着柱子，瞪着眼睛，怒气冲冲地对秦王说：“这玉璧并没有瑕疵，只是我见大王只看玉璧，不提正事，才这么说的。想当初大王派使者送信给赵王，想拿十五座城池来换这块美玉。赵国的臣民都说千万不要相信秦国，赵王举棋不定。我劝赵王说百姓们还知道信用是多么重要，秦王是一国之君，不会拿信用开玩笑的。赵王这才答应把和氏璧送给秦王。但是大王拿到美玉，只顾着欣赏，却不提十五座城池的事情，看来大王真的没有诚信啊。现在美玉在我手中，大王如果硬要抢夺的话，我就撞死在这根柱子上，连美玉一起摔碎。”说着作势就要撞柱子。

秦王看蔺相如的样子不像开玩笑，就命手下拿地图过来，对蔺相如说：“你太着急了。我们现在就商量城池的事情。”秦王指着地图说：“这些地方靠近赵国边境，就把这十五个城池给你们吧。”蔺相如知道秦王又在耍诡计，就对秦王说：“这些城池本是我国土地，但是被贵国占了，现在归还也是应该的。只是这美玉天下无二，我带着它来秦国之前，赵王斋戒了五日，还举行了隆重的送玉仪式。现在大王也应该举行一个迎玉的仪式吧，也应该斋戒五日才是。”秦王想，你在我的地盘上，怎么也跑不了，就答应了蔺相如的条件。

玉双联璧·战国

完璧归赵

蔺相如早料到秦王不怀好意，回到客馆，就让自己的随从穿上普通百姓的服装，怀藏玉璧，偷偷从小道回赵国去了。

五天之后，秦昭襄王斋戒完毕，举行了盛大的迎玉仪式。到了献宝的时刻，蔺相如不慌不忙地对秦王说："秦国国君从穆公起，到今天已经二十多位君主了，但是没有一个守信用的。请大王原谅，我太多虑了，害怕今天又上当，对不起赵王。所以我已经派人把玉璧送回赵国了。大王不要着急，如果大王诚心拿城池换玉璧，那么请大王先把十五座城池划给赵国。天下人都知道，秦国强大，赵国弱小，如果您把城池划给了赵国，赵国怎么敢不给大王玉璧呢？我知道我犯了欺君之罪，请大王处置我吧。"

秦昭襄王一时愕然，他左右纷纷拔剑欲刺蔺相如，秦王叹息了一声："罢了罢了。杀了蔺相如，我们还是不能得到和氏璧，反而有损两国的友谊。不如放了他，也显得秦国大度。"于是放蔺相如回赵国。

蔺相如回到赵国后，赵惠文王认为蔺相如出使秦国成功地完成了任务，既保全了和氏璧又没有伤两国的和气，就提拔他为上大夫。秦昭襄王从没有想过拿十五座城池去换一块玉璧，不过想乘机探探赵国对秦国的态度。事情过去了，也就结束了，秦、赵两国都没有再提这件事。蔺相如依靠自己的胆魄和智慧，保住了赵国的珍宝，也维护了国家的尊严，成语"完璧归赵"就是从这段历史来的，后人用"完璧归赵"比喻把原物完好地归还给原主。

《人物故事图册》· 清 · 吴历

图为"完璧归赵"故事，融山水、人物、车马、仪仗、庭院为一体，构图丰富。画家用笔细秀，设色协调，艳丽处不失清逸淡雅。

人物
田单

56

⏲时间：前281

田单的火牛阵

本来不被重用的田单，受命于危难之中，带领即墨城的军民抗击燕军，屡出奇策，不但守住了城市，还挽救了行将灭亡的国家。

先见之明

田单是齐国田氏王族的远房本家。在齐湣王时，田单担任首都临淄佐理市政的小官。前284年，燕昭王联络秦、韩、魏、赵四个国家，由燕国大将乐毅率领攻入齐国。田单随齐湣王从都城逃到安平。这时候，燕国的军队还在推进。田单知道安平也保不住，就让同族人做好逃亡的准备。他让族人把车轴两端的突出部位全部锯掉，安上铁箍。不久，安平被攻破，齐国人争相逃命，乘车的人都因车轴被撞断而被燕军俘虏，只有田单和其同族人因用铁箍包住了车轴，得以逃脱，向东退守即墨。

临危受命

这时，燕国军队已攻下齐国七十多座城市，只有莒（今属山东）和即墨（今山东青岛境内）未被攻下。燕军听说齐湣王在莒城，就调集军队，全力攻打。就在这个时候，齐国大臣淖齿忍无可忍，杀死了暴君齐湣王，坚守城池，抗击燕军。燕军怎么也攻不破莒城，于是就围住莒城，转而攻打即墨。

即墨的守将战败被杀，城中群龙无首。于是人们都推举田单，说："安平那一仗，田单和其同族人因用铁箍包住车轴才得以脱险，可见他很会用兵。"这样，田单在危急关头，在即墨城守将阵亡的情况下，受命于危难之际，被推为首领。乐毅围即墨长达三年，也没有攻下来。

临阵不乱，制造时机

不久，燕昭王去世，其子继位，这就是燕惠王。惠王和乐毅不和。田单就使用离间计，使燕惠王相信，乐毅是在拖延时间，其目的是想在齐称王。齐国人所怕的，是燕国

派其他将领来攻。燕惠王信以为真，就派大将骑劫代替乐毅。乐毅无端地被人冤枉，就投奔赵国去了。燕国官兵为此愤愤不平。

田单又散布流言说：“燕军要是把俘虏的齐国士兵的鼻子割去，让他们在队伍的前列，再和我们交战，那即墨人必定害怕，即墨就会被攻破。”燕军听到此话，就照此施行。结果，城里的人看到齐国的降兵都被割去了鼻子，人人义愤填膺，全力守城，只怕被敌人抓住。田单又派人散布流言说：“燕军要是挖了我们的祖坟，侮辱了我们的祖先，那可真让我们害怕。”燕军听说以后，又把齐国人的坟墓都挖了，并把死尸焚烧殆尽。即墨人从城上看到此情景，人人义愤填膺，个个咬牙切齿，坚决请求出城拼杀。田单知道出战的时机到了。

火牛阵破敌

田单又派人装作即墨的富户，给燕军送去钱财，并对他们说：“城里的粮食快吃完了，人心不稳，过几天就要投降。到时请你们保全我们一家老小。”骑劫信以为真，燕军士兵知道后，便只等齐国投降。

田单收集了一千多头牛，给它们披上大红绸绢，身上画了龙的图案，在它们的角上绑好锋利的刀子，然后把浸满油脂的芦苇绑在牛尾上。他令人把城墙凿开几十个洞，点燃牛尾上的芦苇，趁黑夜把牛赶出，派精壮士兵五千人跟在火牛的后面。因尾巴被烧得发热，火牛狂怒地直奔燕军兵营，牛尾上的火把将黑夜照得通明如昼。燕军看到它们身上都是龙纹，撞上非死即伤，惊慌失措。齐军的五千壮士又随后杀来，其他士兵也擂鼓呐喊，甚至老弱妇孺都手持武器登上城头，鼓声、呐喊声震天动地。

燕军大败而逃。齐国人在乱军之中杀死了燕军的主将骑劫。齐军紧紧追击燕军，齐国的其他城镇也纷纷反抗。田单将七十多座城池全部收复了，田单迎接齐襄王回到都城临淄。齐襄王封田单为安平君。

方柱形饰透雕楼观·战国

楼高 21.5 厘米，人物鸟兽阙状方形饰，是在燕下都遗址东贯城村所采集的战国文物。

人物
廉颇
蔺相如

57

时间：战国后期

负荆请罪

廉颇由于蔺相如位居其上，心怀不满，后来明白蔺相如的苦心后，身背荆条上门请罪，蔺、廉两人结成了生死之交。这个故事充分说明了领导人应该识大体，顾大局，以国家利益为重。

渑池之会

战国时期的廉颇是赵国有名的良将，赵武灵王在位时，他南征北战，为赵国立下了汗马功劳；赵惠文王当政，他东挡西杀，更是为赵国屡建新功。在赵国，廉颇是谁都比不了的功臣，举足轻重：廉颇如果拥护谁，谁就好像坐了顺风之船；但是如果他反对谁，谁就犹如逆水行舟。廉颇由于战功显赫被封为上卿。

后来，秦国仗着自己强大的国势，假意要以十五座城池为代价，骗取赵国的和氏璧。蔺相如奉命出使秦国，不畏强权，为赵国保全了和氏璧，赵惠文王封蔺相如为上大夫。不久之后，蔺相如陪赵王出使秦国，在渑池（今河南渑池西十三里朱城）相会，秦王请赵王为他鼓瑟奏乐，以羞辱赵王。蔺相如以死相胁，也请秦王为赵王敲瓦盆，保全了赵国的体面，并安全地把赵王从虎狼之地护送回国。赵惠文王封蔺相如为上卿，位在廉颇之上。

相如退让

廉颇得知蔺相如位于自己之上后，逢人便说："我是屡立战功的将军，蔺相如什么东西！不过仗着口舌之功，那算什么本事啊！况且他出身卑贱，居然官位在我之上，我决不甘心，有机会见到他，我非教训他一番不可。"这段话传到了蔺相如的耳朵里，从此只要廉颇出现的地方，蔺相如一定会退避三舍，避免两人见面。

一天，蔺相如乘马车外出办公，正好廉颇也坐着马车迎面过来，两人狭路相逢，蔺相如连忙命他的马车夫把马车退到街道旁边的小巷里，给廉颇让路。待廉颇的马车过去之后，蔺相如的马车才从巷子里出来。廉颇为了刁难他，等蔺相如的马车走上街道，他命马车夫掉头又回来了。两辆马车再次相遇，蔺相如命马车夫再次退回巷子，再给廉颇让路，等廉颇过去之后才从巷子里出来。此事过后，廉颇四处向人说蔺相如是个胆小鬼，害怕自己。

蔺相如论理

相如的门客一起来进谏说：“我们所以离开亲人来侍奉您，就是仰慕您高尚的节义呀。如今您与廉颇官位相同，廉颇将军口出恶言，而您却害怕躲避他，您怕得也太过分了，平庸的人尚且感到羞耻，何况是身为将相的人呢！我们这些人没出息，请让我们告辞吧！”蔺相如挽留他们说：“诸位认为廉将军和秦王相比，哪个更有势力、更厉害啊？”回答说：“当然是秦王了。”相如又说：“是啊！那你们想想，我连秦王都不怕，又怎么会怕廉将军呢？为了赵国，我敢当面指责秦王，为什么与廉将军狭路相逢，犹恐避之不及呢？”众门客询问这是什么道理。

蔺相如接着说：“现在秦国有些畏惧赵国，就是因为赵国文有在下，武有廉将军，如果我们有了矛盾，正是秦国求之不得的事情，秦国就会乘机攻击赵国了，国家就要遭殃了。所以我才要事事避开廉将军，防止正面冲突，以免闹得不可开交。”廉颇听说后，惭愧万分。

将相和

当天，廉颇赤裸上身，背着荆条，走到蔺相如府前，看门人慌忙通报蔺相如。廉颇见到蔺相如，双膝跪地，双手举荆条向蔺相如请罪说：“我一介武夫，才疏学浅，差点误国，请上卿责打我吧。”蔺相如连忙把廉颇扶起：“您我都是赵国的重臣，您能体谅我，我已经感激万分，以后您我尽心辅佐国君就是了。”廉颇连连点头：“蔺上卿，我想和您成为生死之交。”蔺相如说：“好啊，好啊。”两人遂成刎颈之交。

《将相和图》· 现代 · 陈明大

此后十余年间，赵国一片安定，国力大增。廉颇和蔺相如“将相和”的故事，也成为千古佳话。后人把主动向人认错道歉，自请责罚的做法称为“负荆请罪”。

时间：前 273

魏国免费修周城

周臣马犯略施小计，就让魏军帮助周修筑了城墙。只可怜周王室已经衰落至此，连修城墙都得借助他人了。

欲修城墙

周赧王四十二年（前273），魏、赵两国攻打韩国，围困了韩国城邑华阳（今河南新郑北）。韩国向秦国求援，秦国以武安君白起、客卿胡阳为大将救援韩国。白起出兵，急速行军，袭败魏、赵联军，直逼魏都大梁，魏国割南阳地（今太行山以南、黄河以北）求和。

周赧王担心战火不日将烧到周，想加固城墙，以防万一，但又没有足够的人力和财力，于是赧王召见群臣，商讨对策。大臣马犯上奏说："我倒是有个计策，可以修好城墙，又使我们平安无事。"赧王听了大喜，连忙催道："有何妙计，快快说出来呀！"马犯不紧不慢地说："我请求您派我去魏国，请他们出兵帮咱们修筑城墙，这样我们就不用怕秦国的军队了。"赧王说："他们怎么会心甘情愿帮咱们修固城墙呢？"马犯说："您只要派我去就行了，我自有妙计。"事到如此，赧王也没有别的办法，只好让马犯去试试。

游说秦赵

马犯到了魏国，对魏国国君安釐王说："赧王病了，很严重，如果他死了，我这个做臣子的也活不了

狩猎纹壶·战国

狩猎纹壶壶形为战国早期以来流行的鼓腹壶，现藏于中国台北故宫博物院。

了，所以我来是想请您出兵帮周守城。作为谢礼，天子愿意把九鼎送给您，您要是同意的话，就马上派兵吧。”九鼎是王室权威的象征，魏王听了以后，正是求之不得，也没多想就爽快地答应了，立刻派出精兵，以保卫周的名义起程向周进发。

马犯又找到秦王，说：“魏国的军队正在向周进发，他们声称是来守卫周的，但我怀疑他们要攻打周，不信您可以派兵到国境那去看看。”秦王果然上当，也派兵向周进发。马犯返回魏国，见到魏王，说：“赧王的病加重了，九鼎的事现在没法请示，我以后找适当的机会再帮您办九鼎的事吧。但是您派兵来周，各国已经知道了，都怀疑您要攻打周。”魏王很委屈地说：“我怎么会有攻打周的想法呢？是你请求我派兵帮你们守卫城池的呀。”马犯说：“实际情况确实如此，但各个诸侯不了解情况，他们就会认为您要在周王病重的时候乘机攻打周，这样我们商量的九鼎的事也很难办了。现在秦国已经派军队赶往周了。”

巧引魏军修周城

魏王听了急得团团转。马犯看时机到了，就对魏王说：“大王不必担心，我倒是有个计策。”魏王听了，马上问马犯道：“先生快说呀。九鼎我也不要了，只要让各诸侯知道我派兵的真实目的就可以了。”

马犯故作诚恳地说：“不如您命令到周去的军队帮助周修筑城墙，这样，各诸侯就不会怀疑您了。”魏王听了说：“这个办法行吗？”马犯说：“这个办法肯定行。本来各国听到您发兵向周进发的消息，认为您是趁我君病重之际，想到周捞些好处，但如果您的军队帮周修筑城墙，就把您的真实目的展现给了各国。”魏王听了马犯的话觉得在理，说道：“就依先生所言，让我们的士兵把周城的城墙修筑好。”于是魏王派人火速通知在周的军队，让他们帮周修固城墙后，马上返回。

马犯凭借自己的智慧和勇敢，不费一兵一卒、不花一分一厘就把城墙给修好了。本来已经发兵的秦国，看到魏军原来只是在帮周修筑城墙，虚惊一场，也就撤军了。结果，周的城墙被魏军尽心尽力修葺得焕然一新，秦国也不敢轻易来犯了。

•人物•
触詟

59

⏲时间：前 266

触龙巧说赵太后

秦军围困赵国，齐国答应出兵解围，但是赵国必须派长安君为人质，赵太后坚决不同意。左师触龙从爱子的角度劝说赵太后，虽句句闲话，却字字真情，赵太后欣然接受。

国难当头

前266年，赵国国君惠文王去世，孝成王继位。当时孝成王还年幼，由赵太后摄政。秦国就乘机发兵攻打赵国，赵国危在旦夕，赵太后不得不向齐国求援。齐国答应出兵，但提出了一个条件：赵国必须派太后的幼子长安君到齐国做人质。这是当时的惯例。长安君是赵太后最疼爱的小儿子，赵太后大怒，坚决不同意。

巧转话锋

大臣们不敢去劝说太后，但是国势危急，都急得团团转。这时候，左师触龙决定进宫觐见太后。

太后听说触龙要进宫，就知道肯定是质子的事，气冲冲地等着他。触龙年事已高，腿脚不方便，蹒跚地来到太后面前，向太后请安说："我脚上的毛病加重了，真是老了。我担心您玉体欠安，就进宫看看您，向太后您请个安。"

太后见他一副拉家常的样子，气顿时消了，说："我现在也老了，出行也只能坐车。"触龙又问："太后也老了啊。最近饭量没有减少吧？"太后回答："没有什么胃口，只是吃一点稀饭。"触龙说："我近来也不是很想吃东西，每天强迫自己散步三四里，累了就会多吃点东西，身体也舒服一些。"太后的脸色舒展了，叹口气："我做不到啊，没有那个闲心散步啊。"触龙笑着说："太后国事虽忙，还是身体要紧啊。老臣还有一事相求。我有个

舒盗圆壶·战国

高 44.5 厘米。1977 年河北平山出土。有铭文 204 字，歌颂了先王的慈爱贤明，赞扬了司马赒的伐燕战果。现藏于河北省文物研究所。

小儿子，名字叫舒祺，我已经老了，以后不能什么事情都照顾他了，就想让他出去闯闯，以后好安身立命，请太后批准他当宫廷侍卫，来保卫您的安全。”

太后问：“他今年多大？”触龙回答：“不过15岁。虽然还小，但是我想在死前把他托付给您。”太后问道：“你们这些男人也这么疼爱小儿子吗？”触龙答：“我们可比你们女人更疼爱小儿子。”太后摇头说：“女人才更疼爱小儿子呢，你们不知道罢了。”

说服太后

触龙说：“太后，微臣认为您疼爱燕后，超过疼爱长安君啊。”太后笑了：“这你可错了，我对燕后的疼爱远不及长安君。”燕后是太后的女儿，嫁给了燕君。触龙说：“父母疼爱孩子，都为他们的长远考虑，不会只看到眼前的利益。您把燕后嫁出去的时候，哭泣着不想让她走，现在您每想起燕后远嫁就会掉泪。在祭祀的时候，您都会为燕后祈祷，请求上天保佑燕后，千万不要让她回来。您不是不想她，而是您知道她回来意味着什么。您这样做是为了燕后的长远利益打算啊。”

触龙接着说：“太后，赵氏先祖的旁系子孙中现在还有封爵位的吗？”太后摇摇头。触龙接着问：“除了赵国，别的国家呢？”太后答道：“没有听说过。”

触龙感慨道：“这就是所说的近的灾祸会落在自己的身上，远的祸患就会殃及自己的子孙。并非国君的子孙一定不好，而是他们地位尊贵，却对国家没有功劳；他们俸禄优厚，却对国家没有业绩。但是他们还有那么多的金银珠宝，这就难免有灾祸了啊。现在太后把肥沃的土地给长安君，赐给他很多宝贝。但是如果他不趁您健在时建功立业，您一旦去世后，长安君拿什么在赵国立身呢？我认为您只为长安君做眼前的考虑，所以说您爱长安君不及爱燕后。”

太后越听越有道理，也为长安君以后的生活担忧起来，就说：“让他去齐国吧。”长安君于是到齐国做人质，齐国就发兵解救了赵国之急。触龙说服赵太后，正是找对了话题的切入点，旁敲侧击，然后再导入正题，不知不觉中就使太后放弃了固执的念头，十分高明。

时间：？～前255

厕中死人做丞相

范雎无端遭祸，历尽磨难，凭借自己的聪明才智化险为夷，最终当上了秦国的丞相，尽心尽力辅佐秦昭襄王，成就了一番大事业。

魏国人范雎（？～前255），字子叔，有谈天说地之能、安邦定国之志，想让魏王重用他。无奈他出身贫寒，不能见到魏王。于是范雎先投奔于中大夫须贾门下，做了一名门客。

出使齐国

当初，齐湣王无道，燕国的乐毅联合四国一同讨伐，魏国也出兵助燕，后来田单破燕复齐，齐襄王即位。魏王怕齐国报复，就派须贾出使齐国重修和好。须贾带范雎同去。

到了齐国，齐襄王问须贾道："我先王与你的国家一同伐宋，意气相投，但你们却和燕人一起攻打齐国，今日你们又假言来骗我，你们魏国反复无常，我怎么能够相信你们呢？"须贾无言以对，范雎在旁，回答道："大王的话不对。先前我君跟随着齐国伐宋，是奉齐国的命令，本来一开始两国约定要分三成的土地给魏国，但齐国背约，把土地都占了，还侵害我们，是齐国先失信于魏国的。诸侯厌齐之骄暴，故和燕国攻齐。济西一战，五个国家都参加了，又不是单单魏国一个国家。但魏国没有跟随燕军进攻临淄，是出于对齐国的尊重。今天大王英明盖世，欲报仇雪恨，应以桓公为榜样，所以魏王派须贾来和齐国修好。大王只知道责备他人，不知道反省自己，恐怕要重蹈湣王的覆辙。"

齐襄王愕然起身道："是寡人的过错。"接着襄王又问须贾："这位是何人？"须贾说："是臣的门客范雎。"齐襄王顾盼良久，乃送须贾回公馆休息。齐襄王暗地里派人找到范雎，对他说："我王仰慕先生是人才，想留您在齐国做客卿，万望先生勿辞。”

范雎说：“我与魏国使者同来齐国，却不同时回去，我岂不成了无义无信之人？以后还怎么做人呢？”齐襄王听到回报，更加敬慕他，又派人给范雎送去牛、酒和十斤黄金。范雎不肯接受。齐襄王四次派人去送，范雎无奈，只好收下牛、酒，黄金却怎么也不肯接受。这件事早有人报告了须贾，须贾开始怀疑范雎。

飞来横祸

办完事，两人回到魏国，须贾对相国魏齐说了这件事。魏齐大怒，派人将范雎抓来，严刑拷问。魏齐厉声问道：“你可与齐国私下里有来往？”范雎说：“没有。”魏齐道：“你若私下里没有和齐来往，齐襄王怎么会留你当客卿呢？”范雎说：“这事确有，但我没有答应。”魏齐大吼道：“卖国贼！”然后命令左右对范雎施以酷刑，直把范雎打得昏死过去。狱卒报告魏齐说：“范雎已气绝身亡了。”魏齐过来看，见范雎直挺挺地躺在血泊中，就命狱卒用破席把范雎裹起来，扔到了厕所里。

谁知天佑范雎，命不该绝。天黑下来，他渐渐苏醒，从席子的缝隙中看到只有一个士兵看守他。范雎呻吟了一下，那士兵赶忙过来看。范雎对他说：“我已经活不成了，如果你能让我死在家中，我家里的黄金都给你。”那士兵觉得有利可图，就对范雎说：“你先装死，我去禀报相国。”士兵入禀魏齐说：“相国，厕所中那个死人怎么处置？”魏齐说：“把他扔到野外去。”士兵将范雎送回家，范雎让妻子取出黄金答谢士兵，又将破席子交与士兵，让他抛到野外，以掩人耳目。范雎对妻子说：“你们要假办丧事，好不让别人怀疑。我到我的八拜兄弟郑安平那里养伤，千万保密。”妻子按范雎所交代去做，全家举哀戴孝，魏齐得知后更加放心，确信范雎是真的死了。

金镇·战国

古人席地而坐，而以此镇压住席子四角。此外，金镇也可能用于宗教仪式。

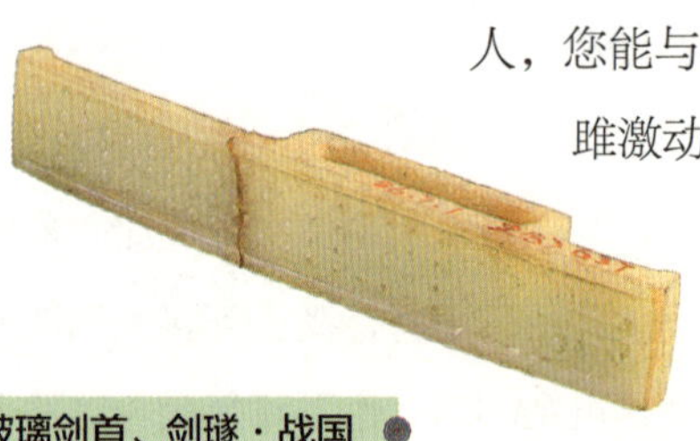

玻璃剑首、剑璏·战国

逃离魏国

范雎在郑安平家疗伤，身体渐渐康复。两人躲入山里，范雎更名改姓，名为张禄。过了大概半年的时光，秦国的使者王稽出使魏国，住在公馆。郑安平装作驿卒服侍王稽，应对敏捷。王稽很喜欢郑安平，于是悄悄问他："贵国有没有什么贤德的人还没有得到重用？"安平说："找个贤德的人谈何容易？以前是有一个叫范雎的，但被相国杀害了……"郑安平还没说完，王稽就叹气道："真是可惜啊！此人如果到了我们秦国，必能施展其才华。"郑安平接着说："现在臣的家里有个叫张禄的先生，其才智不在范雎之下，您想见一见吗？"王稽高兴地说："既有此人，为什么不让他来见我？"郑安平说："此人有仇家，白天不敢出行。若没有此仇，他早就成就一番事业了。"王稽说："晚上来也没有关系，我等他。"

于是，郑安平叫范雎也装扮成驿卒的模样深夜来拜见王稽。王稽问范雎如何看待天下大势，范雎把他的观点详细地说了，就好像这些事情发生在他眼前一样。王稽说："我知道先生是个非同寻常的人，您能与我同回秦国辅佐我王吗？"范雎激动地回答说："我和魏国有解不开的深仇，正想离开这里，您的邀请我求之不得。"于是王稽办完事情就偷偷地与范雎、郑安平会合，载了他们回到秦国。

弃车避祸

车队进入秦国地界。突然路上尘土四起，一队秦国骑兵自西而来。范雎就问王稽："在官道上如此驰骋，这是谁的队伍？"王稽看了一下，苦笑着说："这是我国相国穰侯的车队，恐怕是冲着我们来的。"范雎冷静地说："我听说穰侯独揽秦国大权，妒贤嫉能，尤其厌恶接纳诸侯国来秦的客卿，我暂且在车中躲一下吧。"

正说着，穰侯的马队已到，王稽连忙下车迎接，两人寒暄起来。聊着聊着，穰侯突然说："您没带诸侯的客卿一起回来吧？这些人仗着口舌骗取富贵，其实一点用都没有，实在是我大秦的蛀虫。"王稽连忙赔笑回答说："绝对没有。我和相国大人一样讨厌这些人。"又聊了几句，穰侯告辞走了。范雎立刻下车准备步行，王稽说："您怎么啦？相国已走，我们坐车走吧。"范雎说："我刚才暗自观察穰侯的相貌，发现其人多疑。他刚才没有搜查您的车子，待会肯定后悔，必然返回来搜查，我还是躲避一下为好。"于是范雎叫上安平一起步行，王稽车队则跟在后面。

约行了十里，就听到身后有马铃响，果然有二十个士兵骑马飞奔而来，截住王稽的车队说：“我们奉相国的命令，怕您带有闲杂人等，让我们过来再检查一下，您可千万不要见怪。”于是挨车搜查，并未发现什么，方才罢休。王稽感叹道：“张先生果然是智士，我可不如他。”

昭襄王求教

王稽回到国都，向秦昭襄王复完命，又说道：“我去魏国见到一个张禄先生，智慧出众，是天下少有的奇才。他与我议论说秦国的形势危如累卵。他有良策，但必须当面和您说，所以我就把他带回秦国了。”秦昭襄王说：“诸侯的门客都爱说大话，你先安排他住下吧。”

这一住就是一年，秦昭襄王早就忘了这件事。范雎于是上书给秦昭襄王，秦昭襄王看到来书猛然想起，忙派人召范雎到离宫。范雎先到宫门前，看到秦昭襄王的车队来了，假装不知，故意挡住秦昭襄王的路。

侍卫驱赶他说：“大王来了，快闪一边去！”范雎说：“我只听说秦国有太后、穰侯，没听说过有大王呀？”两人正吵着，秦昭襄王到了，问侍卫为什么与人争吵，侍卫就把范雎讲的话向秦昭襄王说了一遍。

秦昭襄王并没有生气，领范雎进入内宫，让侍人退下，跪在席上对范雎说：“先生请指点指点我吧。”范雎说：“大工如此有诚意，我愿追随大王。”于是范雎跪倒谢恩，又接着说道：“穰侯借着太后的威望，独揽大权，我怕若干年后，掌管秦国的就不是您的子孙了。”秦昭襄王听后再次拜谢范雎说：“先生一席话我早听到就好了。”

范雎拜相

第二天，秦昭襄王就收了穰侯的相印，又安置太后于深宫，不许她干预朝政。昭襄王拜范雎为丞相，把应城封给他，号为应侯。

范雎得到了秦昭襄王的器重，大起知遇之感，便全心全意地辅佐昭襄王。范雎献上了“远交近攻”的外交政策，即与不接壤的国家保持友好，而去进攻邻近的国家。这样既稳住了远方的对手，又占了就近交战的优势。“远交近攻”的策略实施后，很快便奏效了。秦国就是自此开始，真正摆脱了地处西部偏远地区的不利条件，开始了吞并六国的历程。

时间：前260

长平之战

长平一战可以说决定了战国最终的命运。这一战中，秦赵两国都是起倾国之兵，能人志士先后登上舞台。赵国最终失败，败就败在用人不当。一个人的任用可以决定国家的兴亡，由此可见。

赵国自赵武灵王“胡服骑射”以来，国力日益强盛，成了秦国周边唯一可以与强秦抗衡的国家。秦国要统一天下必须要击败赵国，但是谁也没有想到，决定秦赵两国命运的大决战的战火，竟然由秦国和韩国两国点燃。

舍城献赵

秦昭襄王根据丞相范雎“远交近攻”的战略构想，从前268年起，先后出兵攻占了魏国的怀（今河南武陟西）、邢丘（今河南温县附近），迫使魏国亲附于己。接着又大举攻韩，先后攻取了陉（今河南济源西北）、高平（今河南济源西南）、少曲（今河南济源西）等地，并于前261年攻克野王（今河南沁阳），将韩国拦腰截为两段。消息传来，韩国朝廷上下一片惊恐，赶忙遣使入秦，以献上党郡（今山西长治一带）向秦求和。

其实，由于野王失陷，上党已经孤悬在外，早晚会成为秦国的领土，对于韩国来说，献上党给秦国不过是个顺水人情罢了。但是上党太守冯亭认为，如果投降秦国，秦国接收了上党，转而还会继续攻击韩国。因此冯亭决定将上党地区十七座城池全部献给赵国，由此挑起秦赵两国的争端，这样韩国也许还有生存下去的机会。

玻璃璧·战国

长平之战纪念馆

长平之战纪念馆位于高平市永禄乡，纪念馆以尸骨坑、出土文物、历史图片为主，辅以场景、油画、雕塑、幻影成像、影视片等展示手段，全方位多角度展示和介绍了长平之战整个战争的始末。展馆共分四大部分，分别是战国烽烟、长平之战、长平遗址以及历史遗珍。

上党在赵国邯郸以西，处于太行山脉西侧。对于赵国来说，一旦上党落入秦国的手中，秦军则可以居高临下，威胁邯郸。现在冯亭主动来献，赵国自然上下皆大欢喜，赵王就派老将廉颇率领四十多万大军前去接收上党，抵御秦军。

但是秦军行动迅速，等到廉颇的大军到达上党附近时，秦军已经攻陷了上党全部17座城池，只有冯亭率领残兵败将迎接廉颇。

蓄势长平

上党虽然已经失手，但是几十万秦军驻扎在上党，廉颇必须找到一个地方来抵御秦军，防止秦军乘势进攻赵国，廉颇将这个地点选在了长平。狭义的长平，是指当今山西高平市西北长平村，为长平之战中心地带；广义的长平，大体为今高平市城乡全境。这之后发生的秦赵长平之战主战场即含以长平村为中心的丹河两岸南北三十多千米、东西十余千米的地区，即广义的长平。

从战略上讲，长平扼守上党与邯郸之间的咽喉，是不得不守的地方。从战役层面上讲，长平东、西、北三面环山，丹河纵贯全境。整个长平丘陵众多，便于军队隐蔽调动，丹河及其支流一方面可以作为防守方的天然屏障，一方面可以用来调动部队。因此，廉颇在长平金门山下，以丹河为依托，全力加固丹河防线。赵军不但有水宽谷深的丹河可以凭借，还有大粮山、韩王山两大制高点，可鸟瞰数十里，敌我动静，一目了然。此外，长平地区平原地形相对较少，不利于大兵团作战，秦军如果进攻只能梯次使用兵力，对防御的赵军来说是很有利的。

廉颇在丹河东西分别建立了营垒屯兵，并分兵一万给冯亭守光狼城；分兵一万给盖负守东鄣城；分兵一万给盖同守西鄣城。以这三处作为前哨阵地，摆出了一副坚守的态势。

秦将王龁率领秦军也抵达长平，先后攻击东鄣城、西鄣城和光狼城，驻守的赵军先后败走，秦军由此进入长平地区。

秦军大军首先进攻西垒，廉颇指挥赵军略做抵抗后就撤至丹河以东的西垒，以丹河作为屏障，抵御秦军。

三年的僵持

前期作战，赵军先后损失了近五万人，但已经成功地将秦军牵制在长平的预设阵地前，开始了长期坚守。

廉颇下令各营严禁出战，私自出战的，就是胜利也要将主将问斩。廉颇的战略意图很清楚，长平地区远离秦国的都城咸阳，但是靠近赵国的邯郸，因此秦军的后勤补给线要比赵军长，廉颇决心在长平拖垮秦军。

为了寻求赵军决战，秦军副将王陵建议派兵阻断赵军的主要水源——金门山下杨谷涧溪的流水。但是廉颇早有准备，在营中挖掘了暗渠，使得大军用水不缺。

秦武安君白起像·明·无款

白起（？～前 257），中国战国时代军事家、秦国名将，兵家代表人物。白起于秦昭王时代征战六国，为秦国统一六国作出了巨大的贡献，被封为武安君。

就这样，秦赵两国近百万大军在长平地区相持了将近三年，而在第三年，形势终于出现了转变。那年是赵惠文王去世，赵孝成王即位。

三年的相持，使得秦国耗费了大量的人力、物力、财力。虽然秦国可以通过渭河和黄河向前线输送补给，在一定程度上减少了大军长途补给的代价，但是数十万大军长期在外，还有数十万劳力被用于保障运输线的运转，使得即使像秦国这样的强国也不堪重负，必须速战。但是前线的主将王龁面对老将廉颇的防守战术无计可施，秦国必须换将。换将不仅仅是要换掉王龁，而且最好是将对手廉颇也换掉，而赵孝成王的即位给了秦国这一机会。

散布谣言

秦国面临巨大压力的同时，赵国也面临着巨大的后勤补给压力。虽然赵军处在赵国边境的长平地区，补给线长度要远远短于秦国，但是长平与邯郸之间横亘着太行山脉。赵国补给长平，由于是逆黄河而上，无法利用水上交通，只能从陆路穿越太行山向长平输送给养。在战国时期，陆路输送给养比水路要消耗更多的粮食，每向前线输送一斤军粮，就要有十斤消耗在路上。再加上那几年赵国连续遇到灾荒，国内存粮也消耗殆尽。赵国向齐、魏等国借粮也没有到手，使得赵国的补给同样捉襟见肘。

赵孝成王即位后，急于建立功业以巩固自己的地位，这样廉颇的消耗战术就遭到了孝成王的不满。秦昭襄王和丞相范雎利用了赵国同样被旷日持久的战争拖得不堪重负，赵孝成王同样急于求战的心理，派出了大量的间谍到邯郸散播谣言。于是赵孝成王就听到了这样的话：廉颇已经老而无用，对秦军只能一味地避守，不敢交战，长平的赵军早晚要败在秦军手里，秦军只惧怕赵国名将赵奢的儿子赵括。

临阵换将

赵奢是赵国大将，他曾经于阏与大败秦军。赵奢的儿子赵括自小熟读兵书，父子论起兵法，赵奢也不及他。有这些条件作铺垫，也就由不得赵孝成王不信了。如今赵奢已死，正可以起用赵括。

赵孝成王找来赵括，问他是否敢于代替廉颇，统领长平赵军。赵括回答："如果统领秦军的是白起，我就要考虑考虑了，但是现在统领秦军的王龁，则根本不是我的对手。如果我去指挥长平的赵军，一定主动出击，全歼秦军。"

对于起用赵括，赵国的老相国蔺相如不同意，他向赵孝成王进谏说："此次长平之战，秦赵两国都动用了全国的兵力，是决定两国命运的大战。赵括虽然从小就熟读兵书战策，但是并没有实战经验，把一场决定国家命运的大战交给他去指挥实在是太草率了。"

赵括的母亲也表示反对，她对赵孝成王说："我的夫君赵奢临死前曾经说过，我儿赵括把行军打仗看作儿戏一样，不知道战争是关系到国家

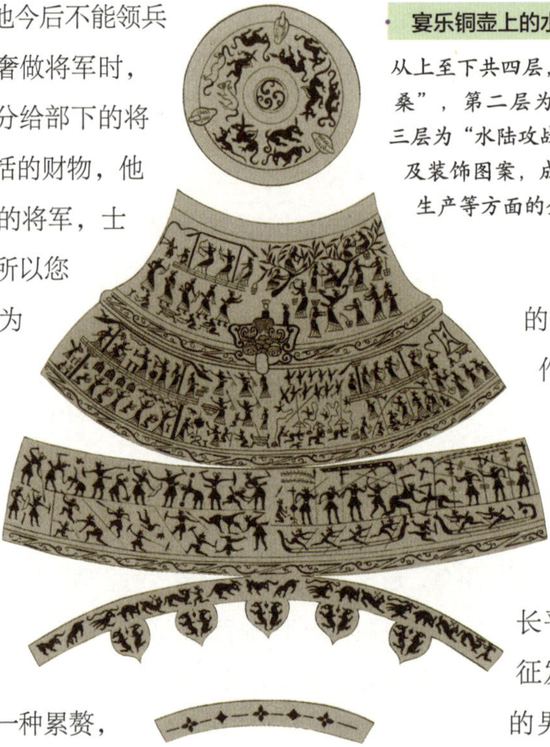

生死存亡的大事，他今后不能领兵打仗。而且从前赵奢做将军时，得到国君的赏赐都分给部下的将士；可您赏赐给赵括的财物，他都留给自己，这样的将军，士兵不会为他拼命。所以您还是不要任用赵括为将吧。”

然而对于蔺相如和赵括母亲的话，赵孝成王都不以为然。作为一个刚刚继位的国君，这些老人的话对于他来说只是一种累赘，倒是赵括这样的少壮派军官更符合孝成王的胃口。

就这样，赵括来到长平，替换了已经扼守长平三年的廉颇。秦国一见反间计成功，也立刻换将，用白起替换了王龁。

宴乐铜壶上的水陆攻战纹饰

从上至下共四层，第一层为“习射、采桑”，第二层为“宴乐、弋射”，第三层为“水陆攻战”，第四层为“狩猎”及装饰图案，成为战国时期的战争、生产等方面的全景图。

决定命运的交锋

赵括到任后，立即命令赵军对秦军主动出击。赵军休整了三年，而秦军三年来不管如何挑战，赵军就是坚守不出，多少有些懈怠，因此一上来抵挡不了赵军的进攻，一连输了几仗。

旗开得胜使得赵括踌躇满志，下令全军全线进攻，仅留下冯亭率领一小部分军队把守东垒。而此时白起则正在初战失利的情况下部署着新的作战计划。

首先，白起请求已经坐镇野王的秦昭襄王将全国的部队增援长平。秦昭襄王于是征发了全国15岁以上的男子增援长平。然后，白起开始将军队退守西垒，将赵军主力吸引到西垒前。最后，白起挑选了两万余名精兵，派他们抄小路去袭击东垒。驻守东垒的冯亭寡不敌众，最终东垒被秦军占领，赵括率领的四十万大军就处于秦军前后夹击之下了。

这个时候，赵括如果沿着丹河两岸向南北突围，则赵军大部还可以脱离险境，在其他地方继续对抗秦军，因为秦军仅仅是占领了东西两垒，还没能对赵军形成全面合围，秦昭襄王发来的援兵也没有到达战场。此时长平战场上秦赵两军兵力相差不大，而赵军还处在内线作战的有利地位。但是赵括决心在长平和秦军一决生死，命令全军主力夺回东垒。此时地形就

变得对赵军不利，在东垒前，四十万大军施展不开，只能一批批冲向秦军占据的东垒阵地，一次次无功而返，而时间就这样被耽误了。

纸上谈兵的下场

白起此时一方面焦急地等待援军，一方面命令秦军在东西垒之间的赵军周围修筑长墙，就这样赵军逐渐被秦军的优势兵力完全合围了。为了防止包围圈内的赵军突围，秦国出动轻骑兵反复骚扰赵军，让英勇的赵国战士得不到任何喘息的机会。赵括为了防止己方大军被秦国骑兵分割包围，命令赵军修建营垒工事，以堡垒对堡垒来抗衡秦军。

赵军在长平被合围的消息传回邯郸后，恐惧的阴云笼罩在赵孝成王的心头，孝成王明白长平这四十万大军对赵国的意义。为了挽救危局，孝成王开始在赵国国内征集一切可以拿起武器的男丁，准备增援长平。

没等孝成王集合好队伍，昭襄王早就已经征发了秦国境内所有15岁以上的男丁，从秦国的河内郡直插长平背后，彻底将邯郸和长平的联系切断。同年九月底，长平的赵军被围已经四十六天，四十万大军早就吃光了粮草，赵国将士只能杀掉战马，挖洞捉鼠来填饱肚子。战马和野鼠也吃完了，为了生存，战士们只能从死去的战友身上割肉相食。赵括知道大军坚持不了多久，决定与秦军决一死战，赵括将剩余的赵军编为四个梯队，不分昼夜地向秦军发起冲击，想打开一个缺口。可秦国虎狼之师将城墙守得固若金汤，赵军久攻不下。为了让将士们冲出包围，赵括亲自率领近卫冲锋，想鼓舞全军的士气，可秦军箭如雨下，赵括还没冲到近前就身中数十箭。这位赵国的罪臣、历史的弃儿却在此时表现出了一丝名将的风采，他仍然高呼向前，最后力战而死。

旌旗折，长剑断，主将死，粮草尽，剩余的赵军全体投降，秦国取得了最后的胜利。在解除了赵军的武装后，白起下令将两百余名未满15岁的赵人放归邯郸，其余的赵国降卒全部被坑杀于长平。长平一战，秦国以巨大的代价摧毁了东方头号的军事强国——赵国（齐、楚虽兵力多于赵国，但士卒的训练和尚武之风远逊于赵），天下进入了战国时代最后的四十年，秦人一统天下的时刻即将来临。

《五藏山经》

地理环境是人类生存活动的基地，中国的先民们从远古开始，就逐步积累了一定程度的地理知识。为了对积累起来的地理资料进行初步的综合整理，以服务于生产和政治、军事的需要，春秋战国时期先后出现了中国最古老的地理著作《禹贡》和《山海经》中的《五藏山经》等。

《山海经》是一部内容丰富、风貌独特的古代著作，包含历史、地理、民族、神话、宗教、生物、水利、矿产、医学等诸方面。《山海经》的今传本为18卷39篇，由《山经》《海经》和《大荒经》三部分组成。其中《山经》5卷，包括《南山经》《北山经》《东山经》《中山经》，共2.1万字，占全书的2/3。《海内经》《海外经》8卷，4200字。《大荒经》及《大荒海内经》5卷，5300字。

《山经》书成

《山经》大约是战国后期写成的，包括五篇，在结尾处有“天下名山经五千三百七十山，……居地也，言其五藏”的文字，所以又被称为《五藏山经》。所谓五藏，可能兼有地分五区，书分五篇的意思。《五藏山经》以山为纲，把中国的山地分为中、南、西、北、东五个走向系统，每个系统中的许多山又被分为若干行列，即若干次经，依次分别叙述它们的起首、走向、相距里数和结尾。虽然当时还只有把山隔成行列的概念，而缺乏山势连绵的意义，但在叙述每列山岳时记述山的位置、高度、走向、陡峭程度、形状、谷穴及其面积大小，并注意两山之间的相互关联，有的还涉及植被覆盖密度、雨雪情况等，显然已具备了山脉的初步概念，堪称中国最早的山岳地理书。《五藏山经》中的有些山名现在还在使用，但由于原著对五大系统中各个山列的方位、距离的说明不够准确，加上一些虚构、夸张的内容，造成后人的许多误解和争论。

何罗鱼

据《山海经·北山经》载，此鱼生长在谯明山（现代地名待考），1头10身。上古时代，人们的知识和涉足的地域有限，因此在《山海经》中涉及地方物产和人类活动时，常常有传说的成分。

内容扼要

《五藏山经》叙述的地理范围从黄河流域的中原地区一直延伸到长江流域。其中《东山经》的范围包括今山东及苏皖北境，东到大海。包括46座山，分为4次经，大致都呈南北走向。《北山经》西起今内蒙古、宁夏腾格里沙漠贺兰山，东抵河北太行山东麓，北至内蒙古阴山以北。有山87座，由东而西分成3次经，其中不少山名至今可考，不过夸大了各山之间的距离。《南山经》东起浙江舟山群岛，西抵湖南西部，南抵广东南海，包括今浙、赣、闽、粤、湘5省。有山40座，从北到南分为3次经，都是东西走向。《西山经》东起山、陕间黄河，南起秦岭山脉，北抵宁夏盐池西北，西北达新疆阿尔金山。有77座山，由南而北分为4次经，大致分布在今山西、陕西两省之间的黄河大峡谷以西。《中山经》论述的范围大致在巴、蜀和东部的湘、鄂、豫部分地区。包括97座山，分为12次经，基本都是东西走向。这一部分叙述得最为详细，大概是作者最熟悉的地方。

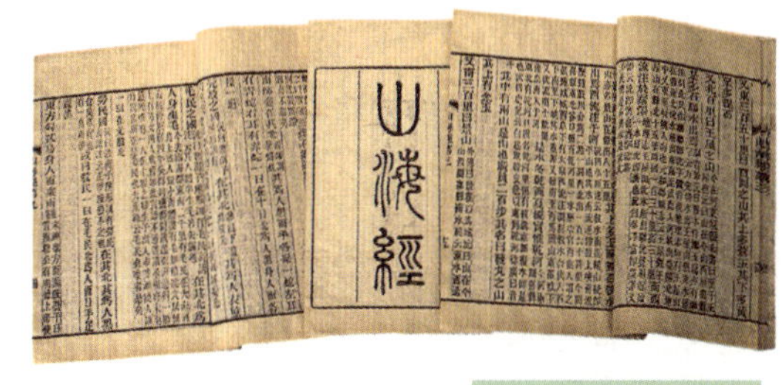

《山海经》书影

《山经》中还有关于河流的内容，叙述其发源与流向，包括某些水流的伏流和潜流的情况以及盐池、湖泊、井泉的记载。它一共记述了358条河流和湖泊，粗略勾画出了北至黄河流域，南至长江中下游的水系分布情况。关于黄河源头，《北山经》说："敦薨之水出焉，而西流注于泑泽，出于昆仑之东北隅，实惟河源。"又称："积石之山，其下有石门，河水冒以西流。"这似乎是想把黄河之源推向积石山以远地区，夸大河源遥远，但由于当时地理考察的局限性，因而把昆仑山以北很远的罗布泊水系和昆仑山以东的黄河水系不切实际地混连起来，把前者当作黄河的上源。这个错误的说法对后世影响颇大。

编入《山海经》

《五藏山经》关于其他自然地理的知识也很丰富。例如《南山经》中有关于潜流或地下暗河的描述，《西山经》有对火山的描写。到了秦汉以后，有人将《海经》和《大荒经》与《山经》合并成《山海经》。《山海经》是一部记录远古自然地理和人文地理的专著，它记述着中华民族文明与文化的起源和发展。《海经》和《大荒经》记载的内容虽然也有一些地理学方面的内容，但是大都不准确，包含了众多的神话传闻和诡谲荒诞的内容。正因为如此，清在编纂《四库全书》时把此书列入小说类。到了20世纪，一批学者重新研究《山海经》，取得了重要成果，使人们认识到《山海经》的科学价值。《山海经》尤其是《五藏山经》在地理学上的科学地位，得到进一步确立。

人物
毛遂

62 毛遂自荐

时间：前257

秦军围攻赵国，平原君门客毛遂自荐随平原君使楚，在毛遂的游说下，楚王同意共同抗秦。

前260年，秦国将军白起率军攻打赵国，长平一战，坑杀赵军四十余万人，赵国大伤元气。两年后，秦军又派兵攻打赵国，赵孝成王都快吓破了胆，连忙派相国平原君出使楚国求援。

毛遂自荐

平原君赵胜是赵国宗室、赫赫有名的战国四公子之一。平原君手下养了门客千人，他打算从自己的门客中挑选二十名文武兼备有勇有谋的人，和自己一起前往楚国游说楚君。平原君尽管门客过千，挑来挑去，只选出十九人，还差一个人，怎么也选不出来了。这时有一个叫毛遂的门客走上前来，主动要求随平原君出使楚国。平原君对毛遂一点印象也没有，就问道："先生来我处几年了啊？"毛遂回答："已经三年了。"平原君失望地说："人才在世间就好像锥子在布口袋里，锥尖自己就会露出来的。您来三年了，我还不知道您的名字，可见您不是什么人才。您还是留在这里吧。"

毛遂笑道："这是因为您没有发现我这个锥子，没有把我放在布口袋里，如果您早把我放在口袋里，我不只是露出锥尖，早就脱颖而出了。"其他十九个门客听了毛遂这番话，都嘲笑他太自以为是了。平原君倒挺赏识毛遂的勇气，心想反正在门客中也找不到合适人选，就带着他去吧，也可以看看他到底是不是个人才，会不会露出锥尖。

持剑登殿说楚王

平原君带着二十名门客来到楚国，途中毛遂与其他十九人辩论，把大家说得心服口服，都认为毛遂果然有才。

平原君与楚考烈王谈判合纵抗秦之事，从早上一直谈到了中午，无论平原君怎么说，考烈王就是不答应出兵。等在殿下的门客们推荐毛遂，让他前去劝说考烈王。毛遂也不推辞，拿着宝剑就走上台阶，高声喊道："合纵的利害得失，三

言两语就能说明白，怎么从早晨一直说到了日中当午呢？有这么难决定吗？”

考烈王很恼火，问平原君：“这是什么人？怎么随意高声叫喊？”平原君回答：“是在下的门客毛遂。”考烈王听后更加生气，怒斥毛遂：“我和你的主人商量事情，哪有你说话的份？还不退下！”毛遂握着宝剑，更向前一步说：“我的主人在这，不用大王教训我。何况大王训斥在下，是仗着这是在楚国，人多势众，但是大王，现在你我之间相距不到十步，您的性命可在我手上。”

考烈王吓了一跳，没有想到一个小小的门客胆子这么大，就问毛遂有什么高见。毛遂接着说：“想当年，商汤不过只有70里土地就能号令天下，周文王不过百里的土地就可以让诸侯臣服，可见不是人多就可以完成霸业的。楚国土地有5000多里，士兵有一百多万，具备称霸的资格，但是秦楚开战，楚国败退连连。白起不过是一个小角色，只带领了区区几万人，就占领了楚国鄢、郢两座都城，使得大王不得不迁都。秦军在楚国，把夷陵点火烧了，把楚国宗庙毁了，羞辱了楚国的祖先，这可是奇耻大辱啊，连我们赵国都为你们羞愧，大王却不知啊！合纵攻秦不只是为了我们赵国，更是为雪你们楚国的耻辱啊。大王，这么简单的道理怎么就不明白呢？”

脱颖而出

毛遂的话刺痛了考烈王的心，考烈王立刻点头答应合纵抗秦，双方歃血为盟。考烈王于是派战国四公子之一的春申君黄歇为大将，带领八万大军，前往赵国救急。

金镶玉兽面纹饰件·战国

此件高6.9厘米。春秋战国时期玉件中不少都加入兽面纹样，呈现出精巧、华丽的风格。

平原君回到赵国后叹息说：“我再也不敢自称能辨识人才了。我自以为相看了无数人才，以为只要是人才我就不会遗漏，但是今天大错特错啊！毛先生到了楚国，楚王当即同意出兵。毛先生的三寸不烂之舌，比百万大军还要强大啊，我再也不自称相士无数了。”从此平原君把毛遂奉为上宾。“毛遂自荐”成为成语流传下来，“毛遂”这个名字成了敢于自我推荐的人的代名词。

•人物•
鲁仲连

63

⏲时间：前 257

鲁仲连斡旋

听君一席话，胜读十年书。鲁仲连游说新垣衍，新垣衍幡然悔悟，秦王因此而退兵。

秦军围赵

前258年，秦军围攻赵国的邯郸城。兵临城下，赵国形势危急，赵王于是派人到魏国求救。魏国的将军新垣衍对国君魏安釐王说："秦国这样着急地攻打赵国，肯定是有原因的。先前秦君与齐君争霸，而现在齐国的国势大不如昔，唯秦国最强大。但秦国没有称帝的名号，心有不甘，攻打赵国就是为了让其他国家尊他为帝。我们如果派使者到秦国去，说我们愿意尊他为帝，秦王肯定高兴，就会退兵了。秦王有个虚名而高兴，而我们避免了战乱，不也很好吗？"于是魏王派新垣衍暗暗潜入邯郸，通过平原君劝赵王尊崇秦王为帝，说这样秦国就会退兵。平原君心中很犹豫。

这时齐国有一个能言善辩之人，名叫鲁仲连，正好游历到赵国，听说了这件事，就去见平原君。鲁仲连对平原君说："我听说赵国要尊秦王为帝，确有此事吗？"平原君说："这是魏国将军新垣衍的意见。"鲁仲连说："您安排我见新垣衍一面，我来跟他谈谈。"平原君看到了一线希望，便安排鲁仲连与新垣衍会面。

牺背立人擎盘·战国

通高 15 厘米。山西长治出土。底座做牛犊形，直立的四足较矮短，遍体鳞纹。在牛背上立一小人像，为束发女像，双手前伸力擎盘柄，盘柄可以旋转，上托施镂空花纹的圆盘。是一件很精致的工艺品。

鲁仲连游说

新垣衍已知鲁仲连的来意，却故意问道：

“您到我这里有什么事？”鲁仲连说：“请不要让赵尊秦王为帝。”新垣衍说：“秦国大兵压境，你怎么帮赵国呢？”鲁仲连说：“我去劝说魏国与燕国来相助赵国。”新垣衍大笑道：“燕国肯不肯帮助我不知道。但我就是魏国人，先生怎么说服我国帮助赵国？”鲁仲连说：“那是魏国没有看到秦国的暴虐，如果看到了，肯定会帮赵国的。”新垣衍说：“秦国怎么暴虐？”鲁仲连说：“秦国乃是背弃礼义的国家，自恃强大而侵略别的国家，涂炭生灵。如果秦王称帝，暴虐地统治天下，那么我还不如去死了呢，难道魏国甘愿让秦国统治吗？”

新垣衍说：“魏国怎么会如此呢？但是，这就好像一个人有十个仆人，不是因为仆人的智力不如主人，而是怕主人。”鲁仲连说：“既然这样，魏国好比秦国的仆人。”新垣衍说：“是。”鲁仲连说：“那么就等着秦王把魏王烹醢了吧。”新垣衍听了有些不高兴。

鲁仲连接着说：“从前九侯、鄂侯、文王是纣王的三个诸侯。九侯有个女儿长得很美，进献给纣王。她却不愿服侍纣王，结果纣王把他们父女俩全剁成了肉酱。鄂侯去说情，又被纣王煮了。文王听说后只是长叹一声，就把他拘禁了百天，想要把他杀死。难道这三个诸侯的智力不如纣王？秦国如果称帝，哪一天惹秦王不高兴了，魏王必然是会像鄂侯一样的下场。”接着鲁仲连又说：“秦工的野心是没止境的，直到灭掉其他国家，将各诸侯变成他的大臣，并且除去他所憎恨的人，而安排他所喜爱的人。秦王还会让自己的子女和诸侯通婚，监视每个诸侯，魏王怎么能平安地生活呢？而将军您又靠什么保住现在的尊贵地位呢？”

幡然醒悟

鲁仲连的话句句击中新垣衍的要害。新垣衍再也坐不住了，站立起来，再三拜谢说：“原先我认为先生是平凡的人，我今日才知道先生是最高义的人。我告退，不敢再谈尊秦为帝的事了。”

此时正值魏国的信陵君窃了兵符、带着魏国大军赶来救援邯郸。赵、魏两国联手，秦军已经没有了必胜的把握，于是退兵于汾水，赵国之围就此解除。

时间：前 257

信陵君窃符救赵

礼贤下士的魏公子信陵君结识了潦倒的老人侯嬴，这又是一个义士在危急关头报答知遇之恩的故事。不过，信陵君本人在关键时刻英勇赴难的胆魄与气概，也使他和他的那两位死士一起备受称颂，青史留名。

拜访侯嬴

信陵君名无忌，是魏昭王的小儿子，魏安釐王的异母弟。昭王死后，安釐王即位，封无忌为信陵君。公子无忌为人仁义，喜欢结交贤士，不论贵贱，只要有才能，便以礼相待，从不轻视别人。因此许多人纷纷来归附，一时门客三千。当时，各国诸侯都知道信陵君贤德，门下能人众多，因此一直不敢打魏国的主意。但安釐王见信陵君年纪轻轻便有这样的威望，心中很嫉妒，不许他多参与政事。

当时秦国采取范雎“远交近攻”的策略，已经成为最强大的诸侯国，六国无不栗栗自危。信陵君一心担忧国事，却苦于不得其便，只好把全副心思都放在寻访贤士上，希望将来或许能帮得上国家的忙。

魏国有个叫侯嬴的人，70多岁了，是一个地位卑下的小吏，负责看守夷门。在当时的社会里，是很让人瞧不起的。信陵君听说他是一位贤能的人，就派人给他送去许多财物，请他做自己的门客，但侯嬴一生廉洁，拒不接受。信陵君于是就亲自前往侯嬴家请他。开始侯嬴不接受信陵君的请求，于是信陵君就为侯嬴准备了一次盛大的酒会，宴请宾客，并亲自赶车去侯嬴守城的夷门迎接他。

礼贤下士

见到信陵君，侯嬴毫不谦让地坐在上座，他想看看这位有名的公子的反应。信陵君没有任何不悦的表情，反而更加恭敬。走了一段路，侯嬴对信陵君说：“我有个朋友叫朱亥，在街市上卖肉，我想顺便去看看他，麻烦你绕道去一下。”

信陵君二话没说，就将车赶到了市场。侯嬴和朱亥似乎像多年未见的朋友似的，聊个没完，根本不理信陵君，但在暗中一直用眼睛窥视信陵君，看看他的态度。过了好长时间，还没有走的意思，连旁边的侍从都等不及了，在互相窃窃私

语，偷偷地骂侯嬴，可信陵君仍态度谦和，没有一点不耐烦的表现。

又过了一会儿，侯嬴终于告别朱亥，随信陵君一道赴宴。到了之后，信陵君便把这个看城门的老头介绍给在座所有的宾客，并把他请到上座，宾客都很吃惊。喝酒喝到痛快的时候，信陵君还站起身来，走到侯嬴面前，举杯为他祝福。侯嬴终于被他的真诚深深感动了，最后做了这位贵公子的上客。由于信陵君的礼遇在先，所以侯嬴也以礼相还，把信陵君当成自己的知己。侯嬴做了信陵君的上宾之后，便把自己的朋友、也就是那个街市的屠夫朱亥举荐给信陵君，说：“这是个贤能的人，一般人不了解他，所以才被埋没在屠户中间。”于是信陵君又以礼贤下士的态度几次去请朱亥，但朱亥故意不理他，信陵君对这件事只是感到奇怪而已，并没有生气。

舍生赴死

战国末期，秦国急于吞并六国，不断进行频繁的侵略战争。前260年，在长平之战中秦国大败赵国，将赵国的兵士四十万活埋，秦军又乘胜进攻赵国的都城邯郸，企图灭赵之后，再进一步吞并韩、魏、燕、齐、楚等国，完成其统一大业。当时的形势十分紧张，魏国和赵国是近邻，唇亡齿寒，如果赵国灭亡，下一个就是魏国，所以救赵即是救魏。但赵国向魏国求救之后，魏安釐王慑于秦王的威胁，派老将晋鄙率十万大军驻扎在赵国附近的邺地，只是观望形势发展，就是不进兵。信陵君当然知道这种利害关系，于是想方设法地劝安釐王出兵，可是安釐王惧怕秦国，始终不听信陵君的请求。

在这紧急时刻，信陵君凑了百余辆车，要带着门客同秦军拼个你死我活，与赵国共存亡。走过夷门时，信陵君想起了侯嬴，于是拜访他，并把自己同秦军拼命的谋划告诉了侯嬴，而侯嬴只说了一句话：“公子好好努力去吧，我不能跟从您了。”

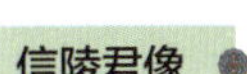

信陵君像

魏无忌（？～前243），即信陵君，魏国公子，战国时期魏国著名的军事家、政治家。因公元前276年，被封于信陵（今河南宁陵县），所以后世皆称其为信陵君。他与春申君黄歇、孟尝君田文、平原君赵胜并称为“战国四公子”。

黄玉镂空龙形佩·战国

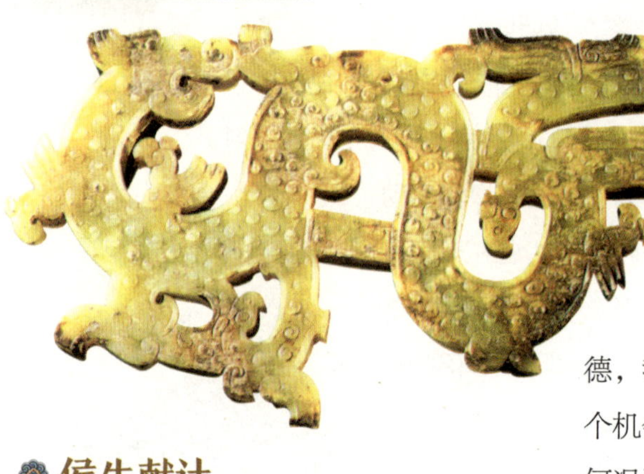

侯生献计

信陵君走了很远，心想：“我待侯嬴够周到了，天下没有人不知道。现在我要去死了，他却连半句安慰的话都没有，难道我还有什么对不住他的地方吗？”于是又掉转车头回来问侯嬴。

侯嬴说：“我就知道您会回来。公子您待我这么恩厚，公子要去死了，而我却不给您临别赠言，您一定奇怪，所以一定会回来找我。”信陵君连忙向他求教。

侯嬴悄悄地对他说：“公子您还记得魏王的宠妃如姬吗？当年她悬赏捉拿杀害她父亲的人，三年都没有消息。后来向您求救，于是公子派门客砍了她仇人的头，献给如姬。如姬一直都很感激您，就是没有报答的机会。现在机会来了，我打听过了，晋鄙的兵符就在魏王卧室内，而如姬最受宠爱，可以随时出入魏王的卧室，她肯定有机会偷得兵符。那样可以兵符夺取晋鄙的军队，攻秦救赵。”信陵君听完，茅塞顿开，连连拜谢侯嬴。

如姬窃虎符

信陵君回家之后，立即去求见如姬。如姬见了恩人，百般谢过。信陵君就把自己的来意一五一十说了，如姬听了之后立刻说：“公子的大恩大德，我永生难忘，不知如何以报，今天这个机会来了，我一定尽全力帮助公子，更何况这是救国家于危难中的事，如姬万死不辞，请公子放心。”

这之后，如姬去魏王卧室的次数更多了，弄清楚了兵符就在内室床边的小盒子里，如姬开始寻找合适的机会。有一天如姬又来到魏王的内室，正巧魏王出去了，她悄悄地走进内室，将门顺手带上，见外面也没什么动静，就轻手轻脚地走到床边，拉开小盒子，只见里面果然有一只半片的虎符。如姬一把拿起虎符塞进衣袖，然后又把盒子盖好，放回原处，走出卧室，径直去见信陵君。信陵君手里拿着虎符，真是不知道该说什么好，连连拜谢如姬。

锤杀晋鄙

信陵君拿到虎符之后，立即起程。侯嬴对他说：“将在外，君命有所不受。公子即使有了兵符，但晋鄙不把兵权交给您，又去向魏王请示，那就危险了。我的朋友朱亥可以同您一道去，这个人是大力

士，晋鄙如果听从您，当然好；如果不听，就杀了他。”听了这些话，信陵君掉下泪来。侯嬴说：“公子为什么哭？怕死吗？”信陵君说：“当然不是。晋鄙是一位老将，肯定不会听从命令，我多半得杀了他，因此觉得难受，哪里是怕死呀！”说完之后，两人一道去请朱亥。

开始的时候，信陵君还是有点担心朱亥不接受他的请求，但当他向朱亥说明来意，朱亥感慨地说：“我不过是市井中一个屠夫，公子您却屡次亲自光临，真是感激不尽，之所以不答谢您，是因为觉得小的礼节没有什么大用处，现在公子有大事来求我，这是我出死力的时候了，怎有不应之理！”于是就跟信陵君一同起程。

信陵君邀请侯嬴同往，侯嬴却拒绝了，说：“我本该同去的，可是年纪大了，恐怕不能同行。但公子对我的知遇之恩，侯嬴一定相报。公子到达战场的日子，我会自刎以谢的。”信陵君只好带着朱亥上路。到了邺地之后，信陵君用另一半虎符，假传魏安釐王的命令，命晋鄙领军救赵。但晋鄙觉得这件事有点蹊跷，不听从信陵君的调遣。无奈之下，信陵君只有依计行事，站在晋鄙旁边的朱亥一锤就将晋鄙锤死了。

抗秦救赵

信陵君得到兵权以后，下令父子都在军中的，父亲回去；兄弟都在军中的，哥哥回去；独子没有兄弟的，回家奉养父母。经过精挑细选，剩下八万人，都是年轻力壮、斗志昂扬的战士，在信陵君的率领下直奔邯郸，向秦军发起进攻，经过激烈的战斗，秦军撤退，终于解了邯郸之围，也保存了魏国。赵孝成王亲自出城迎接信陵君的队伍，感激得涕泪横流，说：“自古以来的贤人，没有谁比得上无忌公子您啊！”而与此同时，留在魏国的侯嬴，果然面向着信陵君离去的方向自杀了。

魏安釐王因信陵君偷窃兵符，假传军令并杀死了晋鄙，勃然大怒。信陵君自知会有这样的结果，所以击败秦军救了赵国以后，信陵君就让部将率领大军撤回魏国，自己与门客就留在了赵国。

杜虎符·战国

身长9.5厘米。1973年陕西省西安市北沈家桥出土。虎作走形，身铭40字。表明是秦国调兵的信物。

65

时间：战国后期

修建郑国渠

无心插柳柳成荫。韩国派水工郑国到秦国建议修筑水渠。其最初目的是消耗秦国的力量，使它无力东侵，结果却起到了加强秦国经济基础、使秦国更加强大的作用。

“疲秦之计”

战国后期，秦国出兵吞并其他各国。韩国距秦国近，且实力最弱，韩国国君桓惠王不免忧心忡忡。一天，桓惠王召集群臣商议退敌之策，一位大臣献计说：“秦王经常兴建各种大工程，我们可以建议秦王修一条大型水渠，借以消耗它的人力、物力，使其无力进攻我们。”韩王听后，立即下令物色一个人选去实施这个“疲秦之计”。后来水工郑国被举荐承担这一艰巨而又十分危险的任务。

郑国到了秦国，见到秦庄襄王，极力劝说庄襄王开渠引泾水、洛水灌溉关中平原北部的农田。庄襄王觉得关中平原确实急需灌溉，就采纳了郑国的建议，委托郑国负责在关中修建一条大渠。于是，秦国开始征调大量人力、物力在泾水、北洛水之间开凿了一条300余里的渠道灌溉农田。

工程正在进行时，秦王发觉了郑国的真实意图，就把他逮起来，准备将其处死。郑国说：“开始时我确实是想通过让秦国修渠以削弱秦国力量，使秦国无力攻打韩国。作为韩国人，这是我分内的事，我死而无憾。但请您想一想，即使修建水渠竭尽了秦国

郑国渠渠首遗址

郑国渠是引泾水入洛水的一条300余里的灌溉渠，使原来贫瘠的渭北平原变为“无凶年”的沃野。

之力，暂且无力进攻韩国，对韩国来说，也只是短暂的安宁罢了。可是渠修成之后，却可为秦国带来无穷的利益，造福万代。这是一项功在千秋、利在万代的事业。若不是这样，水渠开工之后，恐怕您出多少赏金，也无从找到郑国的下落了。”庄襄王认为郑国说得有理，仍然让郑国负责，按计划继续施工。经过成千上万民众的艰苦努力和辛勤劳动，历经10多年，水渠修成了。

功在千秋

郑国渠的独到之处，在于渠系布置上，干渠设在渭北平原二级阶地的最高线上，从而使整个灌区都处于干渠控制之下，既能灌及全区，又形成全面的自流灌溉。这在当时的技术水平和生产条件之下，是件很了不起的事；渠首位置选择在泾水流出群山进入渭北平原的峡口下游，这里河身较窄，引流无须筑很长的堤坝。另外，这里河床比较平坦，泾水流速减缓，部分粗沙因此沉积，可减少渠道淤积；引水渠南面修退水渠，可以把水渠里过剩的水泄到泾河中去。用“横绝”技术，把沿渠小河截断，将小河的水导入干渠之中。“横绝”带来的好处一方面是把“横绝”了的小河下游腾出来的土地（原小河河床）变成了可以耕种的良田，另一方面小河水注入郑国渠，增加了灌溉水源。

郑国渠修成后，泾水灌溉着关中北部的四万多顷盐碱地，每亩可以收获粮食六石四斗，是原来的收获的数倍之多。昔日的盐碱地变成了一片沃野，粮食丰足，再也没有出现过灾年的情况。后人为了纪念郑国的功劳，就把这条渠命名为“郑国渠”。

延伸阅读

李冰筑成都江堰

战国时期，与郑国渠齐名的水利工程就是李冰父子主持修建的都江堰。前256年，李冰主持兴修水利。李冰是秦昭王、孝文王时的蜀郡守，在担任蜀郡守期间，主持修建了岷江上的大型引水枢纽工程——都江堰，它是现有世界上历史最长的无坝引水工程。都江堰水利工程主要由鱼嘴（分水工程）、飞沙堰（溢流排沙工程）和宝瓶口（引水工程）三大主体工程组成。鱼嘴建在江心洲顶端，把岷江分为内江和外江。内江为引水总干渠，由飞沙堰、人字堤和宝瓶口控制泥沙及对水量进行再调节。外江为岷江正道，以泄洪为主，也由小鱼嘴分水到沙黑河供右岸灌区用水。由于堤岩修筑于卵石和沙砾之上，在冲积很深的河床上不易筑成永久性堤岸，所以采取竹篾编成竹笼，里面装有巨大的鹅卵石，层层堆积加固堤岸。

•人物•
吕不韦

66

⏲时间：？ ~前235

吕不韦“囤积”国君

大商人吕不韦凭借自己的商业头脑，囤积居奇，把一个落魄的王孙扶植成一国之君，自己也随之飞黄腾达，权威显赫，算得上是商人从政的典范。

囤积“奇货”

秦昭王四十年（前267），秦国太子去世。两年后，秦昭王立次子安国君为太子。安国君有二十多个儿子，可是他最宠爱的华阳夫人却没有儿子。安国君还有一个妃子叫夏姬，生有一子，名叫异人。因为夏姬不受宠，异人自然也不被重视，异人被秦国派到赵国做人质。既然异人是可有可无的人物，所以他在赵国非常不得意。

吕不韦（？ ~前235）是阳翟的大商人，他往来各地，以低价买进、高价卖出，所以积累起千金的家产。吕不韦在赵国做生意时，一次在街头无意间看见异人路过。看到秦国贵公子一副落魄的样子，吕不韦心中不由得一动。在当时，商人社会地位低下，处于四民之末。无论商人有多少金银财宝，那些高官贵族、文人骚客也把他认为是四民之末，是难登大雅之堂的。为了改变自己的地位，吕不韦早想弃商从政，以达到成为贵族的目的。在他看来眼前正是一个奇货可居、千载难逢的好机会。

于是吕不韦就去拜访异人，向异人游说：“我能光大你的门庭。”异人笑着说：“你姑且先光大自己的门庭，再来光大我的门庭吧！”吕不韦说：“我的门庭要等待你的门庭光大了才能光大。”

笼络宠姬

彼此交往久了，异人便把吕不韦当作了莫逆之交，向吕不韦诉说心中的苦恼，透露了自己对权力的渴望。吕不韦早就在等这句话了，他说：“秦王已经老了，安国君被立为太子。我私下听说安国君非常宠爱华阳夫人，华阳夫人没有儿子，能够选立太子的只有华阳夫人一个。现在你们兄弟20多人，你又排行中间，不受秦王宠爱，即使是秦王死去，安国君继位为王，你也不要指望同其他兄弟们争太子之位啦。”

异人愁眉不展地说：“是这样，但该怎么办呢？”吕不韦见时机已到，就献出妙计说：“你很困窘，又客居在此，也拿不出什么来献给亲长，结交宾客。我吕不

韦虽然不富有，但愿意拿出千金来为你西去秦国游说，侍奉安国君和华阳夫人，让他们立你为太子。”异人于是叩头拜谢道：“如果实现了你的计划，我愿意分秦国的土地与你共享。”

吕不韦于是拿出五百金送给异人，作为日常生活和交结宾客的费用；又拿出五百金买珍奇玩物，自己带着西去秦国游说。吕不韦先拜见华阳夫人的姐姐，请她把带来的东西献给华阳夫人，顺便谈及异人聪明贤能，所结交的诸侯宾客遍及天下，并让她对华阳夫人说异人“也以夫人为天，日夜泣思太子及夫人”。华阳夫人听了这些话非常高兴。

异人得势

吕不韦乘机又让华阳夫人的姐姐劝说华阳夫人道：“我听说用美色事人，一旦色衰，宠爱也就随之消失。现在您侍奉太子，甚被宠爱，却没有儿子，不如趁早在太子的儿子中结交一个有才能而孝顺的立为继承人。这样，丈夫在世时您受到尊重；丈夫死后，您立的儿子继位为王，最终也不会失势。现在异人贤能，按次序是不能被立为继承人，而他的生母又不受宠爱，现在他主动依附于夫人，夫人若真能在此时提拔他为继承人，那么您一生在秦国都要受到尊重啦。”华阳夫人听了这一席话，真是如梦初醒。

华阳夫人开始行动了，她利用一切机会在安国君面前称赞异人的贤能。慢慢地，安国君对异人就有了好感。见时机已成熟，华阳夫人决定向安国君摊牌了。一天，华阳夫人先将安国君哄得心花怒放，接着她就珠泪滚滚地哭着说：“我有幸能进入后宫，但非常遗憾的是没有儿子，我希望能立异人为继承人，以便我日后有个依靠。”一番枕边风吹得安国君立刻答应了，就和夫人刻下玉符，决定立异人为继承人。安国君和华阳夫人还送了丰厚的礼物给异人，并请吕不韦当异人的老师。

八年吕不韦戈·战国

嬴政出世

吕不韦通过金钱和智谋帮助异人成为王位继承人后，又绞尽脑汁构思着下一步计划。吕不韦到处寻觅美女，凑巧赵国都城邯郸有

延伸阅读

《吕氏春秋》

吕不韦在秦国当权时，招徕宾客3000人作为智囊团，使“人人著其所闻”，加以选择和综合，编成《吕氏春秋》一书。《吕氏春秋》又名《吕览》，成书于秦王政八年（前239），全书共分十二纪、八览、六论，共26卷，160篇，20余万字。《吕氏春秋》以道家思想为主体，认同老子顺应客观的思想，舍弃道家消极避世的成分，采纳儒家、墨家、法家、兵家、阴阳家思想，以封建大一统政治需要为宗旨，融会诸子百家思想之所长，初步形成了包括政治、经济、哲学、军事等各方面内容的理论体系。本书意在综合百家之学，总结历史上国家兴亡的教训，为即将出现的统一的中央政权提供切实可行的治国方案。该书提出的“法天地”“传言必察”等思想具有朴素的唯物主义倾向。另外，该书还记述了不少战国时代的重大事件，是研究先秦历史的重要史料。司马迁在《史记》中曾将《吕氏春秋》与《易经》《春秋》《离骚》等名著并列，足见该书的价值所在。

一个叫赵姬的歌伎，能歌善舞，姿色艳丽。吕不韦不惜重金买下了这个歌伎，纳为小妾，不久赵姬就怀孕了。于是吕不韦邀请异人到家中饮宴，席间故意叫赵姬歌舞助兴。异人看到赵姬妩媚动人，风情万种，就站起身来向吕不韦祝酒，言语中流露出爱慕之意。

吕不韦心中窃喜，却佯装生气地说：“我为你荡尽家财，舍命跟随你，是为了寻求荣华富贵，既然你喜欢她，就把她献给你吧。”不过，赵姬却有意隐瞒了自己已怀孕在身的实情。后来赵姬在农历正月生下一个儿子，取名“正”，后来又改变为“政”，因为生在赵国，寄姓赵氏，所以就叫赵政，这就是后来历史上威名赫赫的秦始皇。

秦昭王五十年（前257），秦军围攻邯郸，情况非常紧急，赵国想杀死异人这个人质。异人就和吕不韦密谋，拿出六百斤黄金送给看守他的官吏，才得以脱身，逃到秦军大营。异人顺利回国后，立即去拜见华阳夫人。华阳夫人非常高兴，因为她原是楚女，便把异人改名为“子楚”。

赵国为了报复，想要杀掉异人的妻子赵姬和儿子赵政，经过一番颠沛流离的羁旅生涯，母子两人东躲西藏，竟然奇迹般地活了下来。

苦心经营

秦昭王于五十六年（前251）去世，太子安国君继位，立华阳夫人为王后，子楚为太子。可惜安国君没有福气，一年之后就去世了。太子子楚，也就是异人终于登上了王位，即秦庄襄王。庄襄王即位

后，尊华阳王后为华阳太后，任命吕不韦为丞相，封为文信侯。大商人吕不韦囤积居奇，苦心经营，至此算是名、权、利兼收了。庄襄王在位三年之后就去世了，嬴政（即赵政或秦王政）继位为王。嬴政初登王位的时候，年仅13岁，朝廷大权操纵在相国吕不韦之手。这时的吕不韦家有奴仆上万，门客三千，权倾朝野，无人能比。

吕不韦之死

秦王政逐渐长成了一个相貌伟岸的青年，吕不韦害怕自己与太后私通的事情败露，灾祸降临在自己头上，就暗地寻求了一个名叫嫪毐的人冒充太监献给太后。嫪毐深得太后宠幸，权势之显几乎可与吕不韦分庭抗礼，于秦王政八年（前239）被封为长信侯。嫪毐还与太后私生二子，以秦王的“假父”自居。秦王政主持国政后，嫪毐盗用秦王玉玺，发兵攻打秦王政所住的内宫。秦王政急令相国昌平君、昌文君镇压叛乱，与叛军在咸阳展开激战，前后斩杀叛军数百，嫪毐及其党羽全部被擒获。秦王政下令将协同叛乱的官吏二十余人枭首示众，然后车裂，灭其宗族。杀死嫪毐与太后所生二子，并将太后软禁于雍都别宫。叛乱也牵涉到了吕不韦，使得秦王政左右为难。秦王政想杀掉相国吕不韦，但因其侍奉先王功劳极大，又有许多宾客辩士为他求情说好话，不好将吕不韦绳之以法。

第二年，秦王政免去了吕不韦的相国职务，遣出京城，发往河南的封地。又过了一年多，各诸侯国的宾客使者络绎不绝，都去问候吕不韦。秦王看到一个被罢官的吕不韦居然还有这么高的威望，就写信谴责吕不韦与各国使者来往密切，令他举家迁居到偏远的蜀郡去。吕不韦意识到自己已经不能被秦王政所容，为了免遭更大的羞辱，就喝下鸩酒自杀。

吕不韦作为一个身份平凡的商人，却凭借自己的头脑，平步青云，他的眼光和政治手腕是非常令人钦佩的。但最终他遇到秦王政这样更加强势的对手，还是输掉了这场政治博弈。

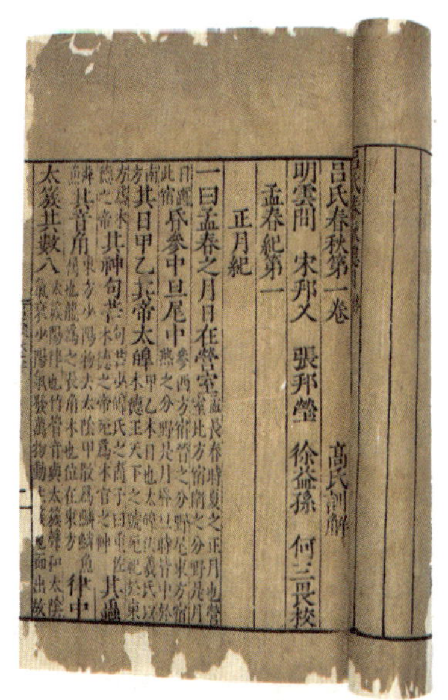

吕氏春秋第一卷 高氏訓解
明雲間 宋邦乂 張邦瑩 徐益孫 何三畏校
孟春紀第一
正月紀
一曰孟春之月日在營室
昏參中旦尾中
其日甲乙 其帝太皞
其神句芒 其蟲鱗
其音角 律中
太蔟 其數八

《吕氏春秋》书影

⏲时间：战国后期

十二岁的上卿

有志不在年高，少年甘罗巧妙地运用成年人尚有所不及的政治手腕，使秦国兵不血刃便得到了赵国五座城邑。12岁的稚子上卿青史留名。

甘罗，下蔡人，秦国大臣甘茂的孙子。后来，甘茂受到排挤，流亡国外，客死异乡。当时在秦国做丞相的是吕不韦，吕不韦怜惜甘罗小小年纪孤苦伶仃，就收养他在家中，算作是个门客，很得吕不韦的喜爱。

甘罗请缨

有一天，吕不韦铁青着脸回到家里，甘罗走过去问出了什么事。吕不韦心里正烦躁，挥挥手说道："别来烦我。"甘罗说："丞相养门客，不就是有朝一日能够替您排忧解难吗？现在您有了问题不告诉我，我怎么能够帮忙啊！"吕不韦说："我们和燕王订好盟约，燕王派太子丹到秦国为人质，表示友好；我国则派一个人去燕国当相国。我想派张唐，占卜的结果也很吉利，可是他却借故推辞不去。"

原来，张唐曾率军占了赵国大片的领土，赵王对他恨之入骨，若去燕国，必然经过赵国，所以张唐推辞不去。甘罗听了笑道："原来这样一件小事，我去劝他。"吕不韦说："你一个小孩子，不要在这里添乱。"甘罗不服气地说："项橐七岁的时候就被孔子尊为老师，我比他还大五岁。如果不成功的话，您再责备我也不迟啊！"吕不韦见甘罗一副成竹在胸的样子，也颇为好奇，就派他去试试。

巧说张唐

张唐听说吕不韦的门客来访，出来相见，见是个小孩子，傲慢地问道："你来干什么？"甘罗说道："我来给您吊丧来了。"张唐听了

大怒。甘罗说："我问您，您和白起相比，谁的功劳更大？"张唐说："我怎么敢和白起相比。"甘罗又问："当年的范雎相国和文信侯相比，谁更专权独断？"张唐答道："范相国当然不如文信侯专权独断啦！"甘罗听了说道："应侯想派白起攻打赵国，但白起不想去，离开咸阳就被杀死。现在丞相亲自请您，您推辞不去，他能饶过你吗？"

张唐道："多谢指教！"甘罗又说："如果您愿意去燕国，我替您先到赵国打点一下。"张唐连忙称谢。甘罗回报后，吕不韦听了很高兴。甘罗说："张唐虽然答应去了，可经过赵国时可能还会遇到麻烦，我想替他先到赵国去一下。"吕不韦把这件事禀报给秦王政，秦王政就召见甘罗，派甘罗出使赵国。

游说赵国

赵王到郊外迎接甘罗，见使者是一个小孩子，就问："你今年多大年纪？"甘罗说："12岁。"赵王听了笑道："秦国年纪大的臣子不能出使吗？怎么派你这个小孩子？"甘罗答道："我王用人，让才能高的担当重任，才能低的担当小的责任，因我最小，就派我来了。"赵王又问道："您到赵国有什么指教吗？"甘罗说："大王听说秦、燕通好的事情了吗？"赵王点头。甘罗接着说："燕国派太子丹入秦为质，说明燕国不欺骗秦国；秦国派张唐入燕为相，说明秦国不欺骗燕国。秦和燕和好就是想攻打赵国，扩大河间的地盘！大王不如献给秦国五座城池，请我王遣返太子丹，我王必断绝与燕之好，和赵国亲好。这样你就可以去攻打燕国了，您还愁得不到五座城池吗？"

赵王听了很高兴，赏赐了甘罗，并把送给秦国五座城池的地图让他带回。秦国果然遣回太子丹。赵王马上兴兵伐燕，夺下上谷三十多座城池。为了讨好秦王，赵王把其中的十一座城献给了秦国。凭借甘罗的游说，秦国不费吹灰之力便获得了十几座城。甘罗回秦，秦王政封他为上卿（战国时诸侯国最高的官职），并把原先甘茂的田宅赐给甘罗。

铜扁壶·战国

68

时间：战国后期

李斯《谏逐客书》

李斯的《谏逐客书》是文学名篇，说理透彻，逻辑清晰，读后使人悦服，秦王也因此而改变政策，或许也正是这篇文章改变了历史。

秦王下逐客令

李斯是楚国人，是当时著名的学者荀况的学生，才华出众。他为了能够实现自己的抱负，找到施展才能的地方，于前247年由楚国来到秦国，投到秦国丞相吕不韦的门下，当了门客。吕不韦看他博学多才，确实是个人才，就向秦王推荐，于是李斯被拜为客卿。

就在李斯欲大展宏图之际，秦国却出现了逐客风波。当时，秦国正大举攻韩，韩国无计可施，就派一个叫郑国的水利专家到秦国，让他向秦王鼓吹兴修渠道发展水利，借此消耗秦国国力，曲线救国。秦王让郑国主持修建郑国渠，可修到半途，郑国的计谋败露，秦国国内哗然。秦国的本土势力、宗室大臣都乘机劝秦王：各国来秦国做事的大都是间谍，把他们统统赶走吧。于是秦王下了逐客令，凡其他六国人一律赶出国门。来自楚国的李斯，也在被驱逐之列。

李斯上书

李斯被逐出咸阳城，一直沉浸在悲愤、焦急之中。他想秦国是自己实现远大抱负最合适的地方，他不甘心就这么被驱逐出秦国。于是在路途中，李斯顾不得鞍马劳顿，挑灯伏案，奋笔

李斯像

李斯（约前 284 ~ 前 208），李氏，名斯，字通古。秦代著名的政治家、文学家和书法家。秦统一天下后，被任为丞相。他反对分封制，坚持郡县制。还参与制定了法律，统一车轨、文字、度量衡制度。李斯的政治主张奠定了中国两千多年政治制度的基本格局。

疾书，整整写了一夜，写成了著名的《谏逐客书》。一大清早，他把这封书信交给驿吏，说是有机密的事情报告秦王，让他务必传到。

书信很快送给了秦王政。秦王展信，见信上写道："大王下令逐客，我认为这是一个大过错。太行山不失掉一点泥土，才汇集成今日的高山；河海由千万条细小支流才能汇成那样的深度；君主广纳贤德的人，自己才能成为贤德的君主。先王穆公求贤，得由余于西戎，从宛得到百里奚，从宋国迎来蹇叔，从晋国迎来丕豹、公孙支。孝公用商鞅定秦国之法，国家因此富强；惠王用张仪，达到了瓦解六国联合反秦的合纵计策的目的；昭王用范雎为丞相，废了穰侯，赶走了国舅华阳君，实行远交近攻的外交策略，使秦国更加强盛。这些人都不是秦国人，但四位先王都是依靠这些客卿才得以成功的，这些客卿也没有做对不起秦国的事情。四位先王的成就，都是外求贤人帮助的结果。如果这四位先王不重用外来的贤才，秦国就不会强大，也不会威震天下。这样看来，外来的贤人并没有对不起秦国的地方，为什么要把他们赶走呢？如果大王把这些贤德的人都赶跑了，这些人肯定被别的诸侯国所重用。您的做法就是帮助别的国家搜罗人才，而削弱自己的力量，秦国的危险将不日而至了。"

秦王收回成命

秦王读完这封信，如梦初醒，立即派人去追赶李斯，并下令取消逐客令。

李斯回到咸阳，秦王亲自向他道歉，让他官复原职。李斯向秦王献计说："从前穆公成为霸主的时候，还有很多的诸侯国，秦国的实力远不如现在强盛，因此穆公也只能做到称霸。自孝公以来，周室衰微，诸侯相互侵伐、吞并，如今只剩下了六国了，而这六国论实力都不如秦国。现在凭着秦国强大的实力、大王的贤明，正是消灭六国、统一天下的好时机，机不可失，大王应该赶快行动。"秦王说："你的建议正合我的心意，我也正在想这件事，那先攻打哪个国家最有利呢？"李斯说："韩国离秦国最近，而且弱小，可以先攻占韩国，使其他国家都感到惧怕。"

从此，秦王重用李斯，拉开了兼并六国、统一天下的序幕。

时间：前227

荆轲刺秦王

荆轲刺杀秦王，不管成功与否，燕国都肯定会被秦国灭亡，因此太子丹的计划只能说是在给燕国自己敲响丧钟。荆轲由于田光的自杀，不得不充当了这样一个悲剧的英雄角色。

田光荐荆轲

长平之战以后，天下基本上没有再能与秦国抗争的力量了。到秦王政亲政，秦国先后灭掉了韩国和赵国，弱小的燕国就处在了秦国的直接威胁下。燕国是北方小国，原本不与秦国接壤。但是赵国被灭后，秦国就可以陈兵燕国边境，燕国无力对抗强大的秦国，灭国只是早晚的事情。燕国的太子丹原来在赵国做人质，后来又被送到秦国继续当人质，直到50多岁才逃回了燕国。他认为燕国在战场上没有力量对抗秦国，因此决定派刺客刺杀秦王政。

其实这本身就不是什么好办法，无论刺杀秦王政是否成功，秦国肯定会马上派大军前来报复，可以说，刺客前往秦国之日，就是燕国被灭亡之时。但是太子丹看不到这一点，他四处寻找可以刺秦王政的人，寻找到了一个叫田光的著名剑客。但是田光认为自己已经老了，无力承担这样的重任，而且自己的名气太大，根本没有机会接近秦王政，因此他向太子丹推荐了荆轲。

田光去请荆轲，临行前太子丹再三叮嘱他说："刺杀秦王政是极其机密的事情，先生千万不要泄漏给别人。"田光笑了笑，什么也没说。田光见到荆轲，把太子请他去刺杀秦王政的计划对荆轲说了，荆轲不是很赞成他们的做法。田光对荆轲说："我来之前，太子丹再三叮嘱要我保守秘密。如今我已经把大事告诉了你，我一定会保守秘密的。"说完，田光就拔剑自杀了。这样一来，荆轲如果不愿意刺杀秦王政，最

后也只能自杀来保守秘密，否则就无法面对天下人。于是荆轲来见太子丹，表示愿意为他去刺杀秦王。

地图与人头

太子丹对荆轲很满意，饮食起居照顾得无微不至，还花重金买到了一把铸剑大师徐夫人制作的匕首，并在上面涂了剧毒，作为行刺秦王政的武器。武器确定后，太子丹和荆轲开始计划如何接近秦王政，最合适的办法就是让荆轲做燕国的求和使者去见秦王政，以此来接近秦王政，伺机行刺。

为了骗取秦王政的信任，使行刺得以成功，荆轲要求带两件东西去。一件是燕国督亢的地图，一件是秦国将军樊於期的人头。督亢（在今河北涿州一带）是燕国土地最肥沃的地区，献出督亢的地图，表示将督亢地区献给秦国，以示燕国对秦国的友好。而樊於期原本是秦国的将军，因为得罪了秦王政，秦王政四处悬赏通缉他，他只得逃往燕国避难。如果燕国仅仅献出督亢地区，却依旧保护樊於期，就会使得秦王政认为燕国对秦国的友好之心不强，所以必须先杀死樊於期。

对此太子丹感觉很难办："督亢的地图好办，可樊将军受秦国迫害来投奔我，我怎么忍心伤害他呢？"太子丹说什么也不同意。

易水送别

荆轲知道太子丹心里不忍，就私下去找樊於期，对他说："我有一个办法，能帮助燕国解除战火，还能替将军报仇，可就是不好说出口。"樊於期连忙说："什么主意？你快说！"

荆轲说："我准备去行刺秦王政，但

《人物故事图册》之《易水送别》·清·吴历

· 青铜剑 · 战国

此剑长56.2厘米。青铜剑发展历史约可追溯到商周时代，发展到春秋战国时期已是高峰阶段。

是必须有足够重要的东西才能保证秦王接见我。如今秦王政正在四处悬赏通缉你，如果我能够带着你的人头去献给他，那么行刺一定能够成功。”

樊於期听完，仰天大笑说：“我日夜都想报仇，只可惜没有办法。只要能报仇，死又有什么可怕的？”说完，就拔出宝剑自刎了。

前227年，荆轲从燕国出发去咸阳。太子丹和少数宾客穿上白衣白帽，到易水（在今河北易县）边送别。临别的时候，荆轲给大家唱了一首歌，其中有两句是：“风萧萧兮易水寒，壮士一去兮不复还。”

荆轲很明白，这次去咸阳，不管行刺是否成功，自己肯定是要死在秦国，不可能再回到燕国。大家听了他悲壮的歌声，都伤心得流下眼泪。荆轲拉着助手秦舞阳跳上车，头也不回地走了。

面见秦王

荆轲和秦舞阳到了咸阳，秦王政在咸阳宫接见燕国使者。接见的仪式开始了。荆轲捧着装了樊於期头颅的盒子，秦舞阳捧着督亢的地图，走上秦国朝堂的台阶。但是秦舞阳一见秦国朝堂那副威严样子，看到大殿下面无数秦国士兵手持利刃，竟然吓得发抖。秦王政左右的侍卫一见，大声喝道：“使者怎么变了脸色？”荆轲回头一看，果然见秦舞阳的脸又青又白，不由得心里大失所望，行刺秦王政的匕首就藏在秦舞阳捧着的督亢地图里。但是荆轲表面上还是很镇静，笑着对秦王政说：“他是从小地方来的粗人，从来没见过大王如此的威严，免不了有点害怕，请大王原谅。”

秦王政有点怀疑，对荆轲说：“让副使留在殿外，你一个人上来。”荆轲只好先捧着木匣上去，献给秦王政。秦王政打开木匣，果然是樊於期的人头。秦王政这才放下心来，又叫荆轲把地图拿来。荆轲转身下殿，从秦舞阳手里接过地图，而秦舞阳此时还是哆嗦不已。

图穷匕见

荆轲捧着督亢的地图来到秦王政面前，把地图慢慢打开。荆轲一面打开一面介绍督亢的地理、物产和风土人情，秦王政也伸过头来跟着荆轲的手指观看。等到地图全都打开时，藏在最里面的匕首就露了出来。

荆轲不等秦王政反应，一把抓起匕首，左手拉住秦王政的袖子，右手向秦王政胸口直刺过去。秦王政使劲向后一闪身，把那只袖子挣断了，秦王政跳过旁边

的屏风，刚要往外跑。荆轲拿着匕首追了上来，秦王政一见跑不了，就绕着朝堂上的大铜柱子跑，荆轲紧紧地在后面追。

旁边虽然还有许多秦国的官员，但是都手无寸铁，台阶下的武士，按秦国的法律，没有秦王命令是不准上殿的。秦王政被荆轲追得绕着柱子乱跑，也忘记招呼武士上殿。秦王政一边跑一边拔剑，但是秦国的剑长，又在匆忙之中，秦王政一连拔了几次也没有把剑拔出来。旁边有一个伺候秦王政的医生，急中生智，拿起手里的药袋对准荆轲扔了过去。荆轲用手一扬，那只药袋就飞到一边去了，而这一瞬间的耽搁，就使得荆轲和秦王政拉开了一些距离。另外一个大臣则大喊：“大王把剑拉到后背再拔！”秦王政一听，急忙把宝剑拉到后背，这才拔出了宝剑。宝剑在手，秦王政不怕了，挥剑一下子砍断了荆轲的左腿。

灭国的教训

荆轲倒在地上，就拿匕首向秦王政扔过去。秦王政往旁边一闪身，那把匕首就从他耳边飞过去，打在铜柱子上，“嘣”的一声，迸出火星。秦王政见荆轲手里没有了武器，又上前向荆轲砍了几剑。这时，秦王政才想起招呼武士上殿来，结果了荆轲的性命。那个秦舞阳，也早就给武士们杀了。

荆轲行刺失败，秦王政立刻命令大军进攻燕国，太子丹被燕王杀了，燕国也被秦国灭亡。如今人们谈起荆轲刺秦王，大多说荆轲如何勇敢，却忘了这一场无论成功还是失败的行刺，是都会带来灭国的下策。荆轲为了酬谢死去的田光，抱着必死决心踏上行刺之路，这份勇气和忠义都令人敬佩，而他行刺的对象，是未来的始皇帝，这使得他成为中国历史上最著名的一位刺客。然而太子丹痛恨秦王固然无可厚非，却没有找到正确的方式来避免亡国之祸，固执地要派人行刺，结果加速了燕国的灭亡。

荆轲像

荆轲（？～前 227），战国末期卫国朝歌（今河南鹤壁）人，战国时期著名刺客。公元前 227 年，荆轲带燕督亢地图和樊於期首级，前往秦国行刺秦王。他在秦王召见时，交验樊於期头颅，献督亢地图，图穷匕见，荆轲刺秦王不中，为秦王侍卫所杀。

东周纪元表

	王号	在位时间
前770～前256	周平王	前770～前720
	周桓王	前719～前697
	周庄王	前696～前682
	周釐王	前681～前677
	周惠王	前676～前652
	周襄王	前651～前619
	周顷王	前618～前613
	周匡王	前612～前607
	周定王	前606～前586
	周简王	前585～前572
	周灵王	前571～前545
	周景王	前544～前520
	周悼王	前520
	周敬王	前519～前476
	周元王	前475～前469
	周定王	前468～前441
	周哀王	前441
	周思王	前441
	周考王	前440～前426
	周威烈王	前425～前402
	周安王	前401～前376
	周烈王	前375～前369
	周显王	前368～前321
	周慎靓王	前320～前315
	周赧王	前314～前256

东周诸侯存亡表

国号	存亡时间	灭其国者
秦	西周～前207	六国余民
晋	西周～前376	赵、魏、韩
齐	前1044～前221	秦
楚	西周～前223	秦
燕	前1044～前222	秦
韩	前403～前230	秦
魏	前403～前225	秦
赵	前403～前222	秦
郑	前806～前375	韩
许	西周～战国初	楚
梁	前832～前641	秦
陈	前1046～前478	楚
宋	前1114～前286	齐、魏、楚
蔡	前1046～前447	楚
卫	前1024～前209	秦
鲁	前1027～前256	楚
曹	西周～前456	宋
吴	西周～前473	越
越	春秋～前306	楚
中山	？～前296	赵

春秋·战国　历史年表	
前770年	周平王东迁洛邑，秦襄公派兵护送，平王封襄公为诸侯。
前722年	《春秋》开始记事，郑伯克段于鄢。
前707年	周桓王率陈、蔡、卫三国军队伐郑于繻葛，王师大败。
前685年	齐国公子小白先入齐国，是为齐桓公，任管仲为相。
前684年	齐鲁长勺之战，齐国战败。
前679年	齐、宋、陈、卫、郑五国会盟于鄄，齐国开始称霸。
前656年	晋国太子申生自杀，公子夷吾、重耳逃出晋国。
前651年	齐召集诸侯为葵丘之会。
前650年	晋献公去世，秦穆公发兵送夷吾回国，是为晋惠公。
前643年	齐桓公去世，诸公子争位，齐国内乱。
前636年	秦穆公发兵送重耳归国，是为晋文公。
前632年	晋楚城濮之战，楚国大败。
前606年	楚庄王观兵于周疆，问鼎轻重。
前594年	鲁国实行初税亩。
前575年	晋楚鄢陵之战，楚军大败。
前573年	晋国大夫栾书等杀厉公，立悼公。
前548年	齐国大夫崔杼杀齐庄公，立其弟为景公。
前523年	伍子胥奔吴国。
前506年	吴伐楚，在柏举大败楚军，攻入郢都。
前500年	齐相晏婴去世。
前496年	吴国伐越惨败，吴王阖闾伤重而死。
前494年	吴王夫差率军攻越，败越于夫椒。
前482年	黄池之会，吴晋争雄，吴为盟长。
前481年	齐国大夫田常杀简公，从此田氏专齐政。
前479年	孔子去世。
前473年	越国灭吴，吴王夫差自杀。
前453年	韩、赵、魏三家共灭智伯，三分其地。
前412年	魏文侯任命李悝为相。
前403年	周王封韩、赵、魏三家为诸侯。
前397年	聂政刺杀韩相侠累。

前386年	吴起任楚国令尹，主持变法。
前356年	秦用商鞅为左庶长，下令变法。
前354年	魏国围攻赵都邯郸。
前353年	齐国救赵，大败魏军于桂陵。
前350年	秦商鞅第二次变法。
前341年	齐国田忌、孙膑败魏军于马陵，魏军主将庞涓自杀。
前338年	秦孝公去世，商鞅遭车裂之刑。
前328年	秦任张仪为相。
前307年	赵武灵王开始推行“胡服骑射”。
前299年	楚怀王入秦，被扣。
前298年	齐、韩、魏联军败秦军于函谷关。
前293年	秦将白起败韩、魏联军于伊阙，斩首二十四万。
前287年	苏秦约赵、齐、楚、韩、魏五国合纵攻秦。
前284年	乐毅率五国之师攻齐，破临淄。
前278年	秦将白起攻取楚郢都，建南郡。
前270年	秦攻赵阏与，赵将赵奢往救，大败秦军，赐号马服君。
前266年	范雎为秦相。
前260年	秦将白起大败赵军于长平，坑降卒四十万。
前257年	魏信陵君无忌、楚春申君黄歇救赵，解邯郸之围。
前249年	秦庄襄王以吕不韦为丞相。
前237年	秦下逐客令，李斯上书谏止。
前233年	韩非入秦，受李斯谗言被杀。
前230年	秦派内史腾灭韩，俘虏韩王安，尽取其地，置颍川郡。
前229年	秦将王翦率军攻赵。赵将李牧受谗言遇害。
前228年	秦将王翦破邯郸，俘虏赵王迁。
前227年	燕太子丹使荆轲刺秦王，事败，荆轲被杀。
前225年	秦将王贲攻魏，魏王假降，魏亡。
前223年	秦军攻入楚都寿春，楚亡。
前222年	秦将王贲攻燕，俘燕王喜，燕亡。
前221年	秦将王贲攻齐，齐亡。秦并六国，秦王政自立为皇帝。

春秋战国

文图编辑：杜　荣
美术编辑：张大伟
文稿撰写：陈　栩　陈　宇　程栋良　崔晓军　冯文丹
胡伟达　邝向雄　李明奎　李小龙　刘　智
覃　睿　王　歆　王　尧　邢　晔　药　强
张　玮　张文静　（排名不分先后）
图片提供：WL工作室　郝勤建　孔　群
Fotoe.com　视觉中国　汇图网
中国台北故宫博物院　英国大英博物馆
美国纽约大都会艺术博物馆　美国弗利尔美术馆